De doctrina christiana libri quatuor, et Enchiridion ad Laurentium

Carl Hermann Bruder 1812-1892, Augustine, Saint, Bishop of Hippo

S. AURELII
AUGUSTINI

DE
DOCTRINA CHRISTIANA

LIBRI QUATUOR

ET

ENCHIRIDION AD LAURENTIUM.

———

EX

BENEDICTINORUM RECENSIONE

RECOGNITOS EDIDIT

CAR. HERM. BRUDER

PHIL. DR. AA. LL. M.

———

EDITIO STEREOTYPA.

———

LIPSIAE

SUMTIBUS ET TYPIS CAROLI TAUCHNITII.

1838.

PRAEFATIO.

Aurelius Augustinus quo maioris fuit auctoritatis in antiqua ecclesia Latina et per totum aevum medium, eo saepius opera eius descripta et innumeris exemplis per omnes terras occidentales divulgata sunt. Ita factum est, quod non mirum, ut pater clarissimus librariorum et incuria et inscitia quam maxime corrumperetur, ut alia pro arbitrio mutarentur, alia omitterentur, alia adderentur, ac vix quisquam scriptorum antiquorum exstaret, in quo tanta scripturae diversitas inveniretur. Sed quamquam saeculo XVI. Ioh. Amorbachii Basileensis et Des. Erasmi studiis, et saec. XVII. Benedictinorum monachorum e congregatione Sti Mauri multorum librorum manu scriptorum collatione textus ab additamentis et vitiis plurimis purgatus est, tamen restant loci haud pauci, qui nova et accuratiori perscrutatione critica indigeant. Hoc suscipere opus est sane grande et arduum, et adhuc desideratur, qui subsidiis criticis et mentis sagacitate satis instructus doctoris gravissimi libris hanc operam impendat: etsi recentissimis temporibus ad studia

1

ecclesiae patrum a viris doctis usque commendata multi redierunt. Instituti Tauchnitiani non est, editiones scriptorum antiquorum et sacrorum et profanorum criticas emittere, sed eorum textum ad fidem optimorum librorum emendatum editionibus et parvi voluminis et modici pretii exhibere, ita ut ad veterum opera quam plurimi possint accedere. Eamdem rationem in edendis his Augustini libris secuti sumus.

Duo saecula et quod excedit praeterlapsa sunt, ex quo Georgius Calixtus, ecclesiae nostrae sacc. XVII. theologus clarissimus, primus inter Protestantes Augustini de doctrina Christiana libros quatuor, qui se commendant singulari argumenti praestantia, inter tempestates belli turbulentissimi in typographeo suo excudendos curavit, quam editionem superiori saeculo duae secutae sunt Lipsiae 1769. curante Teegio, et Augustae Vindelicorum 1784. Excellunt hi libri inter ceteros; nam complectuntur introductionem in universum theologiae studium, maxime vero ad scripturae sacrae explicationem viam muniunt. Ostendit nempe in eis auctor non tantum „quo modo populus Christianus omnia ad salutem necessaria docendus sit, unde ea haurire, et quibus adminiculis scripturas, quae ista cuncta suppeditent, interpretari oporteat, sed etiam qua ratione quae proponuntur efferri debeant, ut animos auditorum apte subeant et efficaciter commoveant." Libri tres priores pertinent ad theologiam exegeticam et dogmaticam; liber quartus continet primam Latinorum homileticam. Hoc opus, quod initio *magnum et arduum* vocat *et ad sustinendum difficile*, inchoaverat paulo post susceptum episcopatum i. e. circa annum Chr. 397., uti ex Retract. 2, 6. adparet, et quum usque ad cap. 25. libri III. perduxisset, interruptum est, et relictum imperfectum. Neque tamen quo minus in publicum continuo prodiret potuit impedire; quare etiam in libris contra Faustum circiter a. 400. conscriptis (l. 22. c. 91.) ipse ad hoc provocavit. Sed aetate suprema quum ad libros suos recognoscendos accederet, non modo libri tertii partem reliquam, sed etiam quartum adiecit, et sic totum absolvit, anno 426. aut 427., uti concludere licet ex libri IV. cap. 24., ubi in Mauretaniam Caesareensem iter annis octo ante factum ab ipso commemoratur. Cf. Possid. de vita Aug. c. 28. Ad horum igitur librorum textum recognoscendum in usum vocavimus editiones has: 1. *Ioh. Amorbachii*, quae est prima operum Augustini tomis XI, atque accurate ex Mss. descripta et notis quibusdam et conclusionibus sive veritatibus Francisci Maronis ad marginem adscriptis ornata prodiit Basileae 1504—1506.; in tomo IV. libri de doctrina Christ. continentur. Deinde 2. *Desiderii Erasmi*, quae primum 1528., tum „ad veterum codicum collationem post Martinum Lypsium multis in locis summo studio emendata" Basil. apud Frobenios fratres a. 1569.

excusa est, ubi ab initio tom. III. II. de doctr.
Chr. reperiuntur. Haec et ipsa accurate expressa
non solum tamen codices Mss. sequitur, sed hic
illic exhibet emendationes ex theologi Rotero-
dami ingenio profectas. Tum 3. *monachorum
Benedictinorum e congregatione s. Mauri*, quorum authentica prodiit tomis XI Paris. 1679—
1700., editio nova ab multis mendis purgata
Antw. 1700—1703. Ab eis recogniti sunt de-
nuo libri de doctr. Chr. (tomo III.) secundum codices Mss. triginta, inter quos optimi Vaticani
tres et Corbeienses duo, et secundum editiones
Amerbachii (in edit. biblioth. Lips. legitur Amor-
bachius) Bas. 1506., Iodoci Badii Ascensii Paris.
1502., Des. Erasmi Bas. 1528. et Lovaniensium
theologorum a. 1576. Postremo editiones, in
quibus hi libri seorsim prodierunt: 4. *G. Calixti*,
hoc titulo: *S. patris et doctoris Aur. Augustini
episcopi Hipponensis de doctr. Christ. libri IV,
de fide et symbolo liber unus, Vincentii Lerinen-
sis commonitorium. G. Calixtus recensuit et
edidit.* Helmstad. 1629. 8. Edit. 2. Ibid. 1655. 4.
Calixtus semper fere Erasmum secutus est, interdum, ut ille, magis indulgens ingenio suo,
quam librorum auctoritatem respiciens. 5. *Ioh.
Christ. Beniam. Teegii:* e recensione Bened.,
varietate lectionum, animadversionibus brevibus
illustrata, Lips. 1769., qui tantopere Benedict.
pedissequa fuit, ut omnes simul operarum errores, quorum non exiguus est numerus, repeteret,

multis aliis superadditis. His subsidiis adiutus primum textum ex recensione Benedict. accuratissime describendum curavi. Deinde diligentem eius cum aliorum editionibus, inprimis Des. Erasmi et Ge. Calixti collationem institui, ita tamen, ut non recederem a Benedict., nisi ubi ipsi reliquerunt codicum collatorum auctoritatem, aut sensus integritas nexusque sententiarum scripturae mutationem poposcerunt. Quum vero recessi, in margine inferiori, cui graviores Benedict. aliorumque lectiones adscripsi, varietas notata est, ut quisque ipse criticum iudicium posset facere Denique in locis dubiis contuli tres bibliothecae universitatis Lips. libros Mss., quorum a. primus catal. num. 258. signatus, *fratrum praedicatorum in Lypzk*, decem August. libros continens eleganter scriptus, membranaceus et fol.; b. alter num. 259. locis quibusdam mutilus idemque membran. et fol.; c. tertius num. 260. notatis quibusdam variis lectionibus interlinearibus membranac. et forma 4., ad quos nonnumquam provocavi. Omnes loci e scriptoribus sacris et profanis, qui ab Augustino laudantur aut faciunt ad ipsum melius intelligendum, in notis sunt adlati. Dicta classica typis qui dicuntur diductis exprimenda curavi, scripturae sacrae verba obliquis, quibus additus est textus originalis, ubi scriptor linguae Hebraicae ignarus, Graecae non satis peritus, ex interpretatione antiqua Latina, quam ipse l. II. c. 15. Italam vocat, de rebus divinis disputat, quamquam omnino acutissime prophetarum et apostolorum ideas perscrutatur et numquam fere a recto scriptorum sensu aberrat. Voces suspectas uncis inclusi. Librorum argumentum, indicem locorum scripturae s. explicatorum et Augustini retractationem praemisi.

Accedit libris de doctrina Christiana eiusdem patris liber nobilissimus, quem *Enchiridion* inscripsit, *de fide, spe et caritate*, „aureum opusculum, nocturna et diurna manu versandum," omnique tempore maximi aestimatum. Continet enim brevi conspectu et populari sermone omnia doctrinae Christianae capita adnexa illis evangelii virtutibus primariis. Auctor libellum scripsit circiter annum 421. (nam cap. 87. Hieronymus defunctus memoratur † 420.), *Laurentio* cuidam, qui sapientiae studio incensus in epistola ad Augustinum scripta ei quaestiones quasdam proposuerat, atque totius doctrinae summam certumque fidei fundamentum contra diversos illius temporis haereticorum errores enchiridii forma ab eo petiverat. In recentioribus codicibus ille *urbis Romae primicerius*, in aliis *primicerius notariorum urbis Romae*, aut *primicerius ecclesiae Romanae*, in quibusdam *diaconus* aut *archidiaconus* vocatur. Sed in vetustissimis Mss. nomini nihil additur; neque certi quidquam de eo constat, nisi quod in libro de octo Dulcitii quaestionibus I, 10. *frater Dulcitii*, ibidem et in ipso Enchiridio c. 1. ab Augustino *filius dilectissimus*, idemque fine c. 122. *in Christi membris ei dilectus* adpellatur. Ex quibus locis de dignitate Laurentii id tantum licet definire, eum procul dubio laicum fuisse, non clericum. Ceteroquin propter eruditionem et sapientiae studium quam maxime laudatur. Cf. c. 1. et 122. Inscriptio opusculi duplex est. In omnibus libris manuscriptis dicitur *Enchiridion*, quale Laurentius postulaverat i. e. opusculum mole exiguum de eius manibus non recessurum. Cf. c. 1. 6. et 122. et Retract. 2, 6. Sed ibidem Augustinus, in libro de octo Dulcitii quaestionibus 1, 10. 2, 4. et in epist. 231. ad Darium vocat *librum de fide, spe et caritate*, neque aliter Possid. Indic. c. 6. In Enchiridii textu recognoscendo eodem modo versatus sum, de quo supra dixi, secutus editiones 1. *Ioh. Amorbachii* opp. August. tom. VIII.; 2. *Des. Erasmi* a. 1569. opp. tom. III. p. 151. sqq.; 3. *Benedictinorum* a. 1701. (opp. t. VI. p. 143. ss.), qui in hoc recensendo triginta sex libris Mss. (inter quos Romanae bibliothecae Vaticanae 4 et 22 Parisienses), et editionibus Ioh. Amorbachii a. 1505., Des. Erasmi a. 1529., theologorum Lovaniensium a. 1576., Lamberti Danaei Genev. a. 1575. et Antonii Arnaldi Paris. 1649. usi sunt. 4. Separatam editionem, quae prodiit *Coloniae* apud Ioh. Gymnicum a. 1528. et semper fere reddidit Amorbachii textum. 5. Quam S. V. *Augusti*, theologus Bonnensis, excudendam curavit in: *Chrestomathia patristica ad usus eorum qui hi-*

storiam dogmatum Christianorum accuratius di- scere cupiunt, Lips. 1812., in cuius tomo II. en- chiridion exstat. Editor secutus est August. opp. edit. Lugduni Batav. a. 1664. (t. III. p. 55. sqq.), et quam seorsim edidit *Ad. Rechenberg*. Lips. 1705. 4. Multa est lectionis diversitas huius opusculi, et magnus glossematum numerus, ut nullius fere Augustini operum. Bibliothecae uni- versitatis Lipsiensis codices Mss. quinque in lo- cis gravissimis omnibus inspexi: a. num. 259. catal. membranac. et fol., in quo operis pars me- dia deest; b. num. 266. elegantissime scriptus, membranac. et fol.; c. num. 272., d. num. 321. et e. num. 396. chartacei fol., quorum alter et tertius (b. et c.) sunt optimi, ubivis cum antiquis- simis Benedict. Mss. convenientes, extremus (e.) facit cum edit. Lovan. et Lugdun.

Nihil restat, nisi ut summi ecclesiae doctoris libri omnium commendentur studiis, qui ali- quando munere ecclesiastico fungentur. Prae- clare enim in eis exponit Hipponensium praesul, qua animi sinceritate theologum accedere opor- teat ad scripturae sacrae libros explicandos, quam diligenter linguarum literae ab antiquitate tradi- tae omnesque bonae artes *ad usum iustum prae- dicandi evangelii* conferendae, quo sensu pio oratio sacra tractanda, ut populus capita fidei do- ceatur et ad veram Dei proximique caritatem ex- citetur, qua denique doctor ecclesiae vitae inte- gritate ornatus esse debeat, ne aliis de loco sacro commendet virtutes, quas ipse negligit, sed ut *potens sit exhortari et convincere contradicentes.* His fundamentis profecto nititur omnis sanctissimi ministerii felix tractatio Christique ecclesiae salus, quae ut iunctis doctorum studiis in dies magis efflorescat et augeatur Deum O M. supplex oro et veneror. Scripsi Lipsiae d. 21. Februarii a. D. MDCCCXXXVIII.

ARGUMENTUM LIBRORUM
DE DOCTRINA CHRISTIANA.

PROL. Augustinus operis utilitatem defendens tribus reprehensorum generibus respondet, et ad exemplum apostolorum
ac prophetarum aliosque scripturae sacrae locos provocans
doctrinae Christianae necessitatem egregie exponit.

LIBER PRIMUS.

Totius operis partitione in *inventionem* et *elocutionem* facta
inventionis negotium collocat scriptor in *rebus* et *signis*, ut
cognoscatur, quas res populo Christiano tradere oporteat, et
quae sint harum rerum signa, sive unde res istae earumque cognitio peti et depromi debeant. Hoc primo libro de *rebus* dis-
serit, quas dicit esse triplices, alias quibus fruendum, alias quibus utendum, alias quae fruantur et utantur. Fruendum esse
uno et solo Deo triuno, qui nostrum summum bonum et vera
beatitudo sit. Peccatis nostris a fruendo Deo arcemur, quae
ut tollerentur, λόγος σὰρξ ἐγένετο, passus et mortuus Dominus resurrexit et in coelos adscendit desponsata sibi ecclesia, in qua
peccata remittantur, quibus remissis praeviaque animi innova-
tione exspectanda sit resurrectio corporis ad gloriam aeternam;
secus, ad poenam numquam finiendam. His de *fide* expositis
pergit ceteris rebus utendum esse; nam esse quidem diligendas,
sed omnem dilectionem ad Deum referendam. Deum vero nobis
non frui, sed uti ad nostram utilitatem. Quibus explicatis docetur totius scripturae plenitudinem et finem esse *amorem* et Dei
propter ipsum, et proximi propter Deum. Quum pauca de *spe*
addidisset denique ad libros s. bene tractandos interpreti fidem,
spem, caritatem esse necessariam ostendit.

C. 1. De duplici operis parte, *inventione et elocutione,* et spe
auxilii divini in opere perficiendo.

C. 2. I. De inventione *eorum quae docenda sunt et propo*
nenda. De discrimine rerum et signorum.

ARGUMENTUM. XV

LIBER SECUNDUS.

Iam de *signis* vel de *inventione signorum* i. e. ubi rerum, quas primo libro proposuerat, signa, indicia vel demonstrationes inveniri queant, verba facturus. eorum definitionem et divisionem praemittit, et inter omnia signa *verba*, quorum literis et scriptura fiat iudicium, principatum obtinere ostendit. Deinde canone librorum divinorum, qui rerum tractandarum signa exhibeant, prolato exponere pergit, obscuritatem et difficultatem gigni *signis* sive *verbis et ignotis et ambiguis*. Ad *signa ignota* removenda multum conferre partim linguarum Graecae et Hebraicae cognitionem, partim interpretum collationem, partim praecedentium et subsequentium considerationem. Praeterea rerum notitiam variasque artes et disciplinas valere adversus verborum ignorantiam et proprie et translate vel metaphorice usurpatorum. Superstitionis gentilium institutis et artibus castigatis omnes sanas eorum literas in Christianum usum convertendas esse docet. Quo animo vero quisque ad sacram scripturam explicandam accedere debeat, initio et fine libri luculenter declarat.

LIBER TERTIUS.

Postquam in superiore libro de removenda signorum ignorantia dixerat, hoc tertio quibus rationibus *scripturae ambiguitas* expedienda sit, quae cum in propriis, tum in translatis
signis occurrat, ostendit. In propriis quidem ex interpunctione
vocum, ex earum pronuntiatione, ex ancipiti significatu oritur
ambiguitas: quod genus ex contextu sermonis et collatione interpretum, aut linguae praecedentis inspectione resolvi docet.
In translatis vero signis ambiguitas saepe suboritur, quum ipsa
dictio non ad literae sensum ponitur in scripturis: qua de re
operosius disputat traditque regulas, quibus dignoscatur, num
propria sit locutio an figurata, et si quidem figurata, quo pacto
debeat explicari. Ad dignoscenda sermonis genera et figuratum a proprio discernendum hanc generalem tradit regulam:
quidquid in sermone divino neque ad morum honestatem, neque
ad fidei veritatem proprie referri potest, figuratum esse cognoscas; cui speciales alias cum monitis et observationibus subiungit. Postremo Tichonii Donatistae septem regulas singu-
latim exponit, earumque studium commendat.

ENCHIRIDII ARGUMENTUM.

Augustinus postquam quaestiones a Laurentio propositas ad fidem, caritatem, spem restringendas esse ostenderat, et quaedam de fidei, spei et amoris notionibus disputaverat, primum a cap. 9. usque ad 113. *quae credenda sint* exponit, servato symboli apostolici ordine, multis sperandis et agendis interpositis, ac varias haereticorum sententias refellit. Secundam partem de eis, quae ad *spem* pertinent, in orationis dominicae expositione brevissime absolvit. (c. 114.—116.) Tertiam postremo nec eam prolixam addit de *caritate*. (c. 117. sqq.)

C. 1. Laurentio exoptat auctor verae sapientiae donum.
C. 2. Hominis sapientiam esse pietatem (ϑεοσέβειαν).
C. 3. Deum coli fide, spe et caritate.
C. 4. Quaestiones a Laurentio propositae.
C. 5. Respondet breviter quaestionibus istis.
C. 6. Ἐγχειρίδιον quid sit et valeat.
C. 7. Symbolum apostolicum et orationem dominicam complecti fidem, spem et caritatem.
C. 8. De fidei et spei discrimine, et de utriusque et amoris interna necessitudine.
C. 9. I. *Quid credendum sit* deinceps explicatur. Christiano satis esse rerum omnium caussam credere creatoris bonitatem.
C. 10. A summe bona trinitate creata esse omnia bona (contra Manichaeos).
C. 11. Cur Deus sinat esse malum (i. e. privationem boni).
C. 12. Creaturas omnes bonas esse a summo bono factas, sed quia non summe bonae, ideo corruptibiles esse.
C. 13. Nullum esse malum, si nullum sit bonum; et hominem malum esse malum bonum.
C. 14. Bonum et malum licet contraria simul in eadem re esse posse. Ex bonis mala orta esse, et non esse nisi in bonis.
C. 15. Haec non esse contraria Domini dicto: „non potest arbor bona fructus malos facere.“
C. 16. Non pertinere ad felicitatem consequendam, scire caussas magnarum in mundo corporalium motionum; sed bonarum et malarum rerum caussas novisse nos oportere.
C. 17. Quid sit error et errare. Exemplo demonstratur, non omnem errorem esse noxium, quem recte omnes quantum possunt devitant.
C. 18. Mendacium omne esse peccatum, sed aliud alio gravius (contra Priscillianistas).

INDEX LOCORUM

SCRIPTURAE SACRAE, DE QUIBUS IN HIS AUGUSTINI LIBRIS DISPUTATUR.

---

*Solis numeris citatis de doctrina Christiana libri significantur, E. Enchiridion.

AUGUSTINI RECENSIO

I. LIBRORUM DE DOCTRINA CHRISTIANA.

RETRACT. LIB. II. CAP. IV.

Libros de doctrina Christiana quum imper-
fectos comperissem, perficere malui, quam eis sic
relictis ad alia retractanda transire. Complevi ergo
tertium, qui scriptus fuerat usque ad eum locum [1],
ubi commemoratum est ex evangelio [2] testimonium
de muliere, *quae abscondit fermentum in tribus mensuris farinae, donec fermentaretur totum.* Addidi etiam
novissimum librum, et quatuor libris opus illud im-
plevi: quorum primi tres adiuvant, ut scripturae intelligantur, quartus autem, quo modo quae intelligimus proferenda sint. In secundo sane libro [3] de
auctore libri, quem plures vocant Sapientiam Salomonis, quod etiam ipsum, sicut Ecclesiasticum, Iesus
Sirach scripserit, non ita constare, sicut a me dictum
est, postea didici, et omnino probabilius comperi,
non esse hunc eius libri auctorem. Ubi autem dixi [4]):
,,His quadraginta quatuor libris testamenti veteris
terminatur auctoritas,'' ex consuetudine, qua iam
loquitur ecclesia, vetus testamentum adpellavi. Apostolus autem non videtur adpellare vetus testamentum, nisi quod datum est in monte Sina. [5]) Et in eo
quod dixi [6]) ,,de temporum historia sanctum Ambro-

---

1) Cap. 25. 2) Luc. 13. 21. 3) Cap. 8. 4) L. II. c. 8. 5) Cf.
Gal. 4, 24. 6) L. II. c. 28.

sium solvisse quaestionem," tamquam coaetanei fuerint Plato et Ieremias, me fefellit memoria. Nam
quid ille de hac re episcopus dixerit, in libro eius
legitur, quem de sacramentis sive de philosophia [1])
scripsit. Hoc opus sic incipit: „Sunt praecepta
quaedam."

II. LIBRI DE FIDE, SPE ET CARITATE.

RETRACT. LIB. II. CAP. LXIII.

Scripsi etiam librum de fide, spe et caritate,
quum a me, ad quem scriptus est, postulasset, ut aliquod opusculum haberet meum de suis manibus non
recessurum: quod genus Graeci enchiridion vocant. Ubi satis diligenter mihi videor esse complexus, quo modo sit colendus Deus, quam sapientiam esse hominis utique veram divina scriptura
definit. Hic liber sic incipit: „Dici non potest,
dilectissime fili Laurenti."

---

1) Hic liber de sacramento regenerationis s. de philosophia
adversus Platonem est inter deperditos Ambrosii.

S. AURELII
AUGUSTINI
DE
DOCTRINA CHRISTIANA
LIBRI QUATUOR.

PROLOGUS.

Sunt praecepta quaedam tractandarum scripturarum, quae studiosis earum video non incommode
posse tradi, ut non solum legendo alios, qui divinarum literarum operta aperuerunt, sed et aliis ipsi
aperiendo proficiant. Haec tradere institui volentibus et valentibus discere, si Deus ac Dominus noster
ea, quae de hac re cogitanti solet suggerere, etiam
scribenti mihi non deneget. Quod antequam exor-
diar, videtur mihi respondendum esse his, qui haec
reprehensuri sunt, aut reprehensuri essent, si eos
non ante placaremus. Quod si nonnulli etiam post
ista reprehenderint, saltem alios non movebunt, nec
ab utili studio ad imperitiae pigritiam revocabunt,
quos movere possent, nisi praemunitos praeparatos-
que invenirent. Quidam enim reprehensuri sunt hoc
opus nostrum, quum ea quae praecepturi sumus non
intellexerint. Quidam vero quum intellectis uti voluerint, conatique fuerint scripturas divinas secun-

dum haec praecepta tractare, neque valuerint aperire
atque explicare quod cupiunt, inaniter me laborasse
arbitrabuntur, et quia ipsi non adiuvabuntur hoc
opere, nullum adiuvari posse censebunt. Tertium
genus est reprehensorum, qui divinas scripturas vel
re vera bene tractant, vel bene tractare sibi videntur;
qui quoniam nullis huiusmodi observationibus lectis,
quales nunc tradere institui, facultatem exponendo-
rum sanctorum librorum se adsecutos vel vident vel
putant, nemini esse ista praecepta necessaria, sed
potius totum, quod de illarum literarum obscuritatibus laudabiliter aperitur, divino munere fieri posse
clamitabunt. Quibus omnibus breviter respondens,
illis, qui haec quae scribimus non intelligunt, hoc
dico, me ita non esse reprehendendum, quia haec non
intelligunt, tamquam si lunam veterem vel novam
sidusve aliquod minime clarum vellent videre, quod
ego intento digito demonstrarem, illis autem nec ad
ipsum digitum meum videndum sufficiens esset acies
oculorum, non propterea mihi succensere deberent.
Illi vero, qui etiam istis praeceptis cognitis atque
perceptis ea, quae in divinis scripturis obscura sunt,
intueri nequiverint, arbitrentur se digitum quidem
meum videre posse, sidera vero, quibus demonstran-
dis intenditur, videre non posse. Et illi ergo et isti
me reprehendere desinant, et lumen oculorum divinitus sibi praeberi deprecentur. Non enim si possum
membrum meum ad aliquid demonstrandum movere,
possum etiam oculos accendere, quibus vel ipsa demonstratio mea, vel etiam illud quod volo demon-
strare, cernatur. Iam vero eorum, qui divino munere
exsultant, et sine talibus praeceptis, qualia nunc tradere institui, se sanctos libros intelligere atque tractare gloriantur, et propterea superflua voluisse me
scribere existimant, sic est lenienda commotio, ut,
quamvis magno Dei dono iure laetentur, recorden-
tur se tamen per homines didicisse vel literas; nec

propterea sibi ab Antonio sancto et perfecto viro Ae-
gyptio monacho insultari debere, qui sine ulla scientia literarum scripturas divinas et memoriter audiendo tenuisse, et prudenter cogitando intellexisse
praedicatur, aut ab illo servo barbaro Christiano, de
quo a gravissimis fideque dignissimis viris nuper accepimus, qui literas quoque ipsas nullo docente homine in plenam notitiam orando, ut sibi revelaren-
tur, accepit, triduanis precibus impetrans, ut etiam
codicem oblatum, stupentibus qui aderant, legendo
percurreret.   Aut[1]) si haec quisque falsa esse arbitratur, non ago pugnaciter.   Certe enim quoniam
cum Christianis nobis res est, qui se scripturas sanctas sine duce homine gaudent nosse, et si ita est,
vero et non mediocri gaudent bono, concedant necesse est, unumquemque nostrum et ab ineunte pue-
ritia consuetudine audiendi linguam suam didicisse,
et aliam aliquam vel Graecam vel Hebraeam vel
quamlibet ceterarum, aut similiter audiendo, aut
per hominem praeceptorem accepisse.   Iam ergo, si
placet, moneamus omnes fratres, ne parvulos suos
ista doceant, quia momento uno temporis adveniente
spiritu sancto repleti apostoli omnium gentium linguis locuti sunt; aut cui talia non provenerint, non
se arbitretur esse Christianum, aut spiritum sanctum
accepisse se dubitet. Imo vero et quod per hominem
discendum est, sine superbia discat, et per quem docetur alius, sine superbia et sine invidia tradat quod
accepit.   Neque tentemus eum cui credidimus, ne
talibus inimici versutiis et perversitate decepti ad
ipsum quoque audiendum evangelium atque discendum nolimus ire in ecclesias, aut codicem legere,
aut legentem praedicantemque hominem audire, et
exspectemus rapi usque in tertium coelum sive in
corpore, sive extra corpus, sicut dicit aposto-

---

1) „Sic Mss. omnes; editi vero: *at si haec* etc." Bened.

lus [1]), et ibi audire ineffabilia verba, quae non licet
homini loqui, aut ibi videre Dominum Iesum Christum,
et ab illo potius quam ab hominibus audire evangelium.   Caveamus tales tentationes superbissimas et
periculosissimas, magisque cogitemus et ipsum apostolum Paulum, licet divina et coelesti voce prostra-
tum et instructum, ad hominem tamen missum esse,
ut sacramenta perciperet atque copularetur ecclesiae [2]); et centurionem Cornelium quamvis exauditas
orationes eius eleemosynasque respectas ei angelus
nuntiaverit, Petro tamen traditum imbuendum, per
quem non solum sacramenta perciperet, sed etiam
quid credendum, quid sperandum, quid diligendum
esset, audiret. [3])   Et poterant utique omnia per angelum fieri; sed abiecta esset humana conditio, si
per homines hominibus Deus verbum suum mini-
strare nolle videretur.   Quomodo enim verum esset,
quod dictum est: *Templum enim Dei sanctum est,
quod estis vos* [4]), si Deus de humano templo responsa
non redderet, et totum, quod discendum hominibus
tradi vellet, de coelo atque per angelos personaret?
Deinde ipsa caritas, quae sibi invicem homines nodo
unitatis adstringit, non haberet aditum refundendo-
rum et quasi miscendorum sibimet animorum, si homines per homines nihil discerent.   Et certe spa-
donem illum, qui Iesaiam prophetam legens non intelligebat, neque ad angelum apostolus misit, nec ei
per angelum id quod non intelligebat expositum, aut
divinitus in mente sine hominis ministerio revelatum
est, sed potius suggestione divina missus est ad eum
seditque cum eo Philippus, qui noverat Iesaiam prophetam, eique humanis verbis et lingua quod in scriptura illa tectum erat aperuit. [5])   Nonne cum Moyse
Deus loquebatur, et tamen consilium regendi atque

---

1) 2 Cor. 12, 2—4.   2) Act. 9, 3. ss.   3) Act. 10.   4) 1 Cor.
3, 17.   5) Act. 8, 26. ss.

administrandi tam magni populi a socero suo, alieni-
gena scilicet homine, et maxime providus et minime
superbus accepit? [1]) Noverat enim ille vir, ex quacumque anima verum consilium processisset, non
ei, sed illi, qui est veritas, incommutabili Deo tribuendum esse. Postremo quisquis se nullis praeceptis instructum divino munere quaecumque in seri-
pturis obscura sunt intelligere gloriatur, bene quidem
credit, et verum est, non esse illam suam facultatem
quasi a se ipso exsistentem, sed divinitus traditam
(ita enim Dei gloriam quaerit et non suam); sed
quum legit et nullo sibi hominum exponente intelligit, cur ipse aliis adfectat exponere, ac non potius
eos remittit Deo, ut ipsi quoque non per hominem,
sed illo intus docente intelligant? Sed videlicet
timet, ne audiat a Domino: *Serve nequam, dares pecuniam meam numulariis.* [2]) Sicut ergo hi ea, quae
intelligunt, produnt ceteris vel loquendo vel scribendo, ita ego quoque si non solum ea quae intelligant [3]), sed etiam intelligendo ea quae observent
prodidero, culpari ab eis profecto non debeo; quamquam nemo debet aliquid sic habere quasi suum proprium, nisi forte mendacium. Nam omne verum ab
illo est qui ait: *Ego sum veritas.* [4]) Quid enim habemus quod non accepimus? Quod si accepimus,
quid gloriamur quasi non acceperimus? [5]) Qui legit
audientibus literas, utique quas agnoscit enuntiat;
qui autem ipsas literas tradit, hoc agit, ut alii quoque legere noverint; uterque tamen id insinuat quod
accepit. Sic etiam qui ea, quae in scripturis intelligit, exponit audientibus, tamquam literas, quas
agnoscit, pronuntiat lectoris officio; qui autem praecipit, quo modo intelligendum sit, similis est tradenti
literas, hoc est, praecipienti, quo modo sit legendum,

---

1) Exod. 18, 13. ss.   2) Matth. 25, 27.   3) Mss. 23 exhibent:
intelligo.   4) Ioh. 14, 6.   5) Cf. 1 Cor. 4, 7.

ut, quomodo ille, qui legere novit, alio lectore non
indiget, quum codicem invenerit, a quo audiat quid
ibi scriptum sit, sic iste, qui praecepta quae conamur
tradere acceperit, quum in libris aliquid obscuritatis
invenerit, quasdam regulas veluti literas tenens intellectorem alium non requirat, per quem sibi quod
opertum est retegatur, sed quibusdam vestigiis in-
dagatis ad occultum sensum sine ullo errore ipse
perveniat, aut certe in absurditatem pravae sententiae non incidat. Quapropter quamquam et in ipso
opere satis adparere possit, huic officioso labori nostro non recte aliquem contradicere, tamen si huiusmodi prooemio quibuslibet obsistentibus convenienter videtur esse responsum, huius viae, quam in hoc
libro ingredi volumus, tale nobis occurrit exordium.

LIBER PRIMUS.

CAPUT I. Duae sunt res, quibus nititur omnis
tractatio scripturarum: modus inveniendi quae
intelligenda sunt, et modus proferendi
quae intellecta sunt. De inveniendo prius, de
proferendo postea disseremus. Magnum opus[1]) et
arduum, et si ad sustinendum difficile, vereor ne ad
suscipiendum temerarium! Ita sane, si de nobis ipsis
praesumeremus. Nunc vero quum in illo sit spes
peragendi huius operis, a quo nobis in cogitatione
multa de hac re iam tradita tenemus, non est metuendum, ne dare desinat cetera, quum ea quae data
sunt coeperimus impendere. Omnis enim res
quae dando non deficit, dum habetur, et
non datur, non habetur, quomodo haben-
da est. Ille autem ait: *qui habet, dabitur ei.*[2])
Dabit ergo habentibus, id est, cum benignitate

---

1) „Am., Erasm. et Mss. 5: *onus.*" Ben. 2) Matth. 13, 12.

utentibus eo quod acceperunt; adimplebit atque
cumulabit quod dedit. Illi quinque et illi septem
erant panes, antequam inciperent dari esurienti-
bus[1]). Quod ubi fieri coepit, cophinos et sportas
satiatis tot hominum millibus impleverunt. Sicut
ergo ille panis dum frangeretur adcrevit, sic ea quae
ad hoc opus adgrediendum iam Dominus praebuit,
quum dispensari coeperint, eo ipso suggerente mul-
tiplicabuntur, ut in ipso hoc nostro ministerio non
solum nullam patiamur inopiam, sed de mirabili
etiam abundantia gaudeamus.

C. II. Omnis doctrina vel r e r u m est, vel s i g n o -
r u m; sed res per signa discuntur. Proprie autem
nunc res adpellavi, quae non ad significandum aliquid adhibentur, sicuti est lignum, lapis, pecus, atque
huiusmodi cetera. Sed non illud lignum, quod in
aquas amaras Moysen misisse legimus, ut amaritu-
dine carerent[2]); neque ille lapis, quem Iacob sibi ad
caput posuerat[3]); neque illud pecus, quod pro filio
immolavit Abraham.[4]) Hae namque ita res sunt,
ut aliarum etiam signa sint rerum. Sunt autem alia
signa, quorum omnis usus in significando est, sicuti
sunt verba. Nemo enim utitur verbis nisi aliquid
significandi gratia. Ex quo intelligitur, quid adpel-
lem signa; res eas videlicet, quae ad significandum
aliquid adhibentur. Quam ob rem omne signum
etiam res aliqua est. Quod enim nulla res est, omnino
nihil est. Non autem omnis res etiam signum est.
Et ideo in hac divisione rerum atque signorum, quum
de rebus loquemur, ita loquemur, ut, etiam si earum
aliquae adhiberi ad significandum possint, non impe-
diant partitionem, qua prius de rebus, postea de
signis disseremus; memoriterque teneamus, id nunc

---

1) Matth. 14, 17. ss. 15, 34. ss. 2) Exod. 15, 25. 3) Gen.
28, 11. 4) Gen. 22, 13.

in rebus considerandum esse, quod sunt, non quod aliud etiam praeter se ipsas significant.

C. III. Res ergo aliae sunt, quibus fruendum est; aliae, quibus utendum; aliae, quae fruuntur et utuntur. Illae, quibus fruendum est, beatos nos faciunt. Istis, quibus utendum est, tendentes ad beatitudinem adiuvamur, et quasi adminiculamur, ut ad illas, quae nos beatos faciunt pervenire, atque his inhaerere possimus. Nos vero, qui fruimur et utimur, inter utrasque constituti, si eis quibus utendum est frui voluerimus, impeditur cursus noster, et aliquando etiam deflectitur, ut ab his rebus quibus fruendum est obtinendis vel retardemur, vel etiam revocemur, inferiorum amore praepediti.

C. IV. Frui enim est amore alicui rei inhaerere propter se ipsam. Uti autem, quod in usum venerit ad id quod amas obtinendum referre, si tamen amandum est. Nam usus illicitus abusus potius vel abusio nominandus est. Quomodo ergo si essemus peregrini, qui beate vivere nisi in patria non possemus, eaque peregrinatione utique miseri et miseriam finire cupientes in patriam redire vellemus, opus esset vel terrestribus vel marinis vehiculis, quibus utendum esset, ut ad patriam qua fruendum erat pervenire valeremus; quod si amoenitates itineris et ipsa gestatio vehiculorum nos delectaret, et conversi ad fruendum his, quibus uti debuimus, nollemus cito viam finire, et perversa suavitate implicati alienaremur a patria, cuius suavitas faceret beatos: sic in huius mortalitatis vita peregrinantes a Domino, si redire in patriam volumus, ubi beati esse possimus [1]), utendum est hoc mundo, non fruendum, ut invisibilia Dei per ea quae facta sunt intellecta conspiciantur, hoc est, ut de corporalibus temporalibusque rebus aeterna et spiritalia capiamus.

---

1) Am., Er. et Cal.: *possumus.*

C. V. Res igitur quibus fruendum est, pater et filius et spiritus sanctus est, eademque trinitas, una quaedam summa res communisque omnibus fruentibus ea, si tamen res et non omnium rerum caussa sit, si tamen et caussa. Non enim facile nomen, quod tantae excellentiae conveniat, potest inveniri, nisi quod melius ita dicitur: trinitas haec, unus Deus, ex quo omnia, per quem omnia, in quo omnia.[1]) Ita pater, et filius et spiritus sanctus, et singulus quisque horum Deus, et simul omnes unus Deus, et singulus quisque horum plena substantia, et simul omnes una substantia. Pater nec filius est nec spiritus sanctus; filius nec pater est nec spiritus sanctus; spiritus sanctus nec pater est nec filius: sed pater tantum pater, et filius tantum filius, et spiritus sanctus tantum spiritus sanctus. Eadem tribus aeternitas, eadem incommutabilitas, eadem maiestas, eadem potestas. In patre unitas, in filio aequalitas, in spiritu sancto unitatis aequalitatisque concordia; et tria haec unum omnia propter patrem, aequalia omnia propter filium, connexa omnia propter spiritum sanctum.

C. VI. Diximusne aliquid et sonuimus aliquid dignum Deo? Imo vero nihil me aliud quam dicere voluisse sentio. Si autem dixi, non est hoc quod dicere volui. Hoc unde scio, nisi quia Deus ineffabilis est? Quod autem a me dictum est, si ineffabile esset, dictum non esset. Ac per hoc ne ineffabilis quidem dicendus est Deus, quia et hoc quum dicitur, aliquid dicitur. Et fit nescio quae pugna verborum, quoniam si illud est ineffabile, quod dici non potest, non est ineffabile, quod vel ineffabile dici potest. Quae pugna verborum silentio cavenda potius quam voce pacanda est. Et tamen Deus, quum de illo nihil digne dici possit, admisit humanae vocis obsequium,

---

1) Cf. Rom. 11, 36.

et verbis nostris in laude sua gaudere nos voluit. Nam inde est et quod dicitur Deus. Non enim re vera in strepitu istarum duarum syllabarum ipse cognoscitur: sed tamen omnes Latinae linguae scios [1]) quum aures eorum sonus iste tetigerit, movet ad cogitandam excellentissimam quamdam immortalemque naturam.

C. VII. Nam quum ille unus cogitatur deorum Deus, ab his etiam, qui alios et suspicantur et vocant et colunt deos sive in coelo sive in terra, ita cogitatur, ut aliquid quo nihil melius sit atque sublimius illa cogitatio conetur adtingere. Sane quoniam diversis moventur bonis, partim eis quae ad corporis sensum, partim eis quae ad animi intelligentiam pertinent, illi, qui dediti sunt corporis sensibus, aut ipsum coelum, aut quod in coelo fulgentissimum vident, aut ipsum mundum Deum deorum esse arbitrantur; aut, si extra mundum ire contendunt, aliquid lucidum imaginantur, idque vel infinitum, vel ea forma, quae optima videtur, inani suspicione constituunt, aut humani corporis figuram cogitant, si eam [2]) ceteris anteponunt. Quod si unum Deum deorum esse non putant, et potius multos aut innumerabiles aequalis ordinis deos, etiam eos tamen, prout cuique aliquid corporis videtur excellere, ita figuratos animo tenent. Illi autem, qui per intelligentiam pergunt videre quod Deus est, omnibus eum naturis visibilibus et corporalibus, intelligibilibus etiam et spiritalibus omnibus mutabilibus praeferunt. Omnes tamen certatim pro excellentia Dei dimicant; nec quisquam inveniri potest, qui hoc Deum credat esse, quo melius aliquid est. Itaque hoc omnes Deum consentiunt esse, quod ceteris rebus omnibus anteponunt.

---

1) Sic Ben. et Cal. Sed apud Am., Er. et Mss. 17: *socios.*
2) „Editi: *sic eam.* At Mss. fere omnes: *si eam.*" Ben. et Cal.

C. VIII.   Et quoniam omnes, qui de Deo cogitant, vivum aliquid cogitant, illi soli possunt non absurda et indigna existimare de Deo, qui vitam ipsam cogitant, et quaecumque illis forma occurrerit corporis, eam vita vivere vel non vivere statuunt, et viventem non viventi anteponunt, eamque ipsam viventem corporis formam, quantalibet luce praefulgeat, quantalibet magnitudine praemineat, quantalibet pulchritudine ornetur, aliud esse ipsam, aliud vitam qua vegetatur intelligunt, eamque illi moli, quae ab illa vegetatur et animatur, dignitate incomparabili praeferunt.   Deinde ipsam vitam pergunt inspicere, et si eam sine sensu vegetantem invenerint, qualis est arborum, praeponunt ei sentientem, qualis est pecorum, et huic rursus intelligentem, qualis est hominum.   Quam quum adhuc mutabilem viderint, etiam huic aliquam incommutabilem coguntur praeponere, illam scilicet vitam, quae non aliquando desipit, aliquando sapit, sed est potius ipsa sapientia.   Sapiens enim mens, id est, adepta sapientiam, antequam adipisceretur, non erat sapiens.   At vero ipsa sapientia nec fuit umquam insipiens, nec esse umquam potest.   Quam si non viderent, nullo modo plena fiducia vitam incommutabiliter sapientem commutabili vitae anteponerent.   Ipsam quippe [1]) regulam veritatis, qua illam clamant esse meliorem, incommutabilem vident; nec uspiam nisi supra suam naturam vident, quando quidem se vident mutabiles.

C. IX.   Nemo est enim tam impudenter [2]) insulsus, qui dicat: Unde scis incommutabiliter sapientem vitam mutabili esse praeferendam? Id ipsum enim quod interrogat, unde sciam, omnibus ad contemplandum communiter atque incommutabiliter praesto

___

1) „Ita in Mss. pierisque, ubi in editis: *ipsam quoque.*" Ben.
2) „In excusis: *tam imprudenter.*   In Mss. 13: tam impudenter." Ben.

est. Et hoc qui non videt, ita est quasi caecus in sole, cui nihil prodest ipsis locis oculorum eius tam clarae ac praesentis lucis fulgor infusus. Qui autem videt et refugit, consuetudine umbrarum carnalium invalidam mentis aciem gerit. Pravorum igitur morum quasi contrariis flatibus ab ipsa patria repercutiuntur homines, posteriora atque inferiora sectantes, quam illud, quod esse melius atque praestantius confitentur.

C. X. Quapropter quum illa veritate perfruendum sit, quae incommutabiliter vivit, et in ea Trinitas Deus, auctor et conditor universitatis, rebus quas condidit consulat, purgandus est animus, ut perspicere illam lucem valeat, et inhaerere perspectae.[1]) Quam purgationem quasi ambulationem quamdam, et quasi navigationem ad patriam esse arbitremur. Non enim ad eum, qui ubique praesens est, locis movemur, sed bono studio bonisque moribus.

C. XI. Quod non possemus, nisi ipsa sapientia tantae etiam nostrae infirmitati congruere dignaretur, et vivendi nobis praeberet exemplum, non aliter quam in homine, quoniam et nos homines sumus. Sed quia nos quum ad illam venimus, sapienter facimus, ipsa quum ad nos venit, ab hominibus superbis quasi stulte fecisse putata est. Et quoniam nos quum ad illam venimus, convalescimus, ipsa quum ad nos venit, quasi infirma existimata est. Sed *quod stultum est Dei, sapientius est hominibus, et quod infirmum est Dei, fortius est hominibus.*[2]) Quum ergo ipsa sit patria, viam se quoque nobis fecit ad patriam.

C. XII. Et quum sano et puro interiori oculo ubique sit praesens, eorum, qui oculum illum infirmum immundumque habent, oculis etiam carneis adparere

---

1) „Editi: *inhaerere perfecte*. Elegantius Mss.: *perspectae.*“ Ita bene Ben. De scriptoris sententia cf. Mat. 5, 8. 2) I Cor. 1, 25.

dignata est. *Quia enim in sapientia Dei non poterat mundus per sapientiam cognoscere Deum, placuit Deo per stultitiam praedicationis salvos facere credentes.* [1]) Non igitur per locorum spatia veniendo, sed in carne mortali mortalibus adparendo, venisse ad nos dicitur. Illuc enim venit, ubi erat, quia *in hoc mundo erat, et mundus per eam* [2]) *factus est.* Sed quoniam cupiditate fruendi pro ipso creatore creatura, homines configurati huic mundo, et mundi nomine congruentissime vocati, non eam cognoverunt, propterea dixit evangelista: *et mundus eum non cognovit.* [3]) Itaque in sapientia Dei non poterat mundus per sapientiam cognoscere Deum. Cur ergo venit, quum hic esset, nisi quia placuit Deo, per stultitiam praedicationis salvos facere credentes?

C. XIII. Quomodo venit, nisi quod *verbum caro factum est, et habitavit in nobis?* [4]) Sicuti quum loquimur, ut id, quod animo gerimus, in audientis animum per aures carneas illabatur, fit sonus verbum quod corde gestamus, et locutio vocatur, nec tamen in eumdem sonum cogitatio nostra convertitur, sed apud se manens integra formam vocis, qua se insinuet auribus, sine aliqua labe suae mutationis adsumit: ita verbum Dei non commutatum caro tamen factum est, ut habitaret in nobis.

C. XIV. Sicut autem curatio via est ad sanitatem, sic ista curatio peccatores sanandos reficiendosque suscepit. Et quemadmodum medici quum adligant vulnera, non incomposite, sed apte id faciunt, ut vinculi utilitatem quaedam pulchritudo etiam consequatur: sic medicina sapientiae per hominis susceptionem nostris est adcommodata vulneribus, de quibusdam contrariis curans, et de quibusdam similibus. Sicut etiam ille, qui medetur vulneri corporis, ad-

---

1) 1 Cor. 1, 21. 2) Am., Er., Cal.: *per eum.* 3) Ioh. 1, 10.
4) Ioh. 1, 14.

hibet quaedam contraria, sicut frigidum calido, vel humidum sicco, vel si quid aliud huiusmodi; adhibet etiam quaedam similia, sicut linteolum vel rotundo vulneri rotundum, vel oblongum oblongo, ligaturamque ipsam non eamdem membris omnibus, sed similem similibus coaptat: sic sapientia Dei hominem curans se ipsam exhibuit ad sanandum, ipsa medicus, ipsa medicina. Quia ergo per superbiam homo lapsus est, humilitatem adhibuit ad sanandum. Serpentis sapientia decepti sumus, Dei stultitia liberamur. Quemadmodum autem illa sapientia vocabatur, erat autem stultitia contemnentibus Deum, sic ista quae vocatur stultitia sapientia est vincentibus diabolum. Nos immortalitate male usi sumus, ut moreremur; Christus mortalitate bene usus est, ut viveremus. Corrupto animo feminae ingressus est morbus; integro corpore feminae processit salus. Ad eadem contraria pertinet, quod etiam exemplo virtutum eius vitia nostra curantur. Iam vero similia quasi ligamenta membris et vulneribus nostris adhibita illa sunt, quod per feminam deceptos per feminam natus, homo homines, mortalis mortales, morte mortuos liberavit. Multa quoque alia diligentius considerantibus, quos instituti operis peragendi necessitas non rapit, vel a contrariis, vel a similibus medicinae Christianae adparet instructio.

C. XV. Iam vero credita Domini a mortuis resurrectio et in coelum adscensio magna spe fulsit fidem nostram. Multum enim ostendit, quam voluntarie pro nobis animam posuerit, qui eam sic habuit in potestate resumere. Quanta ergo se fiducia spes credentium consolatur, considerans quantus quanta pro nondum credentibus passus sit! Quum vero iudex vivorum atque mortuorum exspectatur e coelo, magnum timorem incutit negligentibus, ut se ad diligentiam convertant, cumque magis bene agendo desiderent, quam male agendo formident. Quibus autem verbis dici, aut qua cogitatione capi potest praemium, quod ille in fine daturus est, quando ad consolationem huius itineris de spiritu suo tantum dedit, quo in adversis vitae huius fiduciam caritatemque tantam eius, quem nondum videmus, habeamus, et dona[1]) unicuique propria ad instructionem ecclesiae suae, ut id quod ostendit esse faciendum non solum sine murmure, sed etiam cum delectatione faciamus?

C. XVI. Est enim ecclesia corpus eius, sicut apostolica doctrina commendat[2]); quae etiam coniunx eius dicitur.[3]) Corpus ergo suum, multis membris diversa officia gerentibus, nodo unitatis et caritatis tamquam sanitatis adstringit. Exercet autem hoc tempore et purgat medicinalibus quibusdam molestiis, ut erutam de hoc saeculo in aeternum sibi copulet coniugem ecclesiam, non habentem maculam aut rugam aut aliquid huiusmodi.

C. XVII. Porro quoniam in via sumus, nec via ista locorum est, sed adfectuum, quam intercludebat, quasi septa quaedam spinosa, praeteritorum malitia[4]) peccatorum, quid liberalius et misericordius facere potuit, qui se ipsum nobis, qua[5]) rediremus, substernere voluit, nisi ut omnia donaret peccata conversis, et graviter fixa interdicta reditus nostri pro nobis crucifixus evelleret?

C. XVIII. Has igitur claves dedit ecclesiae suae, ut quae solveret in terra, soluta essent in coelo, quae ligaret in terra, ligata essent in coelo[6]): scilicet ut quisquis in ecclesia eius dimitti sibi peccata non

---

1) „Lov. *donat.* Substituimus *dona* ex Am., Er. et Mss. plerisque melioris notae." Ben. Cal. secutus e. Lov. 2) Cf. Eph. 1, 23. Rom. 12, 5. 3) Apoc. 19, 7. 21, 9. ubi etiam ἡ νύμφη vocatur. 4) „Editi: *intercludebant . . . . . malitiae,* pro quo Mss. magno consensu: *intercludebat . . . . . malitia.*" Ben. 5) „Editi *quo rediremus;* at Mss. 17: *qua,* praeter 5 alios qui habent: *viam qua.*" Ben. 6) Cf. Mat. 16, 19. et 18, 18.

crederet, non ei dimitterentur, quisquis autem crederet seque ab his correctus averteret, in eiusdem ecclesiae gremio constitutus eadem fide atque correctione sanaretur. Quisquis enim non credit, dimitti sibi posse peccata, fit deterior desperando, quasi nihil illi melius, quam malum esse, remaneat, ubi de fructu suae conversionis infidus est.

C. XIX. Iam vero sicut animi quaedam mors est, vitae prioris morumque relictio, quae fit poenitendo, sic etiam corporis mors est animationis pristinae resolutio. Et quomodo animus post poenitentiam, qua priores mores perditos interemit, reformatur in melius, sic etiam corpus post istam mortem, quam vinculo peccati omnes debemus, credendum et sperandum est resurrectionis tempore in melius commutari, ut non caro et sanguis regnum Dei possideant (quod fieri non potest), sed corruptibile hoc induat incorruptionem, et mortale hoc induat immortalitatem [1]), nullamque faciens molestiam, quia nullam patietur indigentiam, a beata perfectaque anima cum summa quiete vegetetur.

C. XX. Cuius autem animus non moritur huic saeculo, neque incipit configurari veritati, in graviorem mortem morte corporis trahitur, neque ad commutationem coelestis habitudinis [2]), sed ad luenda supplicia reviviscet.

C. XXI. Hoc itaque fides habet, atque ita se rem habere credendum est, neque animum, neque corpus humanum omnimodum interitum pati, sed impios resurgere ad poenas inaestimabiles, pios autem ad vitam aeternam.

---

1) 1 Cor. 15, 50. 53. 2) Tres e Vat. Mss.: *ad communicationem;* al. Vat.. *ad communionem,* cui consentiunt Er. et Cal. Sed libri ceteri: *ad commutationem.* Praeterea in Mss. fere omnibus: *habitudinis,* pro quo Am.: *habitationis;* Er., Lov., Cal.: *beatitudinis.*

C. XXII. In his igitur omnibus rebus illae tantum sunt, quibus fruendum est, quas aeternas atque incommutabiles commemoravimus. Ceteris autem utendum est, ut ad illarum perfructionem pervenire possimus. Nos itaque, qui fruimur et utimur aliis rebus, res aliquae sumus. Magna enim quaedam res est homo, factus ad imaginem et similitudinem Dei, non in quantum mortali corpore includitur, sed in quantum bestias rationalis animae honore praecellit. Itaque magna quaestio est, utrum frui se homines debeant, an uti, an utrumque. Praeceptum est enim nobis, ut diligamus invicem. Sed quaeritur, utrum propter se homo ab homine diligendus sit, an propter aliud. Si enim propter se, fruimur eo; si propter aliud, utimur eo. Videtur autem mihi propter aliud diligendus. Quod enim propter se diligendum est, in eo constituitur vita beata; cuius etiamsi nondum res, tamen spes eius nos hoc tempore consolatur. Maledictus autem qui spem suam ponit in homine. [1] Sed nec se ipso quisquam frui debet, si liquido advertas, quia nec se ipsum debet propter se ipsum diligere, sed propter illum [2], quo fruendum est. Tunc est quippe optimus homo, quum tota vita sua pergit in incommutabilem vitam, et toto adfectu inhaeret illi. Si autem se propter se diligit, non se refert ad Deum, sed ad se ipsum conversus non ad incommutabile aliquid convertitur. Et propterea iam cum defectu aliquo se fruitur, quia melior est, quum totus haeret atque constringitur incommutabili bono, quam quum inde vel ad se ipsum relaxatur. Si ergo te ipsum non propter te debes diligere, sed propter illum [3], ubi dilectionis tuae rectissimus finis est, non succenseat alius homo, si etiam ipsum propter Deum diligis. Haec enim regula dilectionis

---

1) Ierem. 17, 5. 2) Er. et Cal.: *illud.* 3) Am., Er., Cal.: *illud.*

AUGUST. DOCTR. CHRIST. B

divinitus constituta est. *Diliges*, inquit [1]), *proximum tuum sicut te ipsum; Deum vero ex toto corde et ex tota anima et ex tota mente*, ut omnes cogitationes tuas et omnem vitam et omnem intellectum in illum conferas, a quo habes ea ipsa quae confers. Quum autem ait: *toto corde, tota anima, tota mente*, nullam vitae nostrae partem, quae vacare debeat, et quasi locum dare, ut alia re velit frui; sed quidquid aliud diligendum venerit in animum, illuc rapiatur, quo totus dilectionis impetus currit. Quisquis ergo recte proximum diligit, hoc cum eo debet agere, ut etiam ipse toto corde, tota anima, tota mente diligat Deum. Sic enim eum diligens tamquam se ipsum totam dilectionem sui et illius refert in illam dilectionem Dei, quae nullum a se rivulum duci extra patitur, cuius derivatione minuatur.

C. XXIII. Non autem omnia, quibus utendum est, diligenda sunt, sed ea sola, quae aut nobiscum societate quadam referuntur in Deum, sicuti est homo aut angelus, aut ad nos relata beneficio Dei per nos indigent, sicuti est corpus. Nam utique martyres non dilexerunt scelus persequentium se, quo tamen usi sunt ad promerendum Deum. Quum autem quatuor sint diligenda: unum quod supra nos est, alterum quod nos sumus, tertium quod iuxta nos est, quartum quod infra nos est; de secundo et quarto nulla praecepta danda erant. Quantumlibet enim homo excidat a veritate, remanet illi dilectio sui et dilectio corporis sui. Fugax enim animus ab incommutabili lumine omnium regnatore id agit, ut ipse sibi regnet et corpori suo: et ideo non potest nisi et se et corpus suum diligere. Magnum autem aliquid adeptum se putat, si etiam sociis, id est, aliis hominibus dominari potuerit. Inest enim vitioso animo id magis adpetere, et sibi tamquam debitum vindicare, quod uni

---

1) Matth. 22, 37. ss. Cf. Levit. 19, 18. Deut. 6, 5.

proprie debetur Deo. Talis autem sui dilectio melius odium vocatur. Iniquum est enim, quia vult sibi servire quod infra se est, quum ipse servire superiori nolit; rectissimeque dictum est: *Qui diligit iniquitatem, odit animam suam.*[1]) Et ideo fit infirmus animus, et de mortali corpore cruciatur. Necesse est enim ut illud diligat, et eius corruptione praegravetur. Immortalitas enim et incorruptio corporis de sanitate animi exsistit. Sanitas autem animi est firmissime inhaerere potiori, hoc est, incommutabili Deo. Quum vero etiam eis, qui sibi naturaliter pares sunt, hoc est, hominibus dominari adfectat, intolerabilis omnino superbia est.

C. XXIV. Nemo ergo se odit. Et hinc quidem nulla cum aliqua secta quaestio fuit. Sed neque corpus suum quisquam odit. Verum est enim quod ait apostolus: *Nemo umquam carnem suam odio habuit.*[2]) Et quod nonnulli dicunt, malle se omnino esse sine corpore, omnino falluntur. Non enim corpus suum, sed corruptiones eius et pondus oderunt. Non itaque nullum corpus, sed incorruptum et celerrimum corpus volunt habere. Sed putant, nullum corpus esse, si tale fuerit, quia tale aliquid esse animam putant. Quod autem continentia quadam et laboribus quasi persequi videntur corpora sua, qui hoc recte faciunt, non id agunt, ut non habeant corpus, sed ut habeant subiugatum et paratum ad opera necessaria. Libidines enim male utentes corpore, id est, consuetudines et inclinationes animae ad fruendum inferioribus, per ipsius corporis laboriosam quamdam militiam exstinguere adfectant. Nam non se interimunt, sed curam suae valetudinis gerunt. Qui autem perverse id agunt, quasi naturaliter inimico suo corpori bellum ingerunt. In quo fallit eos quod legunt: *Caro concupiscit adversus spiritum, et spiritus adversus car-*

1) Ps. 10, 5. sec. LXX. 2) Eph. 5, 29.

B 2

nem; haec enim sibi invicem adversantur.[1]) Dictum
est enim hoc propter indomitam carnalem consuetudinem, adversus quam spiritus concupiscit, non ut
interimat corpus, sed ut concupiscentia eius, id est,
consuetudine mala edomita[2]) faciat spiritui subiugatum, quod naturalis ordo desiderat. Quia enim
hoc erit post resurrectionem, ut corpus omnimodo
cum quiete summa spiritui subditum immortaliter vigeat, hoc etiam in hac vita meditandum est, ut consuetudo carnalis mutetur in melius, nec inordinatis
motibus[3]) resistat spiritui. Quod donec fiat, *caro
concupiscit adversus spiritum, et spiritus adversus carnem*, non per odium resistente spiritu, sed per principatum, quia magis quod diligit vult subditum esse
meliori; nec per odium resistente carne, sed per
consuetudinis vinculum, quod a parentum etiam propagine inveteratum naturae lege inolevit. Id ergo
agit spiritus in domanda carne, ut solvat malae consuetudinis quasi pacta perversa, et fiat pax consuetudinis bonae. Tamen nec isti, qui falsa opinione
depravati corpora sua detestantur, parati essent,
unum oculum vel sine sensu doloris amittere, etiamsi
in altero tantus cernendi sensus remaneret, quantus
erat in duobus, nisi aliqua res quae praeponenda esset urgeret. Isto atque huiusmodi documento satis
ostenditur eis, qui sine pertinacia verum requirunt,
quam certa sententia sit apostoli, ubi ait: *Nemo enim
umquam carnem suam odio habuit.* Addidit etiam[4]):
sed nutrit et fovet eam, sicut Christus ecclesiam.

C. XXV. Modus ergo diligendi praecipiendus est
homini, id est, quo modo se diligat, ut prosit sibi.
Quin autem se diligat, et prodesse sibi velit, dubi-

---

1) Gal. 5, 17.   2) Am., Er., Cal.: *concupiscentiam eius i. e.
consuetudinem male domitam* etc.   Cui lectioni longe praestat
ea, quam ex Mss. restituerunt Bened.   3) Ita Am., Er., Cal. et
codd. Lips., ubi apud Ben. *moribus.*   4) Eph. 5, 29.

tare dementis est. Praecipiendum etiam, quo modo corpus suum diligat, ut ei ordinate prudenterque consulat. Nam quod diligat etiam corpus suum, idque salvum habere atque integrum velit, aeque manifestum est. Aliquid itaque amplius diligere aliquis potest, quam salutem atque integritatem corporis sui. Nam multi et dolores et amissiones nonnullorum membrorum voluntarias suscepisse inveniuntur; sed ut alia, quae amplius diligebant, consequerentur. Non ergo propterea quisquam dicendus est non diligere salutem atque incolumitatem corporis sui, quia plus aliquid diligit. Nam et avarus quamvis pecuniam diligat, tamen emit sibi panem. Quod quum facit, dat pecuniam, quam multum diligit et augere desiderat; sed quia pluris aestimat salutem corporis sui, quae illo pane fulcitur. Supervacaneum est, diutius de re manifestissima disputare, quod tamen plerumque nos facere cogit error impiorum.

C. XXVI. Ergo quoniam praecepto non opus est, ut se quisque et corpus suum diligat, id est, quoniam id quod sumus, et id quod infra nos est, ad nos tamen pertinet, inconcussa naturae lege diligimus, quae in bestias etiam promulgata est (nam et bestiae se atque corpora sua diligunt), restabat, ut et de illo, quod supra nos est, et de illo, quod iuxta nos est, praecepta sumeremus. *Diliges*, inquit [1]), *Dominum Deum tuum ex toto corde tuo, et ex tota anima tua, et ex tota mente tua; et diliges proximum tuum tamquam te ipsum. In his duobus praeceptis tota lex pendet et prophetae.* Finis itaque praecepti est dilectio, et ea gemina, id est, Dei et proximi. Quod si te totum intelligas, id est, animum et corpus tuum, et proximum totum, id est, animum et corpus eius (homo enim ex animo constat et corpore), nullum rerum diligendarum genus in his duobus praeceptis praeter-

[1] Matth. 22, 37. ss

missum est. Quum enim praecurrat dilectio Dei, eiusque dilectionis modus praescriptus adpareat, ita ut cetera in illum confluant, de dilectione tua nihil dictum videtur. Sed quum dictum est: *Diliges proximum tuum tamquam te ipsum*, simul et tui abs te dilectio non praetermissa est.

C. XXVII. Ille autem iuste et sancte vivit, qui rerum integer aestimator est. Ipse est autem qui ordinatam dilectionem habet, ne aut diligat quod non est diligendum, aut non diligat quod est diligendum, aut amplius diligat quod minus est diligendum, aut aeque diligat quod vel minus vel amplius diligendum est, aut minus vel amplius quod aeque diligendum est. Omnis peccator, in quantum peccator est, non est diligendus; et omnis homo, in quantum homo est, diligendus est propter Deum; Deus vero propter se ipsum. Et si Deus omni homine amplius diligendus est, amplius quisque debet Deum diligere, quam se ipsum. Item amplius alius homo diligendus est, quam corpus nostrum, quia propter Deum omnia ista diligenda sunt, et potest nobiscum alius homo Deo perfrui, quod non potest corpus, quia corpus per animam vivit, qua fruimur Deo.

C. XXVIII. Omnes autem aeque diligendi sunt. Sed quum omnibus prodesse non possis, his potissimum consulendum est, qui pro locorum et temporum vel quarumlibet rerum opportunitatibus constrictius tibi quasi quadam sorte iunguntur. Sicut enim si tibi abundaret aliquid, quod dari oporteret ei, qui non haberet, nec duobus dari posset, si tibi occurrerent duo, quorum neuter alium vel indigentia vel erga te aliqua necessitudine superaret, nihil iustius faceres, quam ut sorte legeres, cui dandum esset, quod dari utrique non posset: sic in hominibus, quibus omnibus consulere nequeas, pro sorte habendum est, prout quisque tibi temporaliter colligatius adhaerere potuerit.

C. XXIX. Omnium autem, qui nobiscum frui possunt Deo, partim eos diligimus, quos ipsi adiuvamus, partim eos, a quibus adiuvantur, partim quorum et indigemus adiutorio et indigentiae subvenimus, partim quibus nec ipsi conferimus aliquid commodi, nec ab eis ut nobis conferatur adtendimus. Velle tamen debemus, ut omnes nobiscum diligant Deum, et totum, quod vel eos adiuvamus vel adiuvamur eis, ad unum illum finem referendum est. Si enim in theatris nequitiae qui aliquem diligit histrionem, et tamquam magno vel etiam summo bono eius arte perfruitur, omnes diligit qui eum diligunt secum, non propter illos, sed propter eum quem pariter diligunt; et quanto est in eius amore ferventior, tanto agit quibus potest modis, ut a pluribus diligatur, et tanto pluribus eum cupit ostendere, et quem frigidiorem videt, excitat eum quantum potest laudibus illius; si autem contravenientem invenerit, odit in illo vehementer odium dilecti sui, et quibus modis valet, instat ut auferat: quid nos in societate dilectionis Dei agere convenit, quo perfrui beate vivere est, et a quo habent omnes qui eum diligunt, et quod sunt, et quod eum diligunt, de quo nihil metuimus, ne cuiquam possit cognitus displicere, et qui se vult diligi, non ut sibi aliquid, sed ut eis qui diligunt aeternum praemium conferatur, hoc est, ipse quem diligunt! Hinc efficitur, ut inimicos etiam nostros diligamus. Non enim eos timemus, quia nobis quod diligimus auferre non possunt, sed miseramur potius, quia tanto magis nos oderunt, quanto ab illo quem diligimus separati sunt. Ad quem si conversi fuerint, et illum tamquam beatificum bonum, et nos tamquam socios tanti boni necesse est ut diligant.

C. XXX. Oritur autem hoc loco de angelis nonnulla quaestio. Illo enim fruentes etiam ipsi beati sunt, quo et nos frui desideramus; et quanto in hac vita fruimur vel per speculum vel in aenigmate, tanto

nostram peregrinationem et tolerabilius sustinemus,
et ardentius finire cupimus. Sed utrum ad illa duo
praecepta etiam dilectio pertineat angelorum, non
irrationabiliter quaeri potest. Nam quod nullum
hominum exceperit qui praecepit ut proximum diligamus, et ipse in evangelio Dominus ostendit et
Paulus apostolus. Namque ille, cui duo ipsa praecepta protulerat atque in eis pendere totam legem
prophetasque dixerat, quum interrogaret eum dicens: *Et quis est meus proximus?* hominem quemdam proposuit descendentem ab Ierusalem in Ieri-
cho incidisse in latrones, et ab eis graviter vulnera-
tum, saucium et semivivum esse derelictum. [1]) Cui
proximum esse non docuit nisi qui erga illum re-
creandum atque curandum misericors exstitit, ita ut
hoc, qui interrogaverat, interrogatus ipse fateretur.
Cui Dominus ait: *Vade, et tu fac similiter,* ut videlicet
eum esse proximum intelligamus, cui vel exhiben-
dum est officium misericordiae, si indiget, vel exhi-
bendum esset, si indigeret. Ex quo est iam consequens, ut etiam ille, a quo nobis hoc vicissim exhi-
bendum est, proximus sit noster. Proximi enim
nomen ad aliquid est, nec quisquam esse proximus
nisi proximo potest. Nullum autem exceptum esse
cui misericordiae denegetur officium, quis non videat, quando usque ad inimicos etiam porrectum est
eodem Domino dicente [2]): *Diligite inimicos vestros,
bene facite eis qui oderunt vos?* Ita quoque Paulus
apostolus docet quum dicit [3]): *Nam non adulterabis,
non homicidium facies, non furaberis, non concupisces,
et si quod est aliud mandatum, in hoc sermone recapi-
tulatur: diliges proximum tuum tamquam te ipsum.
Dilectio proximi malum non operatur.* Quisquis ergo
arbitratur non de omni homine apostolum praece-
pisse, cogitur fateri quod absurdissimum et scelera-

1) Luc. 10, 29. ss.   2) Matth. 5, 44.   3) Rom. 13, 9. s

tissimum est, fuisse visum apostolo, non esse peccatum, si quis aut non Christiani, aut inimici adultera-
verit uxorem, aut eum occiderit, aut eius rem concu-
pierit. Quod si dementis est dicere, manifestum est,
omnem hominem proximum esse deputandum, quia
erga neminem operandum est malum. Iam vero si
vel cui praebendum est, vel a quo nobis praebendum
est officium misericordiae, recte proximus dicitur,
manifestum est, hoc praecepto, quo iubemur diligere
proximum, etiam sanctos angelos contineri, a quibus tanta nobis misericordiae impenduntur officia,
quanta multis divinarum scripturarum locis animadvertere facile est. Ex quo et ipse Deus et Dominus
noster proximum se nostrum dici voluit. Nam et se
ipsum significat Dominus Iesus Christus opitulatum
esse semivivo iacenti in via adflicto et relicto a latro-
nibus. Et propheta in oratione ait[1]): *sicut proximum, sicut fratrem nostrum, ita complacebam.* Sed
quoniam excellentior ac supra nostram naturam est
divina substantia, praeceptum quo diligamus Deum
a proximi dilectione distinctum est.[2]) Ille enim no
bis praebet misericordiam propter suam bonitatem,
nos autem nobis invicem propter illius; id est, ille
nostri misereatur, ut se perfruamur, nos vero invicem
nostri miseremur, ut illo perfruamur.

C. XXXI. Quapropter adhuc ambiguum esse videtur, quum dicimus ea re nos perfrui, quam diligimus propter se ipsam, et ea re nobis fruendum esse
tantum, qua efficimur beati, ceteris vero utendum.
Diligit enim nos Deus, et multum nobis dilectionem
eius erga nos divina scriptura commendat. Quo
modo ergo diligit! Ut nobis utatur, an ut fruatur?

1) Ps. 34, 14. sec. LXX. 2) „Addunt hic Mss. Vaticani duo:
*Nos vero quia natura aequales sumus et remota iactantia nihil
aliud omnes quam homines sumus, praeceptum quo diligamus
proximum a nostra dilectione distinctum non est.*" Ben.

Sed si fruitur, eget bono nostro, quod nemo sanus
dixerit. Omne enim bonum nostrum vel ipse, vel ab
ipso est. Cui autem obscurum vel dubium est, non
egere lucem rerum harum nitore, quas ipsa illustra-
verit? Dicit etiam apertissime propheta [1]): *Dixi
Domino: Deus meus es tu, quoniam bonorum meorum
non eges.* Non ergo fruitur nobis, sed utitur. Nam
si neque fruitur neque utitur, non invenio quemadmodum diligat.

C. XXXII. Sed neque sic utitur, ut nos. Nam nos
res, quibus utimur, ad id referimus, ut Dei bonitate
perfruamur; Deus vero ad suam bonitatem usum nostrum refert. Quia enim bonus est, sumus; et in
quantum sumus, boni sumus. Porro autem quia
etiam iustus est, non impune sumus mali; et in quantum mali sumus, in tantum etiam minus sumus. Ille
enim summe ac primitus est, qui omnino incommu-
tabilis est, et qui plenissime dicere potuit [2]): *Ego sum
qui sum;* et: *Dices eis: qui est misit me ad vos:* ut cetera quae sunt, et nisi ab illo esse non possint, et in
tantum bona sint, in quantum acceperunt ut sint.
Ille igitur usus qui dicitur Dei, quo nobis utitur, non
ad eius, sed ad nostram utilitatem refertur, ad eius
autem tantummodo bonitatem. Cuius autem nos
miseremur, et cui consulimus, ad eius quidem utilitatem id facimus, eamque intuemur; sed nescio quo
modo etiam nostra fit [3]) consequens, quum eam misericordiam, quam impendimus egenti, sine mercede
non reliquit Deus. Haec autem merces summa
est, ut ipso perfruamur, et omnes, qui eo
fruimur, nobis etiam invicem in ipso perfruamur.

C. XXXIII. Nam si in nobis id facimus, remane-
mus in via, et spem beatitudinis nostrae in homine

---

1) Ps. 15, 2. sec. LXX. 2) Exod. 3, 14. 3) „Editi *sit;* at
Mss. *fit.*“ Ben.

...el in angelo collocamus. Quod et homo superbus et angelus superbus adrogant sibi, atque in se alio-rum spem gaudent constitui. Sanctus autem homo et sanctus angelus etiam fessos nos atque in se ad-quiescere et remanere cupientes reficiunt potius, aut eo sumtu, quem propter nos, aut illo etiam, quem propter se acceperunt, acceperunt tamen; atque ita refectos in illum ire compellunt, quo fruentes pariter beati sumus. Nam et apostolus clamat [1]): *Numquid Paulus crucifixus est pro vobis? aut in nomine Pauli baptizati estis?* et: *Neque qui plantat est aliquid, neque qui rigat, sed qui incrementum dat Deus.* Et angelus hominem se adorantem monet, ut potius illum ado-ret, sub quo ei Domino etiam ipse conservus est.[2]) Quum autem homine in Deo frueris, Deo potius quam homine frueris. Illo enim frueris, quo efficeris beatus, et ad eum te pervenisse laetaberis. in quo spem ponis ut venias. Inde ad Philemonem [3]) Paulus: *ita, frater,* inquit, *ego te fruar in Domino.* Quod si non addidis-set: *in Domino,* et: *te fruar,* tantum dixisset, in eo con-stituisset spem beatitudinis suae; quamquam etiam vi-cinissime dicitur *frui:* cum delectatione uti. [4]) Quum enim adest quod diligitur, etiam delectationem se-cum necesse est gerat. Per quam si transieris, eam-que ad illud, ubi permanendum est, retuleris, uteris ea, et abusive, non proprie diceris frui. Si vero in-haeseris atque permanseris, finem in ea ponens lae-titiae tuae, tunc vere et proprie frui dicendus es. Quod non faciendum est nisi in illa trinitate, id est, summo et incommutabili bono.

C. XXXIV. Vide quemadmodum quum ipsa veri-tas et verbum, per quod facta sunt omnia, caro fa-ctum esset, ut habitaret in nobis, tamen ait aposto-lus [5]): *Et si noveramus Christum secundum carnem, sed*

---

1) 1 Cor. 1, 13. 3, 7. 2) Apoc. 19, 10. 3) V. 20. 4) „Veteres codices: *cum dilectione uti.*“ Ben. 5) 2 Cor. 5, 16.

iam non novimus. Ille quippe qui non solum perve-
nientibus possessionem, sed etiam viam praebere se
voluit venientibus ad principium [1]) viarum, voluit
carnem adsumere. Unde est etiam illud: *Dominus
creavit me in principio viarum suarum* [2]), ut inde inciperent, qui vellent venire. Apostolus igitur quamvis adhuc ambularet in via, et ad palmam supernae
vocationis sequeretur vocantem Deum, tamen ea
quae retro sunt obliviscens, et in ea quae ante sunt
extentus [3]), iam principium viarum transierat, hoc
est, eo non indigebat; a quo tamen adgrediendum
et exordiendum iter est omnibus, qui ad veritatem
pervenire, et in vita aeterna permanere desiderant.
Sic enim ait [4]): *Ego sum via et veritas et vita*, hoc
est, per me venitur, ad me pervenitur, in me perma
netur. Quum enim ad ipsum pervenitur, etiam ad
patrem pervenitur, quia per aequalem ille, cui est
aequalis, agnoscitur, vinciente et tamquam adgluti-
nante nos spiritu sancto, quo in summo atque incommutabili bono permanere possimus. Ex quo intelligitur, quam nulla res in via tenere nos debeat, quando nec ipse Dominus, in quantum via nostra esse
dignatus est, tenere nos voluerit, sed transire, ne
rebus temporalibus, quamvis ab illo pro salute nostra susceptis et gestis, haereamus infirmiter, sed
per eas potius curramus alacriter, ut ad eum ipsum,
qui nostram naturam a temporalibus liberavit et collocavit ad dexteram patris, provehi atque pervehi [5])
mereamur.

C. XXXV. Omnium igitur, quae dicta sunt, ex
quo de rebus tractamus, haec summa est, ut intelligatur legis et omnium divinarum scripturarum plenitudo et finis esse dilectio rei, qua fruendum est, et

---

1) Am., Er., Cal. et codd. Theodoricensis et Lips.: *ad se
principium.* 2) Prov. 8, 22. 3) Cf. Phil. 3, 13. s. 4) Ioh. 14, 6.
5) „In editis: *pervenire*, cuius loco in Mss.: *pervehi.*" Ben.

rei, quae nobiscum ea re frui potest; quia, ut se quisque diligat, praecepto non opus est. Hoc ergo ut
nossemus atque possemus, facta est tota pro salute
nostra per divinam providentiam dispensatio tempo-
ralis, qua debemus uti non quasi mansoria quadam
dilectione atque delectatione, sed transitoria potius,
tamquam viae, tamquam vehiculorum vel aliorum
quorumlibet instrumentorum, aut si quid congruentius dici potest, ut ea, quibus ferimur, propter illud,
ad quod ferimur, diligamus.

C. XXXVI. Quisquis igitur scripturas divinas vel
quamlibet earum partem intellexisse sibi videtur, ita
ut eo intellectu non aedificet istam geminam caritatem Dei et proximi, nondum intellexit. Quisquis
vero talem inde sententiam duxerit, ut huic aedifi-
candae caritati sit utilis, nec tamen hoc dixerit, quod
ille, quem legit, eo loco sensisse probabitur, non
perniciose fallitur, nec omnino mentitur. Inest
quippe in mentiente voluntas falsa dicendi: et ideo
multos invenimus, qui mentiri velint; qui autem falli,
neminem. Quum igitur hoc sciens homo faciat, illud
nesciens patiatur, satis in una eademque re adparet,
illum qui fallitur, eo qui mentitur esse meliorem;
quando quidem pati melius est iniquitatem, quam facere. Omnis autem, qui mentitur, iniquitatem facit;
et si cuiquam videtur utile aliquando esse mendacium, potest videri utilem aliquando esse iniquitatem. Nemo enim mentiens in eo, quod mentitur,
servat fidem. Nam hoc utique vult, ut cui mentitur
fidem sibi habeat, quam tamen ei mentiendo non servat. Omnis autem fidei violator iniquus est. Aut
igitur iniquitas aliquando utilis est, quod fieri non
potest, aut mendacium semper inutile est. Sed quisquis in scripturis aliud sentit, quam ille qui scripsit,
illis non mentientibus fallitur. Sed tamen, ut dicere
coeperam, si ea sententia fallitur, qua aedificet caritatem, quae finis praecepti est, ita fallitur, ac si

quisquam errore deserens viam eo tamen per agrum pergat, quo etiam via illa perducit. Corrigendus est tamen, et quam sit utilius viam non deserere demonstrandum est, ne consuetudine deviandi etiam in transversum aut perversum ire cogatur.

C. XXXVII. Adserendo enim temere, quod ille non sensit, quem legit, plerumque incurrit in alia, quae illi sententiae contexere nequeat. Quae si vera et certa esse consentit, illud non possit verum esse quod senserat, fitque in eo, nescio quo modo, ut amando sententiam suam scripturae incipiat offensior esse quam sibi. Quod malum si serpere siverit, evertetur ex eo. Per fidem enim ambulamus, non per speciem. [1]) Titubabit autem fides, si divinarum scripturarum vacillat auctoritas. Porro fide titubante caritas etiam ipsa languescit. Nam si a fide quisque ceciderit, a caritate etiam necesse est cadat; non enim potest diligere quod esse non credit. Porro si et credit et diligit, bene agendo et praeceptis morum bonorum obtemperando efficit, ut etiam speret, se ad id quod diligit esse venturum. Itaque tria haec sunt, quibus et scientia omnis et prophetia militat: fides, spes, caritas.

C. XXXVIII. Sed fidei succedit species [2]), quam videbimus; et spei succedit beatitudo ipsa, ad quam perventuri sumus: caritas autem etiam istis decedentibus augebitur potius. Si enim credendo diligimus, quod nondum videmus, quanto magis quum videre coeperimus! Et si sperando diligimus, quo nondum pervenimus, quanto magis quum pervenerimus! Inter temporalia quippe atque aeterna hoc interest, quod temporale aliquid plus diligitur antequam habeatur, vilescit autem quum advenerit; non enim satiat animam, cui vera est et certa

---

1) 2 Cor. 5, 7.   2) Sic Mss. 13 Bened., et Lips. Editi vero *spes*, ut apparet ex emendatione ortum.

sedes aeternitas: aeternum autem ardentius diligitur
adeptum, quam desideratum; nulli enim desideranti
conceditur plus de illo existimare, quam se habet, ut
ei vilescat, quum minus invenerit; sed quantum quisque veniens existimare potuerit, plus perveniens inventurus est.

C. XXXIX. Homo itaque fide, spe et caritate sub-
nixus, eaque inconcusse retinens non indiget scripturis nisi ad alios instruendos. Itaque multi per haec
tria etiam in solitudine sine codicibus vivunt. Unde
in illis arbitror iam impletum esse quod dictum
est [1]): *Sive prophetiae evacuabuntur, sive linguae ces-
sabunt, sive scientia evacuabitur.* Quibus tamen quasi
machinis tanta fidei et caritatis in eis surrexit instructio, ut perfectum aliquid tenentes ea quae sunt
ex parte non quaerant: perfectum sane, quantum in
hac vita potest; nam in comparatione futurae vitae
nullius iusti et sancti est vita ista perfecta. Ideo *manent*, inquit [2]), *fides, spes, caritas, tria haec; maior
autem horum est caritas:* quia et quum quisque ad
aeterna pervenerit, duobus istis decedentibus caritas
auctior et certior permanebit.

C. XL. Quapropter quum quisque cognoverit
*finem praecepti esse caritatem de corde puro et con-
scientia bona et fide non ficta* [3]), omnem intellectum
divinarum scripturarum ad ista tria relaturus ad tractationem illorum librorum securus accedat. Quum
enim diceret: *caritas*, addidit: *de corde puro*, ut nihil
aliud, quam id quod diligendum est diligatur. *Con-
scientiam* vero *bonam* coniunxit propter spem; ille
enim se ad id quod credit et diligit perventurum esse
desperat, cui malae conscientiae scrupulus inest.
Tertio *et fide*, inquit, *non ficta.* Si enim fides nostra
mendacio caruit, tunc et non diligimus quod non est
diligendum, et recte vivendo id speramus, ut nullo

---

1) 1 Cor. 13, 8.   2) 1 Cor. 13, 13.   3) 1 Tim. 1, 5.

modo spes nostra fallatur. Propterea et de rebus continentibus fidem, quantum pro tempore satis esse arbitratus sum, dicere volui, quia in aliis voluminibus sive per alios sive per nos multa iam dicta sunt. Modus itaque sit iste libri huius. Cetera de signis, quantum Dominus dederit, disseremus.

LIBER SECUNDUS.

C. I. Quoniam de rebus quum scriberem, praemisi commonens, ne quis in eis adtenderet nisi quod sunt, non etiam si quid aliud praeter se significant [1]), vicissim de signis disserens hoc dico, ne quis in eis adtendat quod sunt, sed potius quod signa sunt, id est, quod significant. Signum est enim res praeter speciem, quam ingerit sensibus, aliud aliquid ex se faciens in cogitationem venire: sicut vestigio viso transisse animal, cuius vestigium est, cogitamus, et fumo viso ignem subesse cognoscimus, et voce animantis audita adfectionem animi eius advertimus, et tuba sonante milites vel progredi se, vel regredi, et si quid aliud pugna postulat, oportere noverunt. Signorum igitur alia sunt naturalia, alia data. Naturalia sunt, quae sine voluntate atque ullo adpetitu significandi praeter se aliquid aliud ex se cognosci faciunt, sicuti est fumus significans ignem. Non enim volens significare id facit, sed rerum expertarum animadversione et notatione cognoscitur ignem subesse, etiam si fumus solus adpareat. Sed et vestigium transeuntis animantis ad hoc genus pertinet. Et vultus irati seu tristis adfectionem animi significat, etiam nulla eius voluntate qui aut iratus aut tristis est; aut si quis alius motus animi vultu indice

1) Vid. I, 2.

proditur, etiam nobis non id agentibus ut prodatur. Sed de hoc toto genere nunc disserere non est propositum. Quoniam tamen incidit in partitionem nostram, praeteriri omnino non potuit; atque id hactenus notatum esse suffecerit.

C. II. Data vero signa sunt, quae sibi quaeque viventia invicem dant ad demonstrandos, quantum possunt, motus animi sui, vel sensa, vel intellecta quaelibet. Nec ulla caussa est nobis significandi, id est, signi dandi, nisi ad depromendum et traiiciendum in alterius animum id, quod animo gerit is qui signum dat. Horum igitur signorum genus, quantum ad homines adtinet, considerare atque tractare statuimus, quia et signa divinitus data, quae in scripturis sanctis continentur, per homines nobis indicata sunt, qui ea conscripserunt. Habent etiam bestiae quaedam inter se signa, quibus produnt adpetitum animi sui. Nam et gallus gallinaceus reperto cibo dat signum vocis gallinae, ut adcurrat, et columbus gemitu columbam vocat, vel ab ea vicissim vocatur; et multa huiusmodi animadverti solent. Quae utrum sicut vultus aut dolentis clamor sine significandi voluntate sequantur motum animi, an vere ad significandum dentur, alia quaestio est, et ad rem, quae agitur, non pertinet. Quam partem ab hoc opere tamquam non necessariam removemus.

C. III. Signorum igitur, quibus inter se homines sua sensa communicant, quaedam pertinent ad oculorum sensum, pleraque ad aurium, paucissima ad ceteros sensus. Nam quum innuimus, non damus signum nisi oculis eius, quem volumus per hoc signum voluntatis nostrae participem facere. Et quidam motu[1]) manuum pleraque significant: et histriones omnium membrorum motibus dant signa quaedam scientibus, et cum oculis eorum quasi fabu-

_____

1) Al. *motus*, al. (Cal.) *per motus*.

lantur: et vexilla draconesque militares per oculos insinuant voluntatem ducum. Et sunt haec omnia quasi quaedam verba visibilia. Ad aures autem quae pertinent, ut dixi, plura sunt; in verbis maxime. Nam et tuba et tibia et cithara dant plerumque non solum suavem, sed etiam significantem sonum. Sed haec omnia signa verbis comparata paucissima sunt. Verba enim prorsus inter homines obtinuerunt principatum significandi quaecumque animo concipiuntur, si ea quisque prodere velit. Nam et odore unguenti Dominus, quo perfusi sunt pedes eius, signum aliquod dedit[1]); et sacramento corporis et sanguinis sui per gustatum[2]) significavit quod voluit; et quum mulier tangendo fimbriam vestimenti eius salva facta est, non nihil significat.[3]) Sed innumerabilis multitudo signorum, quibus suas cogitationes homines exserunt, in verbis constituta est. Nam illa signa omnia, quorum genera breviter adtigi, potui verbis enuntiare; verba vero illis signis nullo modo possem.

C. IV. Sed quia verberato aëre statim transeunt, nec diutius manent quam sonant, instituta sunt per literas signa verborum. Ita voces oculis ostenduntur, non per se ipsas, sed per signa quaedam sua. Ista igitur signa non potuerunt communia esse omnibus gentibus, peccato quodam dissensionis humanae, quum ad se quisque principatum rapit. Cuius superbiae signum est erecta ista turris in coelum, ubi homines impii non solum animos, sed etiam voces dissonas habere meruerunt.[4])

C. V. Ex quo factum est, ut etiam scriptura divina, qua tantis morbis humanarum voluntatum subvenitur, ab una lingua profecta, qua[5]) opportune potuit

---

1) Ioh. 12, 3. 7. Mc. 14, 8.   2) Ita 5 optimae notae Mss. Bened.; edit. et Mss. perpauci: *praegustato;* plurimi: *pergustato.* 3) Mat. 9, 20. ss.   4) Cf. Gen. 11, 1. ss.   5) „Bad., Am., Er. et aliquot Mss. *quae.*" Ben.

per orbem terrarum disseminari, per varias interpretum linguas longe lateque diffusa innotesceret gentibus ad salutem.   Quam legentes nihil aliud adpetunt, quam cogitationes voluntatemque illorum, a quibus conscripta est, invenire, et per illas voluntatem Dei, secundum quam tales homines locutos credimus.

C. VI.   Sed multis et multiplicibus obscuritatibus et ambiguitatibus decipiuntur, qui temere legunt, aliud pro alio sentientes: quibusdam autem locis quid vel falso suspicentur non inveniunt.   Ita obscure quaedam dicta densissimam caliginem obducunt. Quod totum provisum divinitus esse non dubito ad edomandam labore superbiam et intellectum a fastidio revocandum, cui facile investigata plerumque vilescunt.   Quid enim est, quaeso, quod si quisquam dicat sanctos esse homines atque perfectos, quorum vita et moribus Christi ecclesia de quibuslibet superstitionibus praecidit eos qui ad se veniunt, et imitatione bonorum sibimet quodammodo incorporat; qui boni fideles et veri Dei servi deponentes onera saeculi ad sanctum baptismi lavacrum venerunt, atque inde adscendentes conceptione sancti spiritus fructum dant geminae caritatis, id est, Dei et proximi: quid est ergo quod si haec quisque dicat? Minus delectat audientem, quam si ad eumdem sensum locum illum exponat de canticis canticorum, ubi dictum est ecclesiae, quum tamquam pulchra quaedam femina laudaretur: *Dentes tui sicut grex detonsarum, adscendens de lavacro, quae omnes geminos creant, et non est sterilis in eis.* [1]) Num aliud homo discit, quam quum illud planissimis verbis sine similitudinis huius adminiculo audiret? Et tamen nescio quo modo suavius intueor sanctos, quum eos quasi dentes ecclesiae video praecidere ab erroribus homines, atque

_____

1) Cant. 4, 2.

C 2

in eius corpus emollita duritia quasi demorsos man-
sosque transferre. Oves etiam iocundissime agnosco
detonsas, oneribus saecularibus tamquam velleribus
positis, et adscendentes de lavacro, id est, de baptismate, creare omnes geminos, id est, duo praecepta
dilectionis, et nullam esse ab isto sancto fructu ste-
rilem video. Sed quare suavius videam, quam si
nulla de divinis libris talis similitudo promeretur,
quum res eadem sit eademque cognitio, difficile est
dicere, et alia quaestio est. Nunc tamen nemo
ambigit, et per similitudines libentius quaeque cognosci, et cum aliqua difficultate quaesita multo gra-
tius inveniri. Qui enim prorsus non inveniunt, quod
quaerunt, fame laborant; qui autem non quaerunt,
quia in promptu habent, fastidio saepe marcescunt:
in utroque autem languor cavendus est. Magnifice
igitur et salubriter spiritus sanctus ita scripturas
sanctas modificavit, ut locis apertioribus fami occurreret, obscurioribus autem fastidia detergeret. Nihil
enim fere de illis obscuritatibus eruitur, quod non
planissime dictum alibi reperiatur.

C. VII. Ante omnia igitur opus est Dei timore
converti ad cognoscendam eius voluntatem, quid nobis
adpetendum fugiendumque praecipiat. Timor autem
iste cogitationem de nostra mortalitate et de futura
morte necesse est incutiat, et quasi clavatis carnibus
omnes superbiae motus ligno crucis adfigat. Deinde
mitescere opus est pietate, neque contradicere divinae scripturae, sive intellectae, si aliqua vitia nostra percutit, sive non intellectae, quasi nos melius
sapere meliusque praecipere possimus; sed cogitare
potius et credere, id esse melius et verius quod ibi
scriptum est, etiam si lateat, quam id quod nos per
nosmet ipsos sapere possumus. Post illos duos gradus timoris atque pietatis ad tertium venitur scientiae gradum, de quo nunc agere institui. Nam in
eo se exercet omnis divinarum scriptura-

rum studiosus, nihil in eis aliud inventurus, quam diligendum esse Deum propter
Deum, et proximum propter Deum, et illum quidem ex toto corde, ex tota anima,
ex tota mente diligere, proximum vero tamquam se ipsum, id est, ut tota proximi,
sicut etiam nostri dilectio referatur in
Deum. [1]) De quibus duobus praeceptis, quum de
rebus ageremus, libro superiore tractavimus. [2]) Necesse est ergo, ut primo se quisque in scripturis inveniat amore huius saeculi, hoc est, temporalium
rerum implicatum, longe seiunctum esse a tanto
amore Dei et tanto amore proximi, quantum scriptura ipsa praescribit. Tum vero ille timor, quo cogi-
tat de iudicio Dei, et illa pietas, qua non potest nisi
credere et cedere auctoritati sanctorum librorum,
cogit eum se ipsum lugere. Nam ista scientia bonae
spei hominem non se iactantem, sed lamentantem facit. Quo adfectu impetrat sedulis precibus consolationem divini adiutorii, ne desperatione frangatur,
et esse incipit in quarto gradu, hoc est, fortitudi-
nis, quo esuritur et sititur iustitia. Hoc enim adfectu ab omni mortifera iocunditate rerum transeun-
tium sese extrahit, et inde se avertens convertit ad
dilectionem aeternorum, incommutabilem scilicet
unitatem eamdemque trinitatem. Quam ubi adspexe-
rit, quantum potest, in longinqua radiantem, suique
adspectus infirmitate sustinere se illam lucem non
posse persenserit, in quinto gradu, hoc est, in consilio misericordiae purgat animam tumultuan-
tem quodammodo atque obstrepentem sibi de adpetitu inferiorum conceptis sordibus. Hic vero se in
dilectione proximi gnaviter exercet, in eaque perfi-
citur, et spe iam plenus atque integer viribus, quum
pervenerit usque ad inimici dilectionem, adscendit in

---

1) Cf. Mt. 22, 37. ss. 2) L. 1, c. 22 ss.

sextum gradum, ubi iam ipsum oculum purgat, quo videri Deus potest[1]), quantum potest ab eis, qui huic saeculo moriuntur quantum possunt. Nam in tantum vident, in quantum moriuntur huic saeculo; in quantum autem huic vivunt, non vident. Et ideo quamvis iam certior, et non solum tolerabilior, sed etiam iocundior species lucis illius incipiat adparere, in aenigmate adhuc tamen et per speculum videri dicitur, quia magis per fidem, quam per speciem ambulatur, quum in hac vita peregrinamur, quamvis conversationem habeamus in coelis.[2]) In hoc autem gradu ita purgat oculum cordis, ut veritati ne ipsum quidem praeferat aut conferat proximum; ergo nec se ipsum, quia nec illum, quem diligit sicut se ipsum. Erit ergo iste sanctus tam simplici corde atque mundato, ut neque hominibus placendi studio detorqueatur a vero, nec respectu devitandorum quorumlibet incommodorum suorum, quae adversantur huic vitae. Talis filius adscendit ad sapientiam, quae ultima et septima est, qua pacatus tranquillusque perfruitur. Initium enim sapientiae timor Dei.[3]) Ab illo enim usque ad ipsam per hos gradus tenditur et venitur.

C. VIII. Sed nos ad tertium illum gradum considerationem referamus, de quo disserere, quod Dominus subgesserit, atque tractare instituimus. Erit igitur divinarum scripturarum sollertissimus indagator, qui primo totas legerit notasque habuerit, et si nondum intellectu, iam tamen lectione, dumtaxat eas quae adpellantur canonicae. Nam ceteras securius leget fide veritatis instructus, ne praeoccupent imbecillem animum, et periculosis mendaciis atque phantasmatis eludentes praeiudicent aliquid contra sanam intelligentiam. In canonicis autem scripturis

1) Cf. Mat. 5, 8. 2) Cf. 1 Cor. 13, 12. 2 Cor. 5, 7. Phil. 3, 20. 3) Cf. Ps. 111, 10. Sirac. 1. 16.

ecclesiarum catholicarum quam plurium auctoritatem sequatur, inter quas sane illae sint, quae apostolicas sedes habere et epistolas accipere meruerunt. Tenebit igitur hunc modum in scripturis canonicis, ut eas, quae ab omnibus accipiuntur ecclesiis catholicis, praeponat eis, quas quaedam non accipiunt. In eis vero, quae non accipiuntur ab omnibus, praeponat eas, quas plures gravioresque accipiunt, eis, quas pauciores minorisque auctoritatis ecclesiae tenent. Si autem alias invenerit a pluribus, alias a gravioribus haberi, quamquam hoc facile invenire non possit, aequalis tamen auctoritatis eas habendas puto. Totus autem canon scripturarum, in quo istam considerationem versandam dicimus, his libris continetur [1]: quinque Moyseos, id est, Genesi, Exodo, Levitico, Numeris, Deuteronomio; et uno libro Iesu Nave, uno iudicum, uno libello qui adpellatur Ruth, qui magis ad Regnorum principium [2] videtur pertinere; deinde quatuor Regnorum, et duobus Paralipomenon, non consequentibus, sed quasi a latere adiunctis simulque pergentibus. Haec est historia, quae sibimet adnexa tempora continet atque ordinem rerum. Sunt aliae tamquam ex diverso ordine, quae neque huic ordini, neque inter se connectuntur, sicut est Iob, et Tobias, et Ester, et Iudith, et Machabaeorum libri duo, et Esdrae duo, qui magis subsequi videntur ordinatam illam historiam usque ad Regnorum vel Paralipomenon terminatam. Deinde prophetae, in quibus David unus liber Psalmorum, et Salomonis tres: Proverbiorum, Cantica canticorum et Ecclesiastes. Nam illi duo libri, unus qui Sapientia, et alius qui Ecclesiasticus inscribitur, de quadam similitudine Salomonis esse dicuntur; nam Iesus Sirach eos conscri-

---

1) Cf. concil. Hippon. anno 393. can. 38., et Carthag. III. anno 397. hab. can. 47. 2) „Editi: *principia;* at Mss. *principium.*" Ben.

psisse constantissime perhibetur[1]); qui tamen, quoniam in auctoritatem recipi meruerunt, inter prophe-
ticos numerandi sunt. Reliqui sunt eorum libri, qui
proprie prophetae adpellantur: duodecim prophetarum libri singuli, qui connexi sibimet, quoniam numquam seiuncti sunt, pro uno habentur, quorum prophetarum nomina sunt haec: Osee, Ioel, Amos, Ab-
dias, Ionas, Michaeas, Nahum, Habacuc, Sophonias,
Aggaeus, Zacharias, Malachias; deinde quatuor prophetae sunt maiorum voluminum: Isaias, Ieremias,
Daniel, Ezechiel. His quadraginta quatuor libris
testamenti veteris[2]) terminatur auctoritas. Novi
autem: quatuor libris evangelii secundum Matthaeum, secundum Marcum, secundum Lucam, secundum Iohannem; quatuordecim epistolis Pauli apostoli: ad Romanos, ad Corinthios duabus, ad Galatas,
ad Ephesios, ad Philippenses, ad Thessalonicenses duabus, ad Colossenses, ad Timotheum duabus,
ad Titum, ad Philemonem, ad Hebraeos; Petri duabus; tribus Iohannis; una Iudae; et una Iacobi; actibus apostolorum libro uno, et apocalypsi Iohannis
libro uno.

C. IX. In his omnibus libris timentes Deum et
pietate mansueti quaerunt voluntatem Dei. Cuius
operis et laboris prima observatio est, ut diximus,
nosse istos libros, et si nondum ad intellectum, legendo tamen vel mandare memoriae, vel omnino in-
cognitos non habere. Deinde illa quae in eis aperte
posita sunt, vel praecepta vivendi, vel regulae cre-

---

1) Hanc sententiam emendat ipse August. Retract. 2, 4., et
Specul. de libro Sap.: „Salomonis duo hi libri a pluribus adpellantur propter quamdam, sicut existimo, eloquii similitudinem. Nam Salomonis non esse, nihil dubitant quique doctiores.
*Nec tamen eius, qui Sapientiae dicitur, quisnam sit auctor ad-
paret.*" Hieronymus hunc librum ψευδεπίγραφον adpellat, et
dicit Philoni Iudaeo adscriptum esse a veteribus, atque ipsius
dictionem Graecam eloquentiam redolere. 2) Cf. August retr. 2, 4.

dendi, sollertius diligentiusque investiganda sunt,
quae tanto quisque plura invenit, quanto est intelligentiae capacior. [1]) In eis enim, quae aperte in
scripturis posita sunt, inveniuntur illa omnia quae
continent fidem, moresque vivendi, spem scilicet atque caritatem, de quibus libro superiore tractavimus. Tum vero, facta quadam familiaritate cum ipsa
lingua divinarum scripturarum, in ea quae obscura
sunt aperienda et discutienda pergendum est, ut ad
obscuriores locutiones illustrandas de manifestio-
ribus sumantur exempla, et quaedam certarum sententiarum testimonia dubitationem incertis auferant.
In qua re memoria valet plurimum; quae si defuerit,
non potest his praeceptis dari.

C. X. Duabus autem caussis non intelliguntur
quae scripta sunt, si aut ignotis, aut ambiguis signis
obteguntur. Sunt autem signa vel propria, vel translata. Propria dicuntur, quum his rebus significandis adhibentur, propter quas sunt instituta, sicut dicimus bovem quum intelligimus pecus, quod omnes
nobiscum Latinae linguae homines hoc nomine vocant. Translata sunt, quum et ipsae res, quas propriis verbis significamus, ad aliud aliquid significandum usurpantur, sicut dicimus bovem, et per has
duas syllabas intelligimus pecus, quod isto nomine
adpellari solet; sed rursus per illud pecus intelligimus evangelistam, quem significavit scriptura interpretante apostolo dicens [2]): *Bovem triturantem non
infrenabis.*

C. XI. Contra ignota signa propria magnum reme-
dium est linguarum cognitio. Et Latinae quidem
linguae homines, quos nunc instruendos suscepimus,
duabus aliis ad scripturarum divinarum cognitionem
opus habent, Hebraea scilicet et Graeca, ut ad exem-

---

1) „Editi: *intelligentia.* Mss. aliquot: *intelligentiae.*" Ben.
2) 1 Cor. 9, 9. s.

plaria praecedentia recurratur, si quam dubitationem adtulerit Latinorum interpretum infinita varietas. Quamquam et Hebraea verba non interpretata saepe inveniamus in libris, sicut amen, et halleluia, et racha, et hosanna, et si qua sunt alia; quorum partim propter sanctiorem auctoritatem, quamvis interpretari potuissent, servata est antiquitas, sicut est amen et halleluia, partim vero in aliam linguam transferri non potuisse dicuntur, sicut alia duo quae posuimus. Sunt enim quaedam verba certarum linguarum, quae in usum alterius linguae per interpretationem transire non possint. Et hoc maxime interiectionibus accidit, quae verba motum animi significant potius, quam sententiae conceptae ullam particulam. Nam et haec duo talia esse perhibentur; dicunt enim racha indignantis esse vocem, hosanna laetantis. Sed non propter haec pauca, quae notare atque interrogare facillimum est, sed propter diversitates, ut dictum est, interpretum illarum linguarum est cognitio necessaria. Qui enim scripturas ex Hebraea lingua in Graecam verterunt, numerari possunt, Latini autem interpretes nullo modo. Ut enim cuique primis fidei temporibus in manus venit codex Graecus, et aliquantulum facultatis sibi utriusque linguae habere videbatur, ausus est interpretari.

C. XII. Quae quidem res plus adiuvit intelligentiam, quam impedivit, si modo legentes non sint negligentes. Nam nonnullas obscuriores sententias plurium codicum saepe manifestavit inspectio; sicut illud Isaiae prophetae [1]) unus interpres ait: *Et domesticos seminis tui ne despexeris;* alius autem ait: *Et carnem tuam ne despexeris.* Uterque sibimet invicem adtestatus est. Namque alter ex altero exponitur,

---

1) C. 58, 7., ubi text. Hebr. (et vers. vulg.): וּמִבְּשָׂרְךָ לֹא תִתְעַלָּם; sed LXX.: καὶ ἀπὸ τῶν οἰκείων τοῦ σπέρματός σου οὐχ ὑπερόψει.

quia et *caro* posset accipi proprie, ut corpus suum quisque ne despiceret se putaret admonitum; et *domestici seminis* translate Christiani possent intelligi, ex eodem verbi semine nobiscum spiritaliter nati. Nunc autem collato interpretum sensu probabilior occurrit sententia, proprie de consanguineis non despiciendis esse praeceptum, quoniam *domesticos seminis* quum ad *carnem* retuleris, consanguinei potissimum occurrunt. Unde esse arbitror illud apostoli[1] quod ait: *Si quo modo ad aemulationem adducere potuero carnem meam, ut salvos faciam aliquos ex illis*, id est, ut aemulando eos qui crediderant et ipsi crederent. *Carnem* autem *suam* dixit Iudaeos propter consanguinitatem. Item illud eiusdem Isaiae prophetae[2]: *Nisi credideritis, non intelligetis*, alius interpretatus est: *nisi credideritis, non permanebitis*. Quis horum verba[3] secutus sit, nisi exemplaria linguae praecedentis legantur, incertum est. Sed tamen ex utroque magnum aliquid insinuatur scienter legentibus. Difficile est enim ita diversos a se fieri interpretes, ut non se aliqua vicinitate contingant. Ergo quoniam *intellectus* in specie sempiterna est, *fides* vero in rerum temporalium quibusdam cunabulis quasi lacte alit parvulos (nunc autem per fidem ambulamus, non per speciem[4]); nisi autem per fidem ambulaverimus, ad speciem pervenire non poterimus, quae non transit, sed permanet per intellectum purgatum nobis cohaerentibus veritati), propterea ille ait: *Nisi credideritis, non permanebitis;* ille vero: *nisi credideritis, non intelligetis*. Et ex ambiguo linguae praecedentis plerumque interpres fallitur, cui non bene nota sententia est, et eam significationem transfert, quae a sensu scriptoris penitus aliena est. Sicut quidam

---

1) Rom. 11, 14. 2) C. 7, 9. sec. LXX. (οὐδὲ μὴ συνῆτε) et Vulg. In Hebr. לֹא תֵאָמֵנוּ, *non confidetis.* 3) „Sic 3 Mss. Alii cum editis: *vera.*" Ben. 4) Cf. 2 Cor. 5, 7.

codices habent[1]): *Acuti pedes eorum ad effundendum sanguinem;* ὀξύς enim et *acutum* apud Graecos et *velocem* significat. Ille ergo vidit sententiam qui transtulit: *veloces pedes eorum ad effundendum sanguinem;* ille autem alius ancipiti signo in aliam partem raptus erravit. Et talia quidem non obscura, sed falsa sunt; quorum alia conditio est. Non enim intelligendos, sed emendandos tales codices potius praecipiendum est. Hinc est etiam illud, quoniam μόσχος Graece *vitulus* dicitur, μοσχεύματα[2]) quidam non intellexerunt esse *plantationes,* et *vitulamina* interpretati sunt: qui error tam multos codices praeoccupavit, ut vix inveniatur aliter scriptum. Et tamen sententia manifestissima est, quia clarescit consequentibus verbis. Namque: *adulterinae plantationes non dabunt radices altas,* convenientius dicitur, quam *vitulamina,* quae pedibus in terra gradiuntur, et non haerent radicibus. Hanc translationem in eo loco etiam cetera contexta custodiunt.

C. XIII. Sed quoniam et quae sit ipsa sententia, quam plures interpretes pro sua quisque facultate atque iudicio conantur eloqui, non adparet, nisi in ea lingua inspiciatur quam interpretantur, et plerumque a sensu auctoris devius aberrat interpres, si non sit doctissimus: aut linguarum illarum, ex quibus in Latinam scriptura pervenit, petenda cognitio est, aut habendae interpretationes eorum, qui se verbis nimis obstrinxerunt, non quia sufficiunt, sed ut ex eis libertas vel error dirigatur[3]) aliorum, qui non magis verba, quam sententias interpretando sequi maluerunt. Nam non solum verba singula, sed etiam locutiones saepe transferuntur, quae omnino in Latinae linguae usum, si quis consuetudinem veterum, qui

1) Rom. 3, 15. (ex Ies. 59, 7.) 2) Sap. 4, 3. 3) Sic libri mss. plerique et editiones omnes; sed Bened.: *veritas* vel error *detegatur,* illud ex 11 Mss., hoc ex coniectura.

Latine locuti sunt tenere voluerit, transire non possunt.   Quae aliquando intellectui nihil adimunt, sed
offendunt tamen eos, qui plus delectantur rebus,
quum etiam in earum signis sua quaedam servatur
integritas.   Nam soloecismus, qui dicitur, nihil
aliud est quam quum verba non ea lege sibi coaptan-
tur, qua coaptaverunt qui priores nobis non sine
auctoritate aliqua locuti sunt.   Utrum enim *inter
homines*, an *inter hominibus* dicatur, ad rerum non
pertinet cognitorem. Item barbarismus quid aliud
est, nisi verbum non eis literis vel sono enuntiatum,
quo ab eis, qui Latine ante nos locuti sunt, enuntiari
solet? Utrum enim *ignoscere* producta an correpta
tertia syllaba dicatur, non multum curat qui peccatis
suis Deum ut ignoscat petit, quolibet modo illud verbum sonare potuerit.   Quid est ergo integritas locutionis, nisi alienae[1]) consuetudinis conservatio loquentium veterum auctoritate firmatae? Sed tamen
eo magis inde offenduntur homines, quo infirmiores;
et eo sunt infirmiores, quo doctiores videri volunt,
non rerum scientia, qua aedificamur, sed signorum,
qua non inflari omnino difficile est[2]), quum et ipsa
rerum scientia saepe cervicem erigat, nisi dominico
reprimatur iugo.   Quid enim obest intellectori, quod
ita scriptum est[3]): *Quae est terra, in qua isti insidunt
super eam, si bona est an nequam; et quae sunt civitates, in quibus ipsi inhabitant in ipsis?* Quam locutionem magis alienae linguae esse arbitror, quam sensum aliquem altiorem.   Illud etiam, quod iam auferre non possumus de ore cantantium populorum:
Super ipsum autem floriet sanctificatio mea[4]), nihil
profecto sententiae detrahit. Auditor tamen peritior
mallet hoc corrigi, ut non *floriet*, sed *florebit* diceretur.
Nec quidquam impedit correctionem nisi consuetudo

---

1) „Sic Mss. plerique. At editi: *nisi Latinae consuetudinis.*"
Ben. 2) Cf. 1 Cor. 8, 1. 3) Num. 13, 19. 4) Ps. 131, 18. sec. LXX.

cantantium. Ista ergo facile etiam contemni possunt,
si quis ea cavere noluerit, quae sano intellectui nihil
detrahunt. At vero illud quod ait apostolus [1]): *Quod
stultum est Dei, sapientius est hominibus, et quod infirmum est Dei, fortius est hominibus,* si quis in eo
Graecam locutionem servare voluisset, ut diceret:
quod stultum est Dei, sapientius est hominum, et
quod infirmum est Dei, fortius est hominum: iret
quidem vigilantis lectoris intentio in sententiae veritatem, sed tamen aliquis tardior aut non intelligeret,
aut etiam perverse intelligeret. Non enim tantum
vitiosa locutio est in Latina lingua talis, verum et in
ambiguitatem cadit, ut quasi hominum stultum vel
hominum infirmum sapientius vel fortius videatur
esse, quam Dei; quamquam et illud: *sapientius est
hominibus* non caret ambiguo, etiam si soloecismo
caret. Utrum enim *his hominibus* ab eo quod est
huic homini, an *his hominibus* ab eo quod est *ab hoc
homine* dictum sit, non adparet nisi illuminatione
sententiae. Melius itaque dicitur: *sapientius est
quam homines,* et: *fortius est quam homines.*

C. XIV. De ambiguis autem signis post loquemur.
Nunc de incognitis agimus, quorum duae formae
sunt, quantum ad verba pertinet. Namque aut igno-
tum verbum facit haerere lectorem, aut ignota locutio. Quae si ex alienis linguis veniunt, aut quaerenda sunt ab earum linguarum hominibus, aut eae-
dem linguae, si et otium est et ingenium, ediscendae,
aut plurium interpretum consulenda collatio est. Si
autem ipsius linguae nostrae aliqua verba locutio-
nesque ignoramus, legendi consuetudine audiendi-
que innotescunt. Nulla sane sunt magis mandanda
memoriae, quam illa verborum locutionumque genera quae ignoramus, ut quum vel peritior occurrerit, de quo quaeri possint, vel talis lectio, quae vel

---

1) 1 Cor. 1, 25.

ex praecedentibus vel consequentibus vel utrisque
ostendat, quam vim habeat, quidve significet quod
ignoramus, facile adiuvante memoria possimus ad-
vertere et discere. Quamquam tanta est vis consuetudinis etiam ad discendum, ut, qui in scripturis
sanctis quodam modo nutriti educatique sunt, magis
alias locutiones mirentur, easque minus Latinas putent, quam illas quas in scripturis didicerunt, neque
in Latinae linguae auctoribus reperiuntur. Plurimum hic quoque iuvat interpretum numerositas col-
latis codicibus inspecta atque discussa. Tantum
absit falsitas. Nam codicibus emendandis primitus
debet invigilare sollertia eorum, qui scripturas divinas nosse desiderant, ut emendatis non emendati ce-
dant, ex uno dumtaxat interpretationis genere ve-
nientes.

C. XV.   In ipsis autem interpretationibus Itala[1])
ceteris praeferatur; nam est verborum tenacior
cum perspicuitate sententiae. Et Latinis quibuslibet
emendandis Graeci adhibeantur, in quibus septuaginta interpretum, quod ad vetus testamentum adtinet, excellit auctoritas: qui iam per omnes peritiores
ecclesias tanta praesentia sancti spiritus interpretati
esse dicuntur, ut os unum tot hominum fuerit. Qui
si, ut fertur, multique non indigni fide praedicant[2]),
singuli cellis etiam singulis separati quum interpretati essent, nihil in alicuius eorum codice inventum

---

1) Haec interpretatio videtur eadem esse, quae ab Hieronymo *vulgata et communis*, aut *vetus* vocabatur; cf. Scholz pro-
leg. in N. T. p. 130. Secundum aliorum sententiam ipsa Hie-
ronymiana, quam Aug. probat in epp. 28. et 71., h. l. intelligenda est.   2) Inter eos Irenaeus adv. haer. 3, 25., Clem. Alex.
strom. l. 1., et primus omnium Iustin. Mart. orat. ad gentes. Sed
iam Orig. et Hieron. in praefat. ad Pentat. narrationem de 70
cellis fabulam esse contendunt, quum Ioseph., qui Ant. 12, 2.
satis miraculosam rem refert, nihil commemoraverit. Ceterum
cf. Aug. de civ. dei 18, 43. et epp. 71. et 75.

est, quod non eisdem verbis eodemque verborum ordine inveniretur in ceteris, quis huic auctoritati conferre aliquid, nedum praeferre audeat? Si autem
contulerunt, ut una omnium communi tractatu iudi-
cioque vox fieret: nec sic quidem quemquam unum
hominem qualibet peritia ad emendandum tot senio-
rum doctorumque consensum adspirare oportet aut
decet. Quam ob rem, etiam si aliquid aliter in Hebraeis exemplaribus invenitur, quam isti posuerunt,
cedendum esse arbitror divinae dispensationi, quae
per eos facta est, ut libri, quos gens Iudaea ceteris
populis vel religione vel invidia prodere nolebat,
credituris per Dominum gentibus ministra regis Pto-
lomaei potestate tanto ante proderentur. Itaque
fieri potest, ut sic illi interpretati sint, quemadmodum congruere gentibus ille, qui eos agebat [1]) et qui
unum os omnibus fecerat, spiritus sanctus iudicavit.
Sed tamen, ut superius dixi, horum quoque interpretum, qui verbis tenacius inhaeserunt, collatio non
est inutilis ad explanandam saepe sententiam. Latini ergo, ut dicere coeperam, codices veteris testamenti, si necesse fuerit, Graecorum auctoritate
emendandi sunt, et eorum potissimum, qui, quum
septuaginta essent, ore uno interpretati esse perhibentur. Libros autem novi testamenti, si quid in
Latinis varietatibus titubat, Graecis cedere oportere
non dubium est, et maxime qui apud ecclesias doctiores et diligentiores reperiuntur.

C. XVI. In translatis vero signis, si qua forte
ignota cogunt haerere lectorem, partim linguarum
notitia, partim rerum investiganda sunt. Aliquid enim
ad similitudinem valet, et procul dubio secretum
quiddam insinuat Siloa piscina, ubi faciem lavare
iussus est, cui oculos Dominus luto de sputo facto
inunxerat: quod tamen nomen linguae incognitae

---

1) Am., Er., Cal.: *regebat*, adsentientibus Mss. Lips.

nisi evangelista interpretatus esset[1]), tam magnus intellectus lateret. Sic etiam multa, quae ab auctoribus eorumdem librorum interpretata non sunt, nomina Hebraea non est dubitandum habere non parvam vim atque adiutorium ad solvenda aenigmata scripturarum, si quis ea possit interpretari. Quod nonnulli eiusdem linguae periti viri non sane parvum beneficium posteris contulerunt, qui separata de scripturis eadem omnia verba interpretati sunt, et quid sit Adam, quid Eva, quid Abraham, quid Moyses; sive etiam locorum nomina, quid sit Ierusalem, vel Sion, vel Ierico, vel Sina, vel Libanus, vel Iordanis, vel quaecumque alia in illa lingua nobis sunt incognita nomina. Quibus apertis et interpretatis multae in scripturis figuratae locutiones manifestantur. Rerum autem ignorantia facit obscuras figuratas locutiones, quum ignoramus vel animantium, vel lapidum, vel herbarum naturas aliarumve rerum, quae plerumque in scripturis similitudinis alicuius gratia ponuntur. Nam et de serpente quod notum est, totum corpus eum pro capite obiicere ferientibus, quantum illustrat sensum illum, quo Dominus iubet astutos nos esse sicut serpentes[2]): scilicet pro capite nostro, quod est Christus, corpus potius persequentibus offeramus, ne fides Christiana tamquam necetur in nobis, si parcentes corpori negemus Deum! Vel illud quod per cavernae angustias coarctatus deposita veteri tunica vires novas accipere dicitur, quantum concinit ad imitandam ipsam serpentis astutiam, exuendumque ipsum veterem hominem, sicut apostolus dicit[3]), ut induamur novo; et exuendum per angustias, dicente Domino[4]): *Intrate per angustam portam!* Ut ergo notitia naturae serpentis illustrat multas similitudines, quas de hoc animante dare

---

1) Ioh. 9, 7. 2) Mat. 10, 16. 3) Eph. 4, 22. ss. Col. 3, 9. s. 4) Mat. 7, 13.

AUGUST. DOCTR. CHRIST. D

scriptura consuevit, sic ignorantia nonnullorum animalium, quae non minus per similitudines commemorat, impedit plurimum intellectorem. [1]) Sic lapidum, sic herbarum, vel quaecumque tenentur radicibus. Nam et carbunculi notitia, quod lucet in tenebris, multa illuminat etiam obscura librorum, ubicumque propter similitudinem ponitur; et ignorantia
berilli vel adamantis claudit plerumque intelligentiae
fores. Nec aliam ob caussam facile est intelligere,
pacem perpetuam significari oleae ramusculo, quem
rediens ad arcam columba pertulit [2]), nisi quia novimus, et olei lenem contactum non facile alieno hu-
more corrumpi, et arborem ipsam frondere perenni-
ter. Multi autem propter ignorantiam hyssopi, dum
nesciunt quam vim habeat, vel ad purgandum pul-
monem, vel ut dicitur ad saxa radicibus penetranda,
quum sit herba brevis atque humilis, omnino invenire non possunt, quare sit dictum: *Adsperges me
hyssopo, et mundabor.* [3]) Numerorum etiam impe-
ritia multa facit non intelligi, translate ac mystice
posita in scripturis. Ingenium quippe, ut ita dixerim, ingenuum non potest non moveri, quid sibi velit,
quod et Moyses, et Elias, et ipse Dominus quadraginta diebus ieiunaverunt. [4]) Cuius actionis figura-
tus quidem nodus nisi huius numeri cognitione et
consideratione non solvitur. Habet enim denarium quater tamquam cognitionem omnium rerum
intextam temporibus. Quaternario namque numero
et diurna et annua curricula peraguntur: diurna ma-
tutinis, meridianis, vespertinis nocturnisque hora-
rum spatiis; annua vernis, aestivis, auctumnalibus
hyemalibusque mensibus. A temporum autem delectatione, dum in temporibus vivimus, propter ae-

---

1) „In vulgatis: *lectorem.* At in Mss.: *intellectorem.*" Ben.
2) Gen. 8, 11. 3) Ps. 50, 9. sec. LXX. 4) Cf. Exod. 24, 18.
1 Reg. 19, 8. Mat. 4, 2.

ternitatem, in qua vivere volumus, abstinendum, et
ieiunandum est, quamvis temporum cursibus ipsa
nobis insinuetur doctrina contemnendorum temporum et adpetendorum aeternorum. Porro autem
denarius numerus creatoris atque creaturae significat scientiam; nam trinitas creatoris est: septenarius
autem numerus creaturam indicat propter vitam et
corpus. Nam in illa tria sunt, unde etiam toto corde,
tota anima, tota mente diligendus est Deus.[1]) In
corpore autem quatuor manifestissima adparent quibus constat elementa. In hoc ergo denario, dum
temporaliter nobis insinuatur, id est, quater ducitur,
caste et continenter a temporum delectatione vivere,
hoc est, quadraginta diebus ieiunare monemur. Hoc
lex, cuius persona est in Moyse, hoc prophetia, cuius
personam gerit Elias, hoc ipse Dominus monet, qui
tamquam testimonium habens ex lege et prophetis
medius inter illos in monte tribus discipulis viden-
tibus atque stupentibus claruit.[2]) Deinde ita quaeritur, quo modo quinquagenarius de quadragenario
numero exsistat, qui non mediocriter in nostra religione sacratus est propter pentecosten, et quo modo
ter ductus propter tria tempora, ante legem, sub lege,
sub gratia, vel propter nomen patris et filii et spiritus sancti, adiuncta eminentius ipsa trinitate, ad pur-
gatissimae ecclesiae mysterium referatur, perve-
niatque ad centum quinquaginta tres pisces, quos
retia post resurrectionem Domini in dexteram partem missa ceperunt.[3]) Ita multis aliis atque aliis
numerorum formis quaedam similitudinum in sanctis
libris secreta ponuntur, quae propter numerorum imperitiam legentibus clausa sunt. Non pauca etiam
claudit atque obtegit nonnullarum rerum musicarum
ignorantia. Nam et de psalterii atque citharae differentia quidam non inconcinne aliquas rerum figu-

---

1) Cf. Mat. 22, 37. 2) Mat. 17, 2. ss. 3) Ioh. 21, 11.

ras aperuit. [1])   Et decem chordarum psalterium non
importune inter doctos quaeritur utrum habeat aliquam musicae legem, quae ad tantum nervorum numerum cogat, an vero si non habet, eo ipso magis
sacrate accipiendus sit ipse numerus, vel propter de-
calogum legis (de quo item numero si quaeratur,
non nisi ad creatorem creaturamque referendus est),
vel propter superius expositum ipsum denarium. Et
ille numerus aedificationis templi, qui commemoratur in evangelio [2]). quadraginta scilicet et sex annorum, nescio quid musicum sonat, et relatus ad fabri-
cam dominici corporis, propter quam templi mentio
facta est, cogit nonnullos haereticos confiteri filium
Dei non falso, sed vero et humano corpore indutum:
et numerum quippe et musicam plerisque locis in
sanctis scripturis honorabiliter posita invenimus.

C. XVII. Non enim audiendi sunt errores gentilium superstitionum, qui novem Musas Iovis et Memoriae [3]) filias esse finxerunt. Refellit eos Varro,
quo nescio utrum apud eos quisquam talium rerum
doctior vel curiosior esse possit. Dicit enim civitatem nescio quam (non enim nomen recolo) locasse
apud tres artifices terna simulacra Musarum, quod in
templo Apollinis donum poneret, ut quisquis artificum pulchriora formasset, ab illo potissimum electa
emeret. Itaque contigisse, ut opera sua quoque illi
artifices aeque pulchra explicarent, et placuisse civitati omnes novem, atque omnes esse emtas, ut in
Apollinis templo dedicarentur: quibus postea dicit
Hesiodum poëtam imposuisse vocabula. Non igitur
Iupiter novem Musas genuit, sed tres fabri ternas
creaverunt. Tres autem non propterea illa civitas lo-
caverat, quia in somnis eas viderat, aut tot se cuius-

---

1) Cf. Ps. 32, 2. et 91, 3. sec. LXX. 2) Ioh. 2, 20. 3) „Mss. duo
Vaticani: *Minervae*. Alii omnes codices: *Memoriae*. Sic vero
etiam statuit Aug. de ordine 2, 14.“ Ben. Cf. Hesiod. Theog. 52. ss.

quam illorum oculis demonstraverant; sed quia facile erat animadvertere omnem sonum, quae materies cantilenarum est, triformem esse natura. Aut enim voce editur, sicuti eorum est, qui faucibus sine organo canant; aut flatu, sicut tubarum et tibiarum; aut pulsu, sicut in citharis et tympanis, et quibuslibet aliis, quae percutiendo canora sunt.

C. XVIII.   Sed sive ita se habeat quod Varro retulit, sive non ita, nos tamen non propter superstitionem profanorum debemus musicam fugere, si quid inde utile ad intelligendas sanctas scripturas rapere potuerimus, nec ad eorum theatricas nugas converti, si aliquid de citharis et de organis, quod ad spiritalia capienda valeat, disputemus.   Neque enim et literas discere non debuimus, quia earum repertorem dicunt esse Mercurium; aut quia iustitiae virtutique templa dedicarunt, et quae corde gestanda sunt in lapidibus adorare maluerunt, propterea nobis iustitia virtusque fugienda est. Immo vero q u i s q u i s b o n u s v e r u s q u e C h r i s t i a n u s est, D o m i n i s u i e s s e i n t e l l i g a t u b i q u e i n v e n e r i t v e r i t a t e m, quam confitens [1]) et agnoscens etiam in literis sacris superstitiosa figmenta repudiet, doleatque homines atque caveat, qui cognoscentes Deum non ut Deum glorificaverunt, aut gratias egerunt, sed evanuerunt in cogitationibus suis, et obscuratum est cor insipiens eorum; dicentes enim se esse sapientes stulti facti sunt, et immutaverunt gloriam incorruptibilis Dei in similitudinem imaginis corruptibilis hominis, et volucrum et quadrupedum et serpentium. [2])

C. XIX.   Sed ut totum istum locum (nam est maxime necessarius) diligentius explicemus: duo sunt genera doctrinarum, quae in gentilibus etiam moribus exercentur.   Unum earum rerum, quas institue-

---

1) „Mss. plus quam 20 (etiam 3 Lips.): *quam conferens*, quibus consentit ed. Am." Ben.   2) Cf. Rom. 1, 21. ss.

runt homines, alterum earum, quas animadverterunt
iam peractas aut divinitus institutas. Illud, quod
est secundum institutiones hominum, partim superstitiosum est, partim non est.

C. XX. Superstitiosum est quidquid institutum
est ab hominibus ad facienda et colenda idola, pertinens vel ad colendam sicut deum creaturam par-
temve ullam creaturae, vel ad consultationes et pacta
quaedam significationum cum daemonibus placita
atque foederata, qualia sunt molimina magicarum
artium, quae quidem commemorare potius quam docere adsolent poëtae. Ex quo genere sunt, sed quasi
licentiore vanitate, haruspicum et augurum libri. Ad
hoc genus pertinent omnes etiam ligaturae atque
remedia, quae medicorum quoque disciplina condemnat, sive in praecantationibus, sive in quibusdam
notis, quas characteres vocant, sive in quibusdam rebus suspendendis atque illigandis, vel etiam saltan-
dis[1]) quodammodo, non ad temperationem corporum, sed ad quasdam significationes aut occultas,
aut etiam manifestas, quae mitiore nomine physica
vocant, ut quasi non superstitione implicare, sed natura prodesse videantur: sicut sunt inaures in summo aurium singularum, aut de struthionum ossibus
ansulae in digitis, aut quum tibi dicitur singultienti,
ut dextera manu sinistrum pollicem teneas. His adiunguntur millia inanissimarum observationum, si
membrum aliquod salierit, si iunctim ambulantibus
amicis lapis, aut canis, aut puer medius intervenerit.
Atque illud, quod lapidem calcant tamquam direm-
torem amicitiae, minus molestum est, quam quod in-
nocentem puerum colapho percutiunt, si pariter ambulantibus intercurrit. Sed bellum est, quod aliquando pueri vindicantur a canibus. Nam plerumque

---

1) Sic omnes libri editi et mss., excepto uno Remigiano, cuius
auctoritate Bened. edit. receperunt: *aptandis.*

tam superstitiosi sunt quidam, ut etiam canem, qui
medius intervenerit, ferire audeant, non impune;
namque a vano remedio cito ille interdum percusso-
rem suum ad verum medicum mittit. Hinc sunt etiam
illa: limen calcare, quum ante domum suam transit;
redire ad lectum, si quis dum se calciat sternutave-
rit; redire domum, si procedens offenderit; quum
vestis a soricibus roditur, plus tremere suspicione[1])
futuri mali, quam praesens damnum dolere. Unde
illud eleganter dictum est Catonis, qui quum esset
consultum a quodam, qui sibi a soricibus erosas cali-
gas diceret, respondit, non esse illud monstrum, sed
vere monstrum habendum fuisse, si sorices a caligis
roderentur.

C. XXI. Neque illi ab hoc genere superstitionis se-
gregandi sunt, qui genethliaci propter natalium dierum considerationes, nunc autem vulgo mathematici
vocantur. Nam et ipsi quamvis veram stellarum po-
sitionem, quum quisque nascitur, consectentur, et
aliquando etiam pervestigent, tamen quod inde conantur vel actiones nostras vel actionum eventa praedicere, nimis errant, et vendunt imperitis hominibus
miserabilem servitutem. Nam quisque liber ad huiusmodi mathematicum quum ingressus fuerit, dat
pecuniam, ut servus inde exeat aut Martis, aut Vene-
ris, vel potius omnium siderum, quibus illi, qui primi
erraverunt erroremque posteris propinaverunt, vel
bestiarum propter similitudinem, vel hominum ad
ipsos homines honorandos imposuerunt vocabula.
Non enim mirandum est, quum etiam propioribus re-
centioribusque temporibus sidus, quod adpellamus
Luciferum, honori et nomini Caesaris Romani dicare
conati sunt.[2]) Et fortasse factum esset atque isset
in vetustatem, nisi avia eius Venus praeoccupasset

1) „Sic Mss. melioris notae (Lips. 2.), at editi: *timere suspi-cionem.*" Ben. 2) Cf. Virg. Ecl. 9, 47.

hoc nominis praedium; neque iure ullo ad heredes
traiiceret, quod numquam viva possederat aut possi-
dendum petiverat. Nam ubi vacabat locus, neque
alicuius priorum mortuorum honore tenebatur, fa
ctum est, quod in rebus talibus fieri solet. Pro Quin-
tili enim et Sextili mensibus Iulium atque Augustum
vocamus, de honoribus hominum Iulii Caesaris et
Augusti Caesaris nuncupatos, ut facile qui voluerit
intelligat, etiam illa sidera prius sine his nominibus
coelo vagata esse. Mortuis autem illis, quorum ho-
norare memoriam vel coacti sunt homines regia potestate, vel placuit humana vanitate, nomina eorum
imponentes sideribus, eos ipsos sibi mortuos in coelum levare videbantur. Sed quodlibet vocentur ab
hominibus, sunt tamen sidera, quae Deus instituit et
ordinavit ut voluit, et est certus modus illorum, quo
tempora distinguuntur atque variantur. Quem motum notare, quum quisque nascitur, quo modo se habeat, facile est per eorum inventas conscriptasque
regulas; quos [1]) sancta scriptura condemnat dicens [2]): *Si enim tantum potuerunt scire, ut possent aestimare saeculum, quomodo eius dominum non facilius
invenerunt?*

C. XXII. Sed ex ea notatione velle nascentium
mores, actus, eventa praedicere, magnus error et
magna dementia est. Et apud eos quidem, qui talia
dediscenda didicerunt, sine ulla dubitatione refelli-
tur haec superstitio. Constellationes enim quas vocant notatio est siderum, quo modo se habebant,
quum ille nasceretur, de quo isti miseri a miseriori-
bus consuluntur. Fieri autem potest, ut aliqui gemini tam sequaciter fundantur ex utero, ut interval-
lum temporis inter eos nullum possit adprehendi et

---

1) Er. et Cal.: *quod,* quorum alter haec verba usque ad cap.
finem glossema esse putat, quod a non nemine margini adscriptum in textum irrepserit. 2) Sap. 13, 9.

constellationum numeris adnotari. Unde necesse
est nonnullos geminos easdem habere constellationes, quum paria rerum, vel quas agunt vel quas patiuntur, eventa non habeant, sed plerumque ita dispa-
ria, ut alius felicissimus, alius infelicissimus vivat:
sicut Esau et Iacob geminos accepimus natos, ita ut
Iacob, qui posterior nascebatur, manu plantam praecedentis fratris tenens inveniretur.[1]) Horum certe
dies atque hora nascentium aliter notari non posset,
·nisi ut amborum constellatio esset una. Quantum
autem intersit inter amborum mores, facta, labores
atque successus, scriptura testis est, iam ore omnium
gentium pervagata.[2]) Neque enim ad rem pertinet,
quoddicunt, ipsum momentum minimum atque angu-
stissimum temporis, quod geminorum partum dister-
minat, multum valere in rerum natura atque coelestium corporum rapidissima velocitate. Etsi enim
concedam, ut plurimum valeat, tamen in constellationibus a mathematico inveniri non potest, quibus
inspectis se fata dicere profitetur. Quod ergo in
constellationibus non invenit, quas necesse est unas
inspiciat, sive de Iacob, sive de eius fratre consula-
tur, quid ei prodest, si distat in coelo, quod temere
securus infamat, et non distat in tabula, quam frustra
sollicitus intuetur? Quare istae quoque opiniones
quibusdam rerum signis humana praesumtione institutis ad eadem illa, quasi quaedam cum daemonibus
pacta et conventa, referendae sunt.

C. XXIII. Hinc enim fit, ut occulto quodam iudicio divino cupidi malarum rerum homines tradantur
illudendi et decipiendi pro meritis voluntatum suarum, illudentibus eos atque decipientibus praevari-
catoribus angelis, quibus ista mundi pars infima secundum pulcherrimum ordinem rerum divinae pro-

---

1) Gen. 25, 24. ss. 2) Bened. Mss. 3: *pervulgata*, quos secuti
sunt Er. et Cal.

videntiae lege subiecta est. Quibus illusionibus et
deceptionibus evenit, ut istis superstitiosis et perni-
ciosis divinationum generibus multa praeterita et
futura dicantur, nec aliter accidant quam dicuntur, multaque observantibus secundum observationes suas eveniant, quibus implicati curiosiores fiant,
et sese magis magisque inserant multiplicibus laqueis
perniciosissimi erroris. Hoc genus fornicationis
animae salubriter scriptura divina non tacuit, neque
ab ea sic deterruit animam, ut propterea talia nega-
ret esse sectanda, quia falsa dicuntur a professoribus
eorum, sed *etiam si dixerint vobis*, inquit, *et ita eve-
nerit, ne credatis eis.*[1]) Non enim, quia imago Sa-
muelis mortui Sauli regi vera praenuntiavit[2]), propterea talia sacrilegia, quibus imago illa praesentata
est, minus exsecranda sunt; aut quia in actibus apostolorum ventriloqua[3]) femina verum testimonium
perhibuit apostolis Domini, idcirco Paulus apostolus pepercit illi spiritui, ac non potius feminam illius
daemonii correptione atque exclusione mundavit.[4])
Omnes igitur artes huiusmodi vel nugatoriae, vel no-
xiae superstitionis ex quadam pestifera societate hominum et daemonum quasi pacta quaedam infidelis
et dolosae amicitiae constituta penitus sunt repudianda et fugienda Christiano: *non quod idolum sit
aliquid*, ait apostolus[5]), *sed quia quae immolant dae-
moniis immolant, et non Deo; nolo autem vos socios
daemoniorum fieri.* Quod autem de idolis et de im-
molationibus, quae honori eorum exhibentur, dixit

---

1) Cf. Deut. 13. 2. ss. 2) 1 Sam. 28, 16. ss. cf. Sirac. 46, 20.
3) Mss. Ben. 3 et Lips. 2: *ventiloqua.* Al. melius *ventriloqua*
sec. Graec. *ἐγγαστρίμυθος,* uti Pythonissa mulier apud 70 interpr.
1 Sam. 28, 7. vocatur. Cf. Basil. M. ad Ies. 8, 19. et Erasmus,
qui ad h. l. adnotavit, fuisse suo etiam tempore apud Italos di-
vinatorum genus, qui sic dicti sunt, quod ore non edentes sonum per ventrem loqui visi sunt. 4) Vid. Act. 16, 16 — 18.
5) 1 Cor. 10, 19. s.

apostolus, hoc de omnibus imaginariis signis sen-
tiendum est, quae vel ad cultum idolorum, vel ad
creaturam eiusque partes tamquam Deum colendas
trahunt, vel ad remediorum aliarumque observationum curam pertinent; quae non sunt divinitus ad dilectionem Dei et proximi tamquam publice constituta, sed per privatas adpetitiones rerum temporalium
corda dissipant miserorum.   In omnibus ergo istis
doctrinis societas daemonum formidanda atque vitanda est, qui nihil cum principe suo diabolo nisi re-
ditum nostrum claudere atque obserare conantur.
Sicut autem de stellis, quas condidit et ordinavit
Deus, humanae et deceptoriae coniecturae ab hominibus institutae sunt: sic etiam de quibusque nascen-
tibus vel quoquo modo divinae providentiae admini-
stratione exsistentibus rebus multi multa humanis
suspicionibus, quasi regulariter coniectata, literis
mandaverunt, si forte insolite acciderint, tamquam
si mula pariat, aut fulmine aliquid percutiatur.

C. XXIV.   Quae omnia tantum valent, quantum
praesumtione animorum quasi communi quadam lingua cum daemonibus foederata sunt: quae tamen
plena sunt omnia pestiferae curiositatis, cruciantis
sollicitudinis, mortiferae servitutis.   Non enim quia
valebant, animadversa sunt, sed animadvertendo atque signando factum est, ut valerent.   Et ideo diversis diverse proveniunt secundum cogitationes et
praesumtiones suas.   Illi enim spiritus, qui decipere
volunt, talia procurant cuique, qualibus eum irreti-
tum per suspiciones et consensiones eius vident. Sicut enim, verbi gratia, una figura literae X, quae de-
cussatim notatur, aliud apud Graecos, aliud apud
Latinos valet, non natura, sed placito et consensione
significandi, et ideo qui utramque linguam novit, si
homini Graeco velit aliquid significare scribendo,
non in ea significatione ponit hanc literam, in qua
eam ponit, quum homini scribit Latino; et beta uno

eodemque sono apud Graecos literae, apud Latinos oleris nomen est, et quum dico: lege, in his duabus syllabis aliud Graecus, aliud Latinus intelligit; sicut ergo hae omnes significationes pro suae cuiusque societatis consensione animos movent, et quia diversa consensio est, diverse movent, nec ideo in eas consenserunt homines, quia iam valebant ad significationem, sed ideo valent, quia consenserunt in eas: sic etiam illa signa, quibus perniciosa daemonum societas comparatur, pro cuiusque observationibus valent. Quod manifestissime ostendit ritus augurum, qui, et ante quam observent, et postea quam observata signa tenuerint, id agunt, ne videant volatus, aut audiant voces avium, quia nulla ista signa sunt, nisi consensus observantis accedat.

C. XXV. Quibus amputatis atque eradicatis ab animo Christiano deinceps videndae sunt institutiones hominum non superstitiosae, id est, non cum daemonibus, sed cum ipsis hominibus institutae. Namque omnia quae ideo valent inter homines, quia placuit inter eos ut valeant, instituta hominum sunt: quorum partim superflua luxuriosaque instituta sunt, partim commoda et necessaria. Illa enim signa, quae saltando faciunt histriones, si natura, non instituto et consensione hominum valerent, non primis temporibus saltante pantomimo [1]) praeco pronuntiaret populis Carthaginis, quid saltator vellet intelligi: quod adhuc multi meminerunt senes, quorum relatu haec solemus audire. Quod ideo credendum est, quia nunc quoque si quis theatrum talium nugarum imperitus intraverit, nisi ei dicatur ab altero, quid illi motus significent, frustra totus intentus est. Adpetunt tamen omnes quamdam similitudinem in significando, ut ipsa signa, in quantum possunt, rebus

---

1) Παντόμιμος qui quibuslibet gestibus corporisque motibus aliorum mores et actus imitatur.

quae significantur similia sint. Sed quia multis modis simile aliquid alicui potest esse, non constant talia signa inter homines, nisi consensus accedat. In picturis vero et statuis ceterisque huiusmodi simulatis operibus, maxime peritorum artificum, nemo errat, quum similia viderit, ut agnoscat, quibus sint rebus similia. Et hoc totum genus inter superflua hominum instituta numerandum est, nisi quum interest, quid eorum, qua de caussa, et ubi, et quando, et cuius auctoritate fiat. Millia denique fictarum fabularum et falsitatum, quarum mendaciis homines delectantur, humana instituta sunt: et nulla magis hominum propria, quae a se ipsis habent, existimanda sunt, quam quaeque falsa atque mendacia. Commoda vero et necessaria hominum cum hominibus instituta sunt, quaecumque in habitu et cultu corporis ad sexus vel honores discernendos differentia placuit, et innumerabilia genera significationum, sine quibus humana societas aut non omnino, aut minus commode geritur; quaeque in ponderibus atque mensuris, et nummorum impressionibus vel aestimationibus sua cuique civitati et populo sunt propria, et cetera huiusmodi; quae nisi hominum instituta essent, non per diversos populos varia essent, nec in ipsis singulis populis pro arbitrio suorum principum mutarentur. Sed haec tota pars humanorum institutorum, quae ad usum vitae necessarium proficiunt, nequaquam est fugienda Christiano, immo etiam quantum satis est intuenda memoriaque retinenda.

C. XXVI. Adumbrata enim quaedam et naturalibus utcumque similia hominum instituta sunt, quorum ea, quae ad societatem, ut dictum est, daemonum pertinent, penitus repudianda sunt et detestanda; ea vero, quae homines cum hominibus habent, adsumenda, in quantum non sunt luxuriosa atque superflua, et maxime literarum figurae, sine quibus legere non possumus, linguarumque varietas, quan-

tum satis est, de qua superius disputavimus. [1]) Ex
eo genere sunt etiam notae, quas qui didicerunt proprie iam notarii adpellantur. Utilia sunt ista, nec
discuntur illicite, nec superstitione implicant, nec
luxu enervant, si tantum occupent, ut maioribus rebus, ad quas adipiscendas servire debent, non sint
impedimento.

C. XXVII. Iam vero illa, quae non instituendo,
sed aut transacta temporibus, aut divinitus instituta
investigando homines prodiderunt, ubicumque discantur, non sunt hominum instituta existimanda:
quorum alia sunt ad sensum corporis, alia vero ad
rationem animi pertinentia. Sed illa, quae sensu
corporis adtinguntur, vel narrata credimus, vel demonstrata sentimus, vel experta coniicimus.

C. XXVIII. Quidquid igitur de ordine temporum
transactorum indicat ea quae adpellatur historia,
plurimum nos adiuvat ad sanctos libros intelligendos, etiam si praeter ecclesiam puerili eruditione
discatur. Nam et per olympiadas et per consulum
nomina multa saepe quaeruntur a nobis: et ignorantia consulatus, quo natus est Dominus et quo passus
est [2]), nonnullos coëgit errare, ut putarent quadraginta sex annorum aetate passum esse Dominum,
quia per tot annos aedificatum templum esse dictum
est a Iudaeis, quod imaginem dominici corporis habebat. [3]) Et annorum quidem fere triginta baptizatum esse retinemus auctoritate evangelica [4]); sed
postea quot annos in hac vita egerit, quamquam textu
ipso actionum eius animadverti possit, tamen ne
aliunde caligo dubitationis oriatur, de historia gen-

---

1) Vid. c. 11. 2) Christum passum esse anno fere 30., Fufio
et Rubellio Geminis Coss., i. e. 15. post Octaviani mortem anno,
referunt Tertull. adv. Iud. c. 8., Orig. περὶ ἀρχῶν 4, 5. August.
de civ. dei 18, 54. Contra Iren. 2, 39. sq. Iesum usque ad annum
50. vixisse existimavit secundum Ioh. 8, 57. 3) Cf. Ioh. 2, 19. ss
4) Vid. Luc. 3, 23.

tium collata cum evangelio liquidius certiusque colligitur. Tunc enim videbitur non frustra esse dictum,
quod quadraginta sex annis templum aedificatum sit,
ut quum referri iste numerus ad aetatem Domini non
potuerit, ad secretiorem instructionem humani corporis referatur, quo indui propter nos non dedignatus
est unicus Dei filius, per quem facta sunt omnia. De
utilitate autem historiae, ut omittam Graecos, quantam noster Ambrosius quaestionem solvit calumnian-
tibus Platonis lectoribus et dilectoribus, qui dicere
ausi sunt, omnes Domini nostri Iesu Christi sententias,
quas mirari et praedicare coguntur, de Platonis libris
eum didicisse, quoniam longe ante humanum adventum Domini Platonem fuisse negari non potest!
Nonne memoratus episcopus considerata historia
gentium, quum reperisset Platonem Ieremiae tempo-
bus profectum fuisse in Aegyptum [1]), ubi propheta
ille tunc erat, probabilius esse ostendit, quod Plato
potius nostris literis per Ieremiam fuerit imbutus,
ut illa posset docere vel scribere quae iure laudantur? Ante literas enim gentis Hebraeorum, in qua
unius Dei cultus emicuit, ex qua secundum carnem venit Dominus noster, nec ipse quidem Pythagoras fuit,
a cuius posteris Platonem theologiam didicisse isti
adserunt. Ita consideratis temporibus fit multo cre-
dibilius, istos potius de literis nostris habuisse, quaecumque bona et vera dixerunt, quam de Platonis Dominum Iesum Christum, quod dementissimum est
credere. Narratione autem historica quum praeterita etiam hominum instituta narrantur, non inter
humana instituta ipsa historia numeranda est; quia
iam quae transierunt, nec infecta fieri possunt, in ordine temporum habenda sunt, quorum est conditor
et administrator Deus. Aliud est enim facta narrare,
aliud docere facienda. Historia facta narrat fideliter

---

1) Hunc errorem ipse correxit Aug. retract. 2, 4.

atque utiliter; libri autem haruspicum, et quaeque similes literae facienda vel observanda intendunt docere, monitoris audacia, non indicis fide.

C. XXIX. Est etiam narratio demonstrationi similis, qua non praeterita, sed praesentia indicantur ignaris. In quo genere sunt quaecumque de locorum situ, naturisque animalium, lignorum, herbarum, lapidum, aliorumve corporum scripta sunt. De quo genere superius egimus, eamque cognitionem valere ad aenigmata scripturarum solvenda docuimus [1]), non ut pro quibusdam signis adhibeantur tamquam ad remedia vel machinamenta superstitionis alicuius; nam et illud genus iam distinctum ab hoc licito et libero separavimus. Aliud est enim dicere: tritam istam herbam si biberis, venter non dolebit, et aliud est dicere: istam herbam collo si suspenderis, venter non dolebit. Ibi enim probatur contemperatio salubris, hic significatio superstitiosa damnatur; quamquam ubi praecantationes, et invocationes et characteres non sunt, plerumque dubium est, utrum res, quae adligatur aut quoquo modo adiungitur sanando corpori, vi naturae valeat, quod libere adhibendum est, an significativa quadam obligatione proveniat, quod tanto prudentius oportet cavere Christianum, quanto efficacius prodesse videbitur. Sed ubi latet qua caussa quid valeat, quo animo quisque utatur interest, dumtaxat in sanandis vel temperandis corporibus, sive in medicina, sive in agricultura. Siderum autem cognoscendorum non narratio, sed demonstratio est, quorum perpauca scriptura commemorat. Sicut autem plurimis notus est lunae cursus, qui etiam ad passionem Domini anniversarie celebrandam solemniter adhibetur: sic paucissimis ceterorum quoque siderum vel ortus vel occasus, vel alia quaelibet momenta sine ullo sunt errore notissima.

---

1) Cf. c. 16. ss.

Quae per se ipsam cognitio, quamquam superstitione non adliget, non multum tamen ac prope nihil adiuvat tractationem divinarum scripturarum, et infructuosa intentione plus impedit; et quia familiaris est perniciosissimo errori fatua fata cantantium, commodius honestiusque contemnitur. Habet autem praeter demonstrationem praesentium etiam praeter itorum narrationi simile aliquid, quod a praesenti positione motuque siderum et in praeterita eorum vestigia regulariter licet recurrere. Habet etiam futurorum regulares coniecturas, non suspiciosas et ominosas, sed ratas et certas, non ut ex eis aliquid trahere in nostra facta[1]) et eventa tentemus, qualia genethliacorum deliramenta sunt, sed quantum ad ipsa pertinet sidera. Nam sicut is qui computat lunam, quum hodie inspexerit quota sit, et ante quotlibet annos quota fuerit, et post quotlibet annos quota futura sit, potest dicere; sic de uno quoque siderum, qui ea perite computant, respondere consueverunt. De qua tota cognitione, quantum ad usum eius adtinet, quid mihi videretur aperui.

C. XXX. Artium autem ceterarum, quibus aliquid fabricatur, vel quod remaneat post operationem artificis ab illo effectum, sicut domus et scamnum et vas aliquod atque alia huiuscemodi, vel quae ministerium quoddam exhibent operanti Deo, sicut medicina et agricultura et gubernatio, vel quarum omnis effectus est actio, sicut saltationum et cursionum et luctaminum: harum ergo cunctarum artium de praeteritis experimenta faciunt etiam futura coniici. Nam nullus earum artifex membra movet in operando, nisi praeteritorum memoriam cum futurorum exspectatione contexat. Harum autem cognitio tenuiter in ipsa humana vita cursimque usurpanda est, non ad

---

1)..,Bad., Am., Er. et Mss. 6 (etiam Lips. 3): *fata.*" Ben. quibuscum facit Cal.

AUGUST. DOCTR. CHRIST. E

operandum, nisi forte officium aliquod cogat (de quo nunc non agimus), sed ad iudicandum, ne omnino nesciamus quid scriptura velit insinuare, quum de his artibus aliquas figuratas locutiones inserit.

C. XXXI. Restant ea, quae non ad corporis sensus, sed ad rationem animi pertinent, ubi disciplina regnat disputationis et numeri. Sed disputationis disciplina ad omnia genera quaestionum, quae in literis sanctis sunt penetranda et dissolvenda, plurimum valet; tantum ibi cavenda est libido rixandi, et puerilis quaedam ostentatio decipiendi adversarium. Sunt enim multa quae adpellantur sophismata, falsae conclusiones rationum, et plerumque ita veras imitantes, ut non solum tardos, sed ingeniosos etiam minus diligenter adtentos decipiant. Proposuit enim quidam dicens ei cum quo loquebatur: quod ego sum, tu non es. At ille consensit; verum enim erat ex parte, vel eo ipso, quod iste insidiosus, ille simplex erat. Tunc iste addidit: ego autem homo sum. Hoc quoque quum ab illo accepisset, conclusit dicens: tu igitur non es homo. [1] Quod genus captiosarum conclusionum scriptura, quantum existimo, detestatur illo loco, ubi dictum est: *Qui sophistice loquitur, odibilis est* [2]); quamquam etiam sermo non captiosus, sed tamen abundantius quam gravitatem decet, verborum ornamenta consectans, sophisticus dicitur. Sunt etiam verae connexiones ratiocinationis falsas habentes sententias, quae consequuntur errorem illius, cum quo agitur; quae tamen ad hoc inferuntur a bono et docto homine, ut in eis erubescens ille, cuius errorem consequuntur, eundem relinquat errorem, quia si in eodem manere voluerit, necesse est etiam illa quae damnat tenere co-

---

1) „Hoc syllogismo quidam adorsus Diogenem ipse facta ab philosopho conversione captus deridebatur." Ben. 2) Sirac. 37, 20.

gatur. Non enim vera inferebat apostolus, quum diceret[1]): *neque Christus resurrexit*, et illa alia: *inanis est praedicatio nostra, inanis est et fides vestra*, et deinceps alia quae omnino falsa sunt, quia et Christus resurrexit, et non erat inanis praedicatio eorum, qui hoc adnuntiabant, nec fides eorum, qui hoc crediderant; sed ista falsa verissime connectebantur illi sententiae, qua dicebatur, non esse resurrectionem mortuorum. Istis autem falsis repudiatis, quoniam vera erant, si mortui non resurgunt, consequens erit resurrectio mortuorum. Quum ergo sint verae connexiones non solum verarum, sed etiam falsarum sententiarum, facile est, veritatem connexionum etiam in scholis illis discere, quae praeter ecclesiam sunt. Sententiarum autem veritas in sanctis libris ecclesiasticis investiganda est.

C. XXXII. Ipsa tamen veritas connexionum non instituta, sed animadversa est ab hominibus et notata, ut eam possint vel discere vel docere; nam est in rerum ratione perpetua et divinitus instituta. Sicut enim qui narrat ordinem temporum, non eum ipse componit; et locorum situs aut naturas animalium vel stirpium vel lapidum qui ostendit, non res ostendit ab hominibus institutas; et ille qui demonstrat sidera eorumque motus, non a se vel ab homine aliquo rem institutam demonstrat: sic etiam qui dicit: „quum falsum est quod consequitur, necesse est ut falsum sit quod praecedit,‟ verissime dicit, neque ipse facit, ut ita sit, sed tantum ita esse demonstrat. Ex hac regula illud est, quod de apostolo Paulo commemoravimus. Praecedit enim, *non esse resurrectionem mortuorum*, quod dicebant illi, quorum errorem destruere volebat apostolus. Porro illam sententiam praecedentem, qua dicebant non esse resurrectionem mortuorum, necessario sequitur: *neque*

---

1) 1 Cor. 15, 13. ss.

Christus resurrexit. Hoc autem quod sequitur falsum est. Christus enim resurrexit. Falsum est ergo et quod praecedit. Praecedit autem, non esse resurrectionem mortuorum. Est igitur resurrectio mortuorum. Quod totum breviter ita dicitur: si non est resurrectio mortuorum, neque Christus resurrexit; Christus autem resurrexit; est igitur resurrectio mortuorum. Hoc ergo, ut consequenti ablato auferatur etiam necessario quod praecedit, non instituerunt homines, sed ostenderunt. Et haec regula pertinet ad veritatem connexionum, non ad veritatem sententiarum.

C. XXXIII. Sed in hoc loco de resurrectione quum ageretur, et regula connexionis vera est, et ipsa in conclusione sententia. In falsis autem sententiis connexionis veritas est isto modo. Faciamus aliquem concessisse: si animal est cochlea, vocem habet. Hoc concesso quum probatum fuerit, vocem cochleam non habere, quoniam consequenti ablato illud quod praecedit aufertur, concluditur non esse animal cochleam. Quae sententia falsa est; sed ex concesso falso vera est conclusionis connexio. Veritas itaque sententiae per se ipsam valet; veritas autem connexionis ex eius cum quo agitur opinione vel concessione consistit. Ideo autem, ut supra diximus, infertur vera connexione quod falsum est, ut eum, cuius errorem corrigere volumus, poeniteat concessisse praecedentia, quorum consequentia videt esse respuenda. Iam hinc intelligere facile est, sicut in falsis sententiis veras, sic in veris sententiis falsas conclusiones esse posse. Fac enim aliquem proposuisse: si iustus est ille, bonus est, et esse concessum; deinde adsumsisse: non est autem iustus; quo item concesso, intulisse conclusionem: non est igitur bonus. Quae tamen etsi vera sint omnia, non est tamen vera regula conclusionis. Non enim sicut ablato consequenti aufertur necessario quod praecedit, ita etiam ablato praecedenti aufertur necessario quod consequitur. Quia verum est quum dicimus: si orator est, homo est; ex qua propositione si adsumamus: non est autem orator, non erit consequens quum intuleris: non est igitur homo.

C. XXXIV. Quapropter aliud est nosse regulas connexionum, aliud sententiarum veritatem. In illis discitur, quid sit consequens, quid non consequens, quid repugnans. Consequens est: si orator est, homo est; inconsequens: si homo est, orator est; repugnans: si homo est, quadrupes est. Hic ergo de ipsa connexione iudicatur. In veritate autem sententiarum ipsae per se sententiae, non earum connexio consideranda est; sed veris certisque sententiis quum incertae vera connexione iunguntur, etiam ipsae certae fiant necesse est. Quidam autem sic se iactant, quum veritatem connexionum didicerint, quasi sententiarum ipsa sit veritas. Et rursus quidam plerumque retinentes veram sententiam male se contemnunt, quia leges conclusionis ignorant; quum melior sit qui novit esse resurrectionem mortuorum, quam ille qui novit consequens esse, ut, si resurrectio mortuorum non est, neque Christus resurrexerit.

C. XXXV. Item scientia definiendi, dividendi atque partiendi, quamquam etiam rebus falsis plerumque adhibeatur, ipsa tamen falsa non est, neque ab hominibus instituta, sed in rerum ratione comperta. Non enim quia et fabulis suis eam poëtae, et opinionibus erroris sui vel falsi philosophi vel etiam haeretici, hoc est, falsi Christiani, adhibere consueverunt, propterea falsum est, neque in definiendo, neque in dividendo aut partiendo aliquid complectendum esse, quod ad rem ipsam non pertinet, aut aliquid quod pertinet praetereundum. Hoc verum est, etiam si ea quae definiuntur aut distribuuntur vera non sint. Nam et ipsum falsum definitur, quum dicimus, fal-

sum esse significationem rei non ita se habentis, ut
significatur, sive alio aliquo modo: quae definitio
vera est, quamvis falsum verum esse non possit.
Possumus etiam dividere dicentes, duo esse genera
falsi: unum eorum quae omnino esse non possunt;
alterum eorum quae non sunt, quamvis esse possint.
Nam qui dicit, septem et tria undecim esse, id dicit
quod omnino esse non potest; qui vero dicit, Kalen-
dis verbi gratia Ianuariis pluisse, tamen etsi factum
non sit, id tamen dicit quod fieri potuerit. Definitio igitur et divisio falsorum potest esse verissima,
quamvis falsa ipsa utique vera non sint.

C. XXXVI. Sunt etiam quaedam praecepta ube-
rioris disputationis, quae iam eloquentia nominatur,
quae nihilo minus vera sunt, quamvis eis possint
etiam falsa persuaderi: sed quia et vera possunt, non
est facultas ipsa culpabilis, sed ea male utentium
perversitas. Nam neque hoc ab hominibus institutum est, ut caritatis [1]) expressio conciliet auditorem,
aut ut facile, quod intendit, insinuet brevis et aperta
narratio, et varietas eius sine fastidio teneat intentos, et ceterae huiusmodi observationes, quae sive in
falsis sive in veris caussis, verae sunt tamen, in quantum vel sciri vel credi aliquid faciunt, aut ad expe-
tendum fugiendumve animos movent, et inventae
potius quod ita se habeant, quam ut ita se haberent
institutae.

C. XXXVII. Sed haec pars [2]) quum discitur, magis ut proferamus ea quae intellecta sunt, quam ut
intelligamus, adhibenda est. Illa vero conclusionum
et definitionum et distributionum plurimum intellectorem adiuvat: tantum absit error, quo videntur

---

1) „Editi: *veritatis expressio*. At Mss. 18: caritatis.‟ Ben.
2) „Unicus Ms. (cum quo facit Cal.): *haec ars*. Editiones
Bad., Am. (Cal.) et 9 Mss. (quibus adsentiuntur 3 Lips.): *quum
discitur*. Alii 19 codices: *quum dicitur*. At Er. et Lov.: *quum
discutitur*.‟ Ben.

homines sibi ipsam beatae vitae veritatem didicisse, quum ista didicerint. Quamquam plerumque accidat, ut facilius homines res eas adsequantur, propter quas adsequendas ista discuntur, quam talium praeceptorum nodosissimas et spinosissimas disciplinas: tamquam si quispiam dare volens praecepta ambulandi, moneat non esse levandum posteriorem pedem, nisi quum posueris priorem, deinde minutatim quemadmodum articulorum et poplitum cardines oporteat movere describat. Vera enim dicit, nec aliter ambulari potest; sed facilius homines haec faciendo ambulant, quam animadvertunt quum faciunt, aut intelligunt quum audiunt. Qui autem ambulare non possunt, multo minus ea curant, quae nec experiendo possunt adtendere. Ita plerumque citius ingeniosus videt, non esse ratam conclusionem, quam praecepta eius capit; tardus autem non eam videt, sed multo minus quod de illa praecipitur: magisque in his omnibus ipsa spectacula veritatis saepe delectant, quam ex eis in disputando aut iudicando adiuvamur, nisi forte quod exercitatiora reddunt ingenia, si etiam maligniora aut inflatiora non reddant, hoc est, ut aut decipere veri simili sermone atque interrogationibus ament, aut aliquid magnum, quo se bonis atque innocentibus anteponant, se adsecutos putent, qui ista didicerunt.

C. XXXVIII. Iam vero numeri disciplina cuilibet tardissimo clarum est, quod non sit ab hominibus instituta, sed potius indagata atque inventa. Non enim, sicut primam syllabam Italiae, quam brevem pronuntiaverunt veteres, voluit Virgilius [1]), et longa facta est, ita quisquam potest efficere quum voluerit, ut ter terna aut non sint novem, aut non possint efficere quadratam figuram, aut non ad ternarium numerum tripla sint, ad senarium sescupla, ad nullum

___

1) Cf. e. c. Aen. 1, 2. 13. 38. 68.

dupla, quia intelligibiles numeri semissem non habent. Sive ergo in se ipsis considerentur, sive ad figurarum aut ad sonorum aliarumve motionum leges numeri adhibeantur, incommutabiles leges habent, neque ullo modo ab hominibus institutas, sed ingeniosorum sagacitate compertas. Quae tamen omnia quisquis ita dilexerit, ut iactare se inter imperitos velit, et non potius quaerere, unde sint vera, quae tantummodo vera esse persenserit, et unde quaedam non solum vera, sed etiam incommutabilia, quae incommutabilia esse comprehenderit, ac sic a specie corporum usque ad humanam mentem perveniens, quum et ipsam mutabilem invenerit, quod nunc docta, nunc indocta sit, constituta tamen inter incommutabilem supra se veritatem et mutabilia infra se cetera, ad unius Dei laudem atque dilectionem cuncta convertere, a quo cuncta esse cognoscit: doctus videri potest, esse autem sapiens nullo modo.

C. XXXIX. Quam ob rem videtur mihi studiosis et ingeniosis adolescentibus et timentibus Deum beatamque vitam quaerentibus salubriter praecipi, ut nullas doctrinas, quae praeter ecclesiam Christi exercentur, tamquam ad beatam vitam capessendam secure sequi audeant, sed eas sobrie diligenterque diiudicent; et si quas invenerint ab hominibus institutas varias propter diversam voluntatem instituentium, et ignotas propter suspiciones errantium, maxime si habent etiam cum daemonibus initam societatem per quarumdam significationum quasi quaedam pacta atque conventa, repudient penitus et detestentur; alienent etiam studium a superfluis et luxuriosis hominum institutis. Illa vero instituta hominum, quae ad societatem conviventium [1]) valent, pro ipsa huius vitae necessitate non negligant. In ceteris

---

1) „Er. et Lov. cum Cal.: *convenientium*, pro quo Bad., Am. et Mss. *conviventium.*" Ben.

autem doctrinis, quae apud gentes inveniuntur, praeter historiam rerum, vel praeteriti temporis vel praesentis, ad sensus corporis pertinentium, quibus etiam
utilium artium corporalium experimenta et coniecturae adnumerantur, et praeter rationem disputationis
et numeri, nihil utile esse arbitror.   In quibus omnibus tenendum est: ne quid nimis[1]), et maxime in
eis, quae ad corporis sensus pertinentia volvuntur
temporibus et continentur locis.   Sicut autem quidam de verbis omnibus et nominibus Hebraeis, et
Syris, et Aegyptiis, vel si qua alia lingua in scripturis sanctis inveniri potest, quae in eis sine interpretatione sunt posita, fecerunt ut ea separatim inter-
pretarentur, et quod Eusebius fecit de temporum historia propter divinorum librorum quaestiones, quae
usum eius flagitant; quod ergo hi fecerunt de his
rebus, ut non sit necesse Christiano in multis propter
pauca laborare: sic video posse fieri, si quem eorum
qui possunt benignam sane operam fraternae utilitati delectet impendere, ut quoscumque terrarum
locos, quaeve animalia vel herbas atque arbores sive
lapides vel metalla incognita, speciesque quaslibet
scriptura commemorat, ea generatim digerens sola
exposita literis mandet.   Potest etiam de numeris
fieri, ut eorum tantummodo numerorum exposita ratio conscribatur, quos divina scriptura meminit.
Quorum aliqua aut omnia forte iam facta sunt, sicut
multa, quae a bonis doctisque Christianis elaborata
atque conscripta non arbitrabamur, invenimus; sed
sive propter turbas negligentium, sive propter invi-
dorum occultationes latent.   Quod utrum de ratione
disputandi fieri possit, ignoro; et videtur mihi non
posse, quia per totum textum scripturarum colligata
est nervorum vice, et ideo magis ad ambigua solvenda et explicanda, de quibus post loquemur, legentes

---

1) Terent. Andr. I, 1, 34.

adiuvat, quam ad incognita signa, de quibus nunc agimus, cognoscenda.

C. XL. Philosophi autem qui vocantur, si qua forte vera et fidei nostrae adcommodata dixerunt, maxime Platonici, non solum formidanda non sunt, sed ab eis etiam tamquam iniustis possessoribus in usum nostrum vindicanda. Sicut enim Aegyptii non solum idola habebant et onera gravia, quae populus Israel detestaretur et fugeret, sed etiam vasa atque ornamenta de auro et argento, et vestem, quae ille populus exiens de Aegypto sibi potius tamquam ad usum meliorem clanculo vindicavit, non auctoritate propria, sed praecepto Dei, ipsis Aegyptiis nescienter commodantibus ea, quibus non bene utebantur[1]): sic doctrinae omnes gentilium non solum simulata et superstitiosa figmenta gravesque sarcinas supervacanei laboris habent, quae unusquisque nostrum duce Christo de societate gentilium exiens debet abominari atque devitare, sed etiam liberales disciplinas usui veritatis aptiores et quaedam morum praecepta utilissima continent, deque ipso uno Deo colendo nonnulla vera inveniuntur apud eos, quod eorum tamquam aurum et argentum, quod non ipsi instituerunt, sed de quibusdam quasi metallis divinae providentiae, quae ubique infusa est, eruerunt, et quo perverse atque iniuriose ad obsequia daemonum abutuntur, quum ab eorum misera societate sese animo separat, debet ab eis auferre Christianus ad usum iustum praedicandi evangelii. Vestem quoque illorum, id est, hominum quidem instituta, sed tamen adcommodata humanae societati, qua in hac vita carere non possumus, accipere atque habere licuerit in usum convertenda Christianum. Nam quid aliud fecerunt multi boni fideles nostri? Nonne adspicimus, quanto auro et argento et veste suffarcinatus exierit

---

1) Cf. Exod. 3, 21. s. 12, 35. s.

de Aegypto Cyprianus, doctor suavissimus et martyr
beatissimus? quanto Lactantius, quanto Victorinus,
Optatus, Hilarius, ut de vivis taceam? quanto innumerabiles Graeci? Quod prior ipse fidelissimus Dei
famulus Moyses fecerat, de quo scriptum est, quod
eruditus fuerit omni sapientia Aegyptiorum. [1]) Quibus omnibus viris superstitiosa gentium consuetudo
(et maxime illis temporibus, quum Christi recutiens
iugum Christianos persequebatur) disciplinas, quas
utiles habebat, numquam commodaret, si eas in usum
colendi unius Dei, quo vanus idolorum cultus exscin-
deretur, conversum iri suspicaretur. Sed dederunt
aurum et argentum et vestem suam exeunti populo
Dei de Aegypto, nescientes quemadmodum illa, quae
dabant, in Christi obsequium cederent. Illud enim
in Exodo factum sine dubio figuratum est, ut hoc
praesignaret. Quod sine praeiudicio alterius aut
paris aut melioris intelligentiae dixerim.

C. XLI.   Sed hoc modo instructus divinarum scripturarum studiosus quum ad eas perscrutandas accedere coeperit, illud apostolicum cogitare non ces-
set: *Scientia inflat, caritas aedificat.* [2]) Ita enim sen-
tiet, quamvis de Aegypto dives exeat, tamen nisi pascha egerit, salvum se esse non posse. Pascha autem
nostrum immolatus est Christus [3]), nihilque magis
immolatio Christi nos docet, quam illud quod ipse
clamat tamquam ad eos, quos in Aegypto sub Pha-
raone videt laborare: *Venite ad me qui laboratis et
onerati estis, et ego reficiam vos. Tollite iugum meum
super vos, et discite a me, quia mitis sum et humilis
corde; et invenietis requiem animabus vestris. Iugum
enim meum lene est, et sarcina mea levis est.* [4]) Quibus, nisi mitibus et humilibus corde, quos non inflat
scientia, sed caritas aedificat? Meminerint ergo eo-

_____

1) Vid. Act. 7, 22. 2) 1 Cor. 8, 1. 3) Cf. 1 Cor. 5, 7. 4) Mat.
11, 28. ss.

rum, qui pascha illo tempore per umbrarum imaginaria celebrabant, quum signari postes sanguine agni iuberentur, hyssopo fuisse signatos. [1]) Herba haec mitis et humilis est, et nihil fortius et penetrabilius eius radicibus, ut in caritate radicati et fundati possimus comprehendere cum omnibus sanctis, quae sit latitudo et longitudo et altitudo et profundum [2]), id est, crucem Domini: cuius latitudo dicitur in transverso ligno, quo extenduntur manus, longitudo a terra usque ad ipsam latitudinem, quo a manibus et infra totum corpus adfigitur, altitudo a latitudine sursum usque ad summum, cui adhaeret caput, profundum vero quod terrae infixum absconditur. Quo signo crucis omnis actio Christiana describitur, bene operari in Christo, et ei perseveranter inhaerere, sperare coelestia, sacramenta non profanare. Per hanc actionem purgati valebimus cognoscere etiam supereminentem scientiae caritatem [3]) Christi, quae aequalis est patri, per quem facta sunt omnia, ut impleamur in omnem plenitudinem Dei. [4]) Est etiam in hyssopo vis purgatoria, ne inflante scientia de divitiis ab Aegypto ablatis superbe aliquid pulmo tumidus anhelet. *Adsperges me*, inquit [5]), *hyssopo, et mundabor; lavabis me et super nivem dealbabor. Auditui meo dabis exsultationem et laetitiam.* Deinde consequenter adnectit, ut ostendat purgationem a superbia significari hyssopo: *et exsultabunt ossa humiliata.*

C. XLII Quantum autem minor est auri, argenti vestisque copia, quam de Aegypto secum ille populus abstulit, in comparatione divitiarum, quas postea Ierosolymae consecutus est, quae maxime in Salomone rege ostenduntur [6]), tanta fit cuncta scientia,

---

1) Cf. Exod. 12, 22. 2) V. Eph. 3, 18. Cf. August. ep. 55, 25.
3) Am., Er., Cal. et codd. Lips.: *scientiam caritatis.* 4) Eph.
3, 19. 5) Ps. 50, 9. s. sec. LXX. 6) Cf. 1 Reg. 10, 23. ss.

quae quidem est utilis collecta de libris gentium, si divinarum scripturarum scientiae comparetur. Nam quidquid homo extra didicerit, si noxium est, ibi damnatur; si utile est, ibi invenitur. Et quum ibi quisque invenerit omnia, quae utiliter alibi didicit, multo abundantius ibi inveniet ea, quae nusquam omnino alibi, sed in illarum tantummodo scripturarum mirabili altitudine et mirabili humilitate discuntur. Hac igitur instructione praeditum quum signa incognita lectorem non impedierint, mitem et humilem corde, subiugatum leniter Christo, et oneratum sarcina levi, fundatum et radicatum et aedificatum in caritate, quem scientia inflare non possit, accedat ad ambigua signa in scripturis consideranda et discutienda, de quibus iam tertio volumine dicere adgrediar, quod Dominus donare dignabitur.

LIBER TERTIUS.

C. I. Homo timens Deum voluntatem eius in scripturis sanctis diligenter inquirit. Et ne amet certamina, pietate mansuetus, praemunitus etiam scientia linguarum, ne in verbis locutionibusque ignotis haereat, praemunitus etiam cognitione quarumdam rerum necessariarum, ne vim naturamve earum, quae propter similitudinem adhibentur, ignoret, adiuvante etiam codicum veritate, quam sollers emendationis diligentia procuravit, veniat ita instructus ad ambigua scripturarum discutienda atque solvenda. Ut autem signis ambiguis non decipiatur, quantum per nos instrui potest (fieri autem potest, ut istas vias, quas ostendere volumus, tamquam pueriles vel magnitudine ingenii, vel maioris illuminationis claritate derideat); sed tamen, ut coeperam dicere, quantum per nos instrui potest, qui eo loco

animi est, ut per nos instrui valeat, sciat ambiguitatem scripturae aut in verbis propriis esse, aut in
translatis: quae genera in secundo libro demonstra-
vimus. [1])

C. II. Sed quum verba propria faciunt ambiguam
scripturam, primo videndum est, ne male distinxe-
rimus, aut pronuntiaverimus. Quum ergo adhibita
intentio incertum esse perviderit, quo modo distinguendum aut quo modo pronuntiandum sit, consulat
regulam fidei, quam de scripturarum planioribus locis et ecclesiae auctoritate percepit, de qua satis
egimus, quum de rebus in primo libro loqueremur.
Quod si ambae vel etiam omnes, si plures fuerint
partes, ambiguitatem secundum fidem sonuerint,
textus ipse sermonis a praecedentibus et consequentibus partibus, quae ambiguitatem illam in medio
posuerunt, restat consulendus, ut videamus, cuinam
sententiae de pluribus quae se ostendunt ferat suf-
fragium, eamque sibi contexi patiatur. Iam nunc
exempla considera. Illa haeretica distinctio: *In
principio erat verbum* [2]), *et verbum erat apud Deum, et
Deus erat,* ut alius sensus sit, *verbum hoc erat in principio apud Deum,* non vult verbum Deum confiteri. [3])
Sed hoc regula fidei refellendum est, qua nobis de
trinitatis aequalitate praescribitur, ut dicamus: *et
Deus erat verbum;* deinde subiungamus: *hoc erat in
principio apud Deum.* Illa vero distinctionis ambiguitas neutra parte resistit fidei, et ideo textu ipso sermonis diiudicanda est, ubi ait apostolus [4]): *Et quid eligam ignoro; compellor autem ex duobus: concupiscentiam habens dissolvi, et esse cum Christo; multo enim
magis optimum; manere in carne necessarium propter
vos.* Incertum enim est, utrum: *ex duobus concupiscentiam habens,* an: *compellor autem ex duobus,* ut illud

---

1) Vid II, 10. 2) Ioh. 1, 1. s. 3) Sic interpunxit Photiaus
teste Ambrosio et Hilario. 4) Phil. 1, 22. ss.

adiungatur: *concupiscentiam habens dissolvi et esse cum Christo.* Sed quoniam ita sequitur: *multo enim magis optimum,* adparet eum eius optimi dicere se habere concupiscentiam, ut quum ex duobus compellatur, alterius tamen habeat concupiscentiam, alterius necessitatem: concupiscentiam scilicet esse cum Christo, necessitatem manere in carne. Quae ambiguitas uno consequenti verbo diiudicatur, quod positum est *enim,* quam particulam qui abstulerunt interpretes, illa potius sententia ducti sunt, ut non solum compelli ex duobus, sed etiam duorum habere concupiscentiam videretur. Sic ergo distinguendum est: *et quid eligam ignoro; compellor autem ex duobus;* quam distinctionem sequitur: *concupiscentiam habens dissolvi, et esse cum Christo.* Et tamquam quaereretur, quare huius rei potius habeat concupiscentiam: *multo enim magis optimum,* inquit. Cur ergo e duobus compellitur? Quia est manendi necessitas, quam ita subiecit: *manere in carne necessarium propter vos.* Ubi autem neque praescripto fidei, neque ipsius sermonis textu ambiguitas explicari potest, nihil obest secundum quamlibet earum, quae ostenduntur, sententiam distinguere. Veluti est illa ad Corinthios [1]): *Has ergo promissiones habentes, carissimi, mundemus nos ab omni coinquinatione carnis et spiritus, perficientes sanctificationem in timore Dei. Capite nos; nemini nocuimus.* Dubium est quippe utrum: *mundemus nos ab omni coinquinatione carnis et spiritus,* secundum illam sententiam, *ut sit sancta et corpore et spiritu* [2]); an: *mundemus nos ab omni coinquinatione carnis,* ut alius sit sensus, *et spiritus perficientes sanctificationem in timore Dei capite nos.* Tales igitur distinctionum ambiguitates in potestate legentis sunt.

C. III. Quaecumque autem de ambiguis distinctio-

---

1) 2 Cor. 7, 1. s   2) Cf. 1 Cor, 7, 34.

nibus diximus, eadem observanda sunt et in ambiguis pronuntiationibus. Nam et ipsae, nisi lectoris nimia vitientur incuria, aut regulis fidei corriguntur, aut praecedentis vel consequentis contextione sermonis; aut si neutrum horum adhibetur ad correctionem, nihilo minus dubiae remanebunt, ut quolibet modo lector pronuntiaverit, non sit in culpa. Nisi enim fides revocet, qua credimus Deum non adcusaturum adversus electos suos, et Christum non condemnaturum electos suos, potest illud sic pronuntiari: *Quis adcusabit adversus electos Dei?* ut hanc interrogationem quasi responsio subsequatur: *Deus qui iustificat;* et iterum interrogetur: *quis est qui condemnat?* et respondeatur: *Christus Iesus qui mortuus est.* [1]) Quod credere quia dementissimum est, ita pronuntiabitur, ut praecedat percontatio, sequatur interrogatio. Inter p e r c o n t a t i o n e m autem et i n t e r r o g a t i o n e m hoc veteres interesse dixerunt, quod ad percontationem multa responderi possunt, ad interrogationem vero aut: non, aut: etiam. Pronuntiabitur ergo ita, ut post percontationem qua dicimus: *quis adcusabit adversus electos Dei?* illud quod sequitur sono interrogantis enuntietur: *Deus qui iustificat?* ut tacite respondeatur: non; et item percontemur: *quis est qui condemnat?* rursusque interrogemus: *Christus Iesus qui mortuus est? magis autem qui resurrexit? qui est in dextera Dei? qui et interpellat pro nobis?* ut ubique tacite respondeatur: non. At vero illo in loco ubi ait[2]): *Quid ergo dicemus? quia gentes, quae non sectabantur iustitiam, adprehenderunt iustitiam,* nisi post percontationem qua dictum est: *quid ergo dicemus?* responsio subiiciatur: *quia gentes, quae non sectabantur iustitiam, adprehenderunt iustitiam,* textus consequens non cohaerebit. Qualibet autem voce pronuntietur illud quod Nathanael

---

1) Rom. 8, 33. s.   2) Rom. 9, 30.

dixit[1]): *A Nazareth potest aliquid boni esse*, sive adfirmantis, ut illud solum ad interrogationem pertineat quod ait: *a Nazareth;* sive totum cum dubitatione interrogantis, non video quo modo discernatur. Uterque autem sensus fidem non impedit. Est etiam ambiguitas in sono dubio syllabarum, et haec utique ad pronuntiationem pertinens. Nam quod scriptum est[2]): *Non est absconditum a te os meum, quod fecisti in abscondito,* non elucet legenti, utrum correpta litera *os* pronuntiet, an producta. Si enim corripiat, ab eo quod sunt ossa, si autem producat, ab eo quod sunt ora, intelligitur numerus singularis. Sed talia linguae praecedentis inspectione diiudicantur; nam in Graeco non στόμα, sed ὀστέον positum est. Unde plerumque loquendi consuetudo vulgaris utilior est significandis rebus, quam integritas literata. Mallem quippe cum barbarismo dici: non est absconditum a te ossum meum, quam ut ideo esset minus apertum, quia magis Latinum est. Sed aliquando dubius syllabae sonus etiam vicino verbo ad eamdem sententiam pertinente diiudicatur. Sicut est illud apostoli[3]): *Quae praedico vobis, sicut praedixi, quoniam qui talia agunt, regnum Dei non possidebunt.* Si tantummodo dixisset: *quae praedico vobis,* neque subiunxisset: *sicut praedixi,* non nisi ad codicem praecedentis linguae recurrendum esset, ut cognosceremus, utrum in eo quod dixit: *praedico,* producenda an corripienda esset media syllaba. Nunc autem manifestum est producendam esse; non enim ait: sicut praedicavi, sed: *sicut praedixi.*

C. IV. Non solum autem istae, sed etiam illae ambiguitates, quae non ad distinctionem vel ad pronuntiationem pertinent, similiter considerandae sunt: qualis illa est ad Thessalonicenses [4]): *Propterea con-*

---

1) Ioh. 1, 47.　　2) Ps. 138, 15. sec. LXX.　　3) Gal. 5, 21.
4) 1 Thess. 3, 7.

AUGUST. DOCTR. CHRIST.　　　　　　　　F

solati sumus fratres in vobis. Dubium est enim, utrum:
o fratres, an: hos fratres; neutrum autem horum est
contra fidem.   Sed Graeca lingua hos casus pares
non habet; et ideo illa inspecta renuntiatur vocati-
vus, id est, o fratres.   Quod si voluisset interpres dicere: propterea consolationem habuimus, fratres, in
vobis, minus servitum esset verbis, sed minus de sententia dubitaretur;   aut certe si adderetur: nostri,
nemo fere ambigeret vocativum esse casum, quum
audiret: propterea consolati sumus, fratres nostri,
in vobis.   Sed iam hoc periculosius permittitur.   Ita
factum est in illa ad Corinthios[1]), quum ait apostolus: *Quotidie morior, per vestram gloriam, fratres,
quam habeo in Christo Iesu.*   Ait enim quidam interpres: *quotidie morior, per vestram iuro gloriam,* quia
in Graeco vox iurantis manifesta est sine ambiguo
sono.   Rarissime igitur et difficillime inveniri potest
ambiguitas in propriis verbis, quantum ad libros divinarum scripturarum spectat, quam non aut circum-
stantia ipsa sermonis, qua cognoscitur scriptorum
intentio, aut interpretum collatio, aut praecedentis
linguae solvat inspectio.

C. V.   Sed verborum translatorum ambiguitates,
de quibus deinceps loquendum est, non mediocrem
curam industriamque desiderant.   Nam in principio
cavendum est, ne figuratam locutionem ad literam
accipias.   Et ad hoc enim pertinet, quod ait apostolus[2]): *Litera occidit, spiritus autem vivificat.*   Quum
enim figurate dictum sic accipitur, tamquam proprie
dictum sit, carnaliter sapitur.   Neque ulla mors animae congruentius adpellatur, quam quum id etiam,
quod in ea bestiis antecellit, hoc est, intelligentia,
carni subiicitur sequendo literam.   Qui enim sequitur literam, translata verba sicut propria tenet, neque illud, quod proprio verbo significatur, refert ad

---

1) 1 Cor. 15, 31.   2) 2 Cor. 3, 6.

aliam significationem: sed si sabbatum audierit, verbi gratia, non intelligit nisi unum diem de septem, qui continuo volumine repetuntur; et quum audierit sacrificium, non excedit cogitatione illud, quod fieri de victimis pecorum terrenisque fructibus solet. Ea demum est miserabilis animae servitus, signa pro rebus accipere, et supra creaturam corpoream oculum mentis ad hauriendum aeternum lumen levare non posse.

C. VI. Quae tamen servitus in Iudaeo populo longe a ceterarum gentium more distabat, quando quidem rebus temporalibus ita subiugati erant, ut unus eis in omnibus commendaretur Deus. Et quamquam signa rerum spiritalium pro ipsis rebus observarent, nescientes quo referrentur, id tamen insitum habebant, quod tali servitute uni omnium, quem non videbant, placerent Deo. Quam custodiam tamquam sub paedagogo parvulorum fuisse scribit apostolus. [1]) Et ideo qui talibus signis pertinaciter inhaeserunt, contemnentem ista Dominum, quum iam tempus revelationis eorum venisset, ferre non potuerunt; atque inde calumnias, quod sabbato curaret, moliti sunt principes eorum[2]), populusque signis illis tamquam rebus adstrictus non credebat Deum esse, vel a Deo venisse[3]), qui ea, sicut a Iudaeis observabantur, nollet adtendere. Sed qui crediderunt, ex quibus facta est prima ecclesia Ierosolymitana, satis ostenderunt, quanta utilitas fuerit eo modo sub paedagogo custodiri, ut signa, quae temporaliter imposita erant servientibus, ad unius Dei cultum, qui fecit coelum et terram, opinionem observantium religarent. Namque illi quia proximi spiritalibus fuerunt (in ipsis enim temporalibus et carnalibus votis atque signis, quamvis quo modo spiri-

---

1) Gal. 3, 24. 2) Cf. Mat. 12, 9. ss. Luc. 6, 6. ss. 13, 10. ss 14, 1. ss. Mc. 3, 1. ss. Ioh. 5, 8. ss. 3) Cf. Ioh. 10, 25. s. al.

taliter essent intelligenda nescirent, unum tamen di-
dicerant venerari aeternum Deum), tam capaces ex-
stiterunt spiritus sancti, ut omnia sua venderent,
eorumque pretium indigentibus distribuendum ante
apostolorum pedes ponerent[1]), seque totos dedica-
rent Deo tamquam templum novum, cuius terrenae
imagini, hoc est, templo veteri, serviebant. Non
enim hoc ullas ecclesias gentium fecisse scriptum
est, quia non tam prope inventi erant, qui simulacra
manu facta deos habebant.

C. VII. Et si quando aliqui eorum illa tamquam
signa interpretari conabantur, ad creaturam colendam venerandamque referebant. Quid enim mihi
prodest, simulacrum, verbi gratia, Neptuni non
ipsum habendum deum, sed eo significari universum
mare, vel etiam omnes aquas ceteras, quae fontibus
proruunt? Sicut a quodam poëta[2]) illorum describitur, si bene recolo, ita dicente:

Tu, Neptune pater, cui tempora cana crepanti
Cincta salo resonant, magnus cui perpete mento
Profluit Oceanus, et flumina crinibus errant.

Haec siliqua inter dulce tectorium sonantes lapillos
quatit. Non est autem hominum, sed porcorum cibus. Novit quid dicam, qui evangelium novit.[3])
Quid ergo mihi prodest, quod Neptuni simulacrum
ad illam significationem refertur, nisi forte ut neutrum colam? Tam enim mihi statua quaelibet, quam
mare universum, non est Deus. Fateor tamen altius
demersos esse, qui opera hominum deos putant,
quam qui opera Dei. Sed nobis unus diligendus et
colendus Deus praecipitur, qui fecit haec omnia,
quorum illi simulacra venerantur, vel tamquam deos,
vel tamquam signa et imagines deorum. Si ergo
signum utiliter institutum pro ipsa re sequi, cui signi-

---

1) Cf. Act. 4. 34. ss.   2) Claudiano.   3) Cf. Luc. 15, 16

ficandae institutum est, carnalis est servitus, quanto
magis inutilium rerum signa instituta pro rebus accipere! Quae si retuleris ad ea ipsa, quae his significantur, eisque colendis animum obligaveris, nihilo
minus servili carnalique onere atque velamine non
carebis.

C. VIII. Quam ob rem Christiana libertas eos, quos
invenit sub signis utilibus tamquam prope inventos,
interpretatis signis quibus subditi erant, elevatos ad
eas res, quarum illa signa sunt, liberavit.   Ex his
factae sunt ecclesiae sanctorum Israelitarum.   Quos
autem invenit sub signis inutilibus, non solum servi-
lem operationem sub talibus signis, sed etiam ipsa
signa frustravit removitque omnia, ut a corruptione
multitudinis simulatorum deorum, quam saepe ac
proprie scriptura fornicationem vocat[1]), ad unius
Dei cultum gentes converterentur, nec sub ipsis iam
signis utilibus servituae, sed exercitaturae potius
animum in eorum intelligentia spiritali.

C. IX.   Sub signo enim servit qui operatur aut veneratur aliquam rem significantem, nesciens quid
significet; qui vero aut operatur aut veneratur utile
signum divinitus institutum, cuius vim significatio-
nemque intelligit, non hoc veneratur quod videtur et
transit, sed illud potius quo talia cuncta referenda
sunt.   Talis autem homo spiritalis et liber est, etiam
tempore servitutis, quo carnalibus animis nondum
oportet signa illa revelari, quorum iugo edomandi
sunt.   Tales autem spiritales erant patriarchae ac
prophetae, omnesque in populo Israel, per quos nobis spiritus sanctus ipsa scripturarum et auxilia et
solatia ministravit.   Hoc vero tempore posteaquam
resurrectione Domini nostri [Iesu Christi] manife-
stissimum indicium nostrae libertatis illuxit, nec eorum quidem signorum, quae iam intelligimus, opera-

---

1) Cf. Ezech. 16. et 23. Hos. 1, 2. al. Sap. 14, 12

tione gravi onerati sumus, sed quaedam pauca pro
multis, eademque factu facillima, et intellectu augu-
stissima, et observatione castissima ipse Dominus et
apostolica tradidit disciplina, sicuti est baptismi sacramentum, et celebratio corporis et sanguinis Domini. Quae unus quisque quum percipit, quo referan-
tur imbutus agnoscit, ut ea non carnali servitute, sed
spiritali potius libertate veneretur. Ut autem literam sequi, et signa pro rebus, quae eis significantur,
accipere servilis infirmitatis est: ita inutiliter signa
interpretari male vagantis erroris est. Qui autem
non intelligit, quid significet signum, et tamen signum esse intelligit, nec ipse premitur servitute.
Melius est autem vel premi incognitis, sed utilibus
signis, quam inutiliter ea interpretando a iugo servitutis eductam cervicem laqueis erroris inserere.

C. X. Huic autem observationi, qua cavemus
figuratam locutionem, id est, translatam quasi propriam sequi, adiungenda etiam illa est, ne propriam
quasi figuratam velimus accipere. Demonstrandus
est igitur prius modus inveniendae locutionis, pro-
priane an figurata sit. Et iste omnino modus est,
ut, quidquid in sermone divino neque ad
morum honestatem, neque ad fidei veritatem proprie referri potest, figuratum esse
cognoscas. Morum honestas ad diligendum
Deum et proximum, fidei veritas ad cogno-
scendum Deum et proximum pertinet. Spes
autem sua cuique est in conscientia propria, quemadmodum se sentit ad dilectionem Dei et proximi
cognitionemque perficere. De quibus omnibus primo libro dictum est. Sed quoniam proclive est humanum genus, non ex momentis ipsius libidinis, sed
potius suae consuetudinis aestimare peccata, fit plerumque, ut quisque hominum ea tantum culpanda arbitretur, quae suae regionis et temporis homines vituperare atque damnare consueverunt, et ea tantum

probanda atque laudanda, quae consuetudo eorum, cum quibus vivit, admittit; eoque contingit, ut si quid scriptura vel praeceperit quod abhorret a consuetudine audientium, vel quod non abhorret culpaverit, si animum eorum iam verbi vinxit auctoritas, figuratam locutionem putent. Non autem praecipit scriptura nisi caritatem, nec culpat nisi cupiditatem, et eo modo informat mores hominum. Item si animum praeoccupavit alicuius erroris opinio, quidquid aliter adseruerit scriptura, figuratum homines arbitrantur. Non autem adserit nisi catholicam fidem rebus praeteritis et futuris et praesentibus. Praeteritorum narratio est futurorum praenuntiatio, praesentium demonstratio. Sed omnia haec ad eamdem caritatem nutriendam atque corroborandam, et cupiditatem vincendam atque exstinguendam valent. Caritatem voco motum animi ad fruendum Deo propter ipsum, et se atque proximo propter Deum; cupiditatem autem motum animi ad fruendum se et proximo et quolibet corpore non propter Deum. Quod autem agit indomita cupiditas ad corrumpendum animum et corpus suum flagitium vocatur; quod autem agit, ut alteri noceat, facinus dicitur. Et haec sunt duo genera omnium peccatorum; sed flagitia priora sunt. Quae quum exinaniverint animum et ad quamdam egestatem perduxerint, in facinora prosilitur, quo removeantur impedimenta flagitiorum, aut adiumenta quaerantur. Item quod agit caritas, quo sibi prosit, utilitas est; quod autem agit, ut prosit proximo, beneficentia nominatur. Et hic praecedit utilitas, quia nemo potest ex eo, quod non habet, prodesse alteri. Quanto autem magis regnum cupiditatis destruitur, tanto caritatis augetur.

C. XI. Quidquid ergo asperum et quasi saevum factu dictuque in sanctis scripturis legitur ex persona Dei vel sanctorum eius, ad cupiditatis regnum destruendum valet. Quod si perspicue sonat, non est ad aliud referendum, quasi figurate dictum sit. Sicuti est illud apostoli[1]): *Thesaurizas tibi iram in die irae et revelationis iusti iudicii Dei, qui reddet unicuique secundum opera sua: eis quidem, qui secundum sustinentiam boni operis, gloriam et honorem et incorruptionem quaerentibus, vitam aeternam; eis autem, qui ex contentione sunt et diffidunt veritati, credunt autem iniquitati, ira et indignatio! Tribulatio et angustia in omnem animam hominis operantis malum, Iudaei primum et Graeci!* Sed hoc ad eos, cum quibus evertitur ipsa cupiditas, qui eam vincere noluerunt. Quum autem in homine, cui dominabatur, regna cupiditatis subvertuntur, illa est aperta locutio[2]): *Qui autem Iesu Christi sunt, carnem suam crucifixerunt cum passionibus[3]) et concupiscentiis.* Nisi quia et hic quaedam verba translata tractantur, sicuti est: *ira Dei*, et: *crucifixerunt.* Sed non tam multa sunt vel ita posita, ut obtegant sensum, et allegoriam vel aenigma faciant, quam proprie figuratam locutionem voco. Quod autem Ieremiae dicitur[4]): *Ecce constitui te hodie super gentes et regna, ut evellas et destruas et disperdas et dissipes,* non dubium, quin figurata locutio tota sit ad eum finem referenda, quem diximus.

C. XII. Quae autem quasi flagitiosa imperitis videntur, sive tantum dicta, sive etiam facta sunt, vel ex Dei persona, vel ex hominum, quorum nobis sanctitas commendatur, tota figurata sunt, quorum ad caritatis pastum enucleanda secreta sunt. Quisquis autem rebus praetereuntibus restrictius utitur, quam sese habent mores eorum, cum quibus vivit, aut temperans aut superstitiosus est; quisquis vero sic eis

---

1) Rom. 2, 5 — 9. 2) Gal. 5, 24. 3) „Editi secundum Vulg.: *vitiis*, pro quo Mss. *passionibus*, quam vocem reddit passim August. pro Graec.: τοῖς παθήμασι." Ben. 4) Ierem. 1, 10.

utitur, ut metas consuetudinis bonorum, inter quos
versatur, excedat, aut aliquid significat aut flagitio-
sus est. In omnibus enim talibus non usus rerum,
sed libido utentis in culpa est. Neque ullo modo quisquam sobrius crediderit, Domini pedes ita
unguento pretioso a muliere perfusos [1]), ut luxurio-
sorum et nequam hominum solent, quorum talia con-
vivia detestamur. Odor enim bonus fama bona est,
quam quisquis bonae vitae operibus habuerit, dum
vestigia Christi sequitur, quasi pedes eius pretiosis-
simo odore perfundit. Ita quod in aliis personis plerumque flagitium est, in divina vel prophetica persona magnae cuiusdam rei signum est. Alia est
quippe in perditis moribus, alia in Oseae prophetae
vaticinatione coniunctio meretricis. [2]) Nec si flagi-
tiose in conviviis temulentorum et lascivorum nudan-
tur corpora, propterea in balneis nudum esse flagitium est. Quid igitur locis et temporibus personis-
que conveniat, diligenter adtendendum est, ne temere flagitia reprehendamus. Fieri enim potest, ut
sine aliquo vitio cupediae [3]) vel voracitatis pretio-
sissimo cibo sapiens utatur, insipiens autem foedis-
sima gulae flamma in vilissimum ardescat. Et sanus
quisque maluerit more Domini pisce vesci, quam
lenticula more Esau, nepotis Abraham [4]), aut hordeo
more iumentorum. Non enim propterea continen-
tiores nobis sunt pleraeque bestiae, quia vilioribus
aluntur escis. Nam in omnibus huiuscemodi rebus
non ex earum rerum natura, quibus utimur, sed ex
caussa utendi et modo adpetendi vel probandum est
vel improbandum, quod facimus. Regno terreno veteres iusti coeleste regnum imaginabantur et prae-

1) Cf. Mat. 26, 6. ss. Mc. 14, 3. ss. Ioh. 12. 3. ss. 2) Cf. Hos.
1, 2. al. 3) Editi: *cupiditatis* vel *cupidinis* (Cal.). At Mss. *cupediae* i. e. vehementioris adpetitionis ciborum delicatorum.
Cf. Cic. Tusc. 4, 11. 4) V. Luc. 24, 43. et Gen. 25, 34.

nuntiabant. Sufficiendae [1]) prolis caussa erat uxorum plurium simul uni viro habendarum inculpabilis consuetudo [2]), et ideo unam feminam maritos habere plurimos honestum non erat; non enim mulier eo est fecundior, sed meretricia potius turpitudo est, vel quaestum vel liberos vulgo quaerere. In huiuscemodi moribus quidquid illorum temporum sancti non libidinose faciebant, quamvis ea facerent, quae hoc tempore nisi per libidinem fieri non possunt, non culpat scriptura. Et quidquid ibi tale narratur, non solum historice ac proprie, sed etiam figurate ac prophetice acceptum, interpretandum est usque in finem illum caritatis sive Dei, sive proximi, sive utriusque. Sicut enim talares et manicatas tunicas habere apud Romanos veteres flagitium erat, nunc autem honesto loco natis, quum tunicati sunt, non eas habere flagitium est: sic animadvertendum est in cetero quoque usu rerum abesse oportere libidinem, quae non solum ipsa eorum, inter quos vivit, consuetudine nequiter abutitur, sed etiam saepe fines eius egressa foeditatem suam, quae intra claustra morum sollemnium latitabat, flagitiosissima eruptione manifestat.

C. XIII. Quidquid autem congruit consuetudini eorum, cum quibus vita ista degenda vel necessitate imponitur, vel officio suscipitur, a bonis et magnis hominibus ad utilitatem et beneficentiam referendum est, vel proprie, sicut et nos debemus, vel etiam figurate, sicut prophetis licet.

C. XIV. In quae facta legenda quum incurrunt inducti alterius consuetudinis, nisi auctoritate reprimantur, flagitia putant, nec possunt animadvertere totam conversationem suam, vel in coniugiis, vel in

---

1) „Mss. aliquot: *suscipiendae* (ut Cal.); alii cum editis: *sufficiendae*, quod est Virg. Georg. 3, 65. 2) Cf. Gen. 16, 1. ss. 2 Sam. 5, 13.

conviviis, vel in vestitu ceteroque humano victu atque cultu aliis gentibus et aliis temporibus flagitio-
sam videri. Qua varietate innumerabilium consue-
tudinum commoti quidam dormitantes, ut ita dicam,
qui neque alto somno stultitiae sopiebantur, nec in
sapientiae lucem poterant evigilare, putaverunt nullam esse iustitiam per se ipsam, sed unicuique genti
consuetudinem suam iustam videri; quae quum sit
diversa omnibus gentibus, debeat autem incommu-
tabilis manere iustitia, fieri manifestum, nullam us-
quam esse iustitiam. Non intellexerunt, ne multa
commemorem, *quod tibi fieri non vis, alii ne feceris* [1]),
nullo modo posse ulla eorum gentili diversitate va-
riari. Quae sententia quum refertur ad dilectionem
Dei, omnia flagitia moriuntur; quum ad proximi,
omnia facinora. Nemo enim vult corrumpere [2]) ha-
bitaculum suum; non ergo debet corrumpere habi-
taculum Dei, se ipsum scilicet. Et nemo vult sibi a
quoquam noceri; nec ipse igitur cuiquam nocuerit.

C. XV. Sic eversa tyrannide cupiditatis caritas
regnat iustissimis legibus dilectionis Dei propter
Deum, sui et proximi propter Deum. Servabitur ergo
in locutionibus figuratis regula huiusmodi, ut tam
diu versetur diligenti consideratione quod legitur,
donec ad regnum caritatis interpretatio perducatur.
Si autem hoc iam proprie sonat, nulla putetur figurata locutio.

C. XVI. Si praeceptiva locutio est aut flagitium
aut facinus vetans, aut utilitatem aut benificentiam
iubens, non est figurata. Si autem flagitium aut facinus videtur iubere, aut utilitatem aut beneficentiam
vetare, figurata est. *Nisi manducaveritis*, inquit [3]),
*carnem filii hominis, et sanguinem biberitis, non habe-
bitis vitam in vobis.* Facinus vel flagitium videtur

---

1) Cf. Tob. 4, 16. Matth. 7, 12. 2) Ita Ben. Sed Am., Er.,
Cal. et 3 codd. Lips.: *corrumpi*. 3) Iesus Christus ap. Ioh. 6, 53.

iubere; figura est ergo, praecipiens passioni Dominicae communicandum et suaviter atque utiliter re-
condendum in memoria, quod pro nobis caro eius
crucifixa et vulnerata sit. Ait scriptura [1]): *Si esurie-
rit inimicus tuus, ciba illum, si sitit, potum da illi.* Hic
nullo dubitante beneficentiam praecipit. Sed quod
sequitur: *hoc enim faciens carbones ignis congeres super caput eius*, malevolentiae facinus putes iuberi.
Ne igitur dubitaveris figurate dictum, et quum possit
dupliciter interpretari, uno modo ad nocendum, altero ad praestandum, ad beneficentiam te potius caritas revocet, ut intelligas carbones ignis esse uren-
tes poenitentiae gemitus, quibus superbia sanatur
eius, qui dolet se inimicum fuisse hominis, a quo
eius miseriae subvenitur. Item quum ait Dominus [2]):
Qui amat animam suam, perdet eam, non utilitatem
vetare putandus est, qua debet quisque conservare
animam suam, sed figurate dictum: *perdat animam*,
id est, perimat atque amittat usum eius, quem nunc
habet, perversum scilicet atque praeposterum, quo
inclinatur temporalibus, ut aeterna non quaerat.
Scriptum est [3]): *Da misericordi, et ne suscipias peccatorem.* Posterior pars huius sententiae videtur vetare beneficentiam; ait enim: *ne suscipias peccatorem*.
Intelligas ergo, figurate positum pro peccato *peccatorem*, ut peccatum eius non suscipias.

C. XVII. Saepe autem accidit, ut quisquis in meliori gradu spiritalis vitae vel est, vel esse se putat,
figurate dicta esse arbitretur, quae inferioribus gra-
dibus praecipiuntur, ut verbi gratia, si coelibem am-
plexus est vitam, et se castravit propter regnum coelorum, quidquid de uxore diligenda et regenda sancti
libri praecipiunt, non proprie, sed translate accipi
oportere contendat; et si quis statuit servare in-

---

1) Rom. 12, 20. Prov. 25, 21. s. 2) Ioh. 12, 25. cf. Mat. 10, 39.
3) Sirac. 12, 4.

nuptam virginem suam, tamquam figuratam locutionem conetur interpretari, qua dictum est[1]): *Trade
filiam, et grande opus perfeceris.* Erit igitur etiam
hoc in observationibus intelligendarum scripturarum, ut sciamus alia omnibus communiter praecipi,
alia singulis quibusque generibus personarum, ut
non solum ad universum statum valetudinis, sed
etiam ad suam cuiusque membri propriam infirmitatem medicina pertineat.[2]) In suo quippe genere curandum est, quod ad melius genus non potest erigi.

C. XVIII. Item cavendum est, ne forte, quod in
scripturis veteribus pro illorum temporum conditione, etiamsi non figurate, sed proprie intelligatur, non
est flagitium neque facinus, ad ista etiam tempora
quis putet in usum vitae posse transferri: quod nisi
dominante cupiditate et ipsarum quoque scripturarum, quibus evertenda est, satellitium quaerente non
faciet. Nec intelligit miser, ad hanc utilitatem illa
sic esse posita, ut spei bonae homines salubriter videant, et consuetudinem quam adspernabantur posse
habere usum bonum, et eam quam amplexantur esse
posse damnabilem, si et ibi caritas utentium, et hic
cupiditas adtendatur. Nam si multis uxoribus caste
uti quisquam pro tempore potuit, potest alius una
libidinose. Magis enim probo multarum fecunditate
utentem propter aliud, quam unius carne fruentem
propter ipsam. Ibi enim quaeritur utilitas temporum opportunitatibus congrua, hic satiatur cupiditas
temporalibus voluptatibus implicata. Inferiorisque
gradus ad Deum sunt, quibus secundum veniam con-
cedit apostolus[3]) carnalem cum singulis coniugibus
consuetudinem propter intemperantiam eorum, quam
illi qui plures singuli quum haberent, sicut sapiens
in cibo et potu non nisi salutem corporis, sic in con-

---

1) Sirac. 7, 25. 2) Mss. 12 Ben. et 3 Lips.. *perveniat.* 3) 1 Cor.
7, 1 ss.

cubitu non nisi procreationem filiorum intuebantur. Itaque si eos in hac vita invenisset Domini adventus, quum iam non mittendi, sed colligendi lapides tempus esset[1]), statim se ipsos castrarent propter regnum coelorum. Non enim est in carendo difficultas, nisi quum est in habendo cupiditas. Noverant quippe illi homines, etiam in ipsis coniugibus luxuriam esse abutendi intemperantiam, quod Tobiae testatur oratio, quando est copulatus uxori. Ait enim[2]): *Benedictus es, Domine Deus patrum nostrorum, et benedictum nomen tuum in omnia saecula saeculorum. Benedicant te coeli et omnis creatura tua. Tu fecisti Adam, et dedisti illi adiutorium Evam. Et nunc, Domine, tu scis, quoniam non luxuriae caussa accipio sororem meam, sed ipsa veritate, ut miserearis nostri, Domine.*

C. XIX. Sed qui effrenata libidine, vel per multa stupra diffluentes evagantur, vel in ipsa una coniuge, non solum excedunt ad liberorum procreationem pertinentem modum, sed etiam inhumanioris[3]) intemperantiae sordes inverecunda omnino licentia servilis cuiusdam libertatis adcumulant, non credunt fieri potuisse, ut temperanter multis feminis antiqui uterentur viri, nihil servantes in usu illo nisi congruum tempori propagandae prolis officium; et quod ipsi laqueis libidinis obstricti vel in una non faciunt, nullo modo in multis fieri posse arbitrantur. Sed isti possunt dicere, nec honorari quidem atque laudari oportere viros bonos et sanctos, quia ipsi, quum honorantur atque laudantur, intumescunt superbia, tanto avidiores inanissimae gloriae, quanto eos frequentius atque latius lingua blandior ventilaverit, qua ita leves fiunt, ut eos rumoris aura, sive quae prospera, sive quae adversa existimatur, in quaslibet inve-

---

1) Cf. Eccl. 3, 5. 2) Tob. 8, 5. ss. 3) Mss. 8 Ben.: *immanioris*; 3 Lips.: *inhumaniores*

hat voragines flagitiorum, aut in facinorum etiam saxa collidat. Videant ergo, quam sibi arduum sit atque difficile, nec laudis esca illici, nec contumeliarum aculeis penetrari; et non ex se alios metiantur.

C. XX. Credant potius, apostolos nostros, nec quum suspicerentur ab hominibus inflatos fuisse, nec quum despicerentur elisos. Neutra quippe tentatio defuit illis viris. Nam et credentium celebrabantur praeconio, et persequentium maledictis infamabantur. Sicut ergo isti pro tempore utebantur his omnibus, et non corrumpebantur, sic illi veteres, usum feminarum ad sui temporis convenientiam referentes, non patiebantur eam dominationem libidinis, cui serviunt qui ista non credunt. Et ideo isti sese nullo modo cohiberent ab inexpiabili odio filiorum, a quibus vel uxores vel concubinas suas adtentatas aut adtrectatas esse cognoscerent, si eis forte tale aliquid accidisset.

C. XXI. Rex autem David quum hoc ab impio atque immani filio passus esset, non solum ferocientem toleravit, sed etiam planxit exstinctum. Non enim carnali zelo irretitus tenebatur, quem nullo modo iniuriae suae, sed peccata filii commovebant. Nam ideo, si vinceretur, eum occidi prohibuerat, ut edomito servaretur poenitendi locus; et quia non potuit, non orbitatem doluit in eius interitu, sed noverat in quas poenas tam impie adultera et parricidalis anima raperetur. [1]) Namque alio prius filio, qui innocens erat, pro quo aegrotante adfligebatur, moriente laetatus est. [2]) Ex hoc maxime adparet, qua moderatione ac temperantia illi viri feminis utebantur, quod, quum in unam illicite irruisset rex idem, aestu quodam aetatis et temporalium rerum prosperitatibus abreptus, cuius etiam maritum occidendum praeceperat, adcusatus est per prophetam, qui quum ad

---

1) Cf. 2 Sam. 16, 22. 18, 5. 19, 1.   2) Cf. 2 Sam. 12, 19. ss.

eum venisset convincendum de peccato, proposuit ei similitudinem de paupere, qui habebat ovem unam, cuius vicinus, quum haberet multas, ad adventum hospitis sui unicam potius vicini sui pauperis oviculam exhibuit epulandam. In quem commotus David occidi eum iussit, et quadruplicari ovem pauperi, ut se nesciens condemnaret, qui peccaverat sciens.[1] Quod quum ei manifestatum esset, et divinitus denuntiata vindicta, diluit poenitendo peccatum. Sed tamen in hac similitudine stuprum tantummodo designatum est de ove vicini pauperis; de marito autem mulieris interemto, hoc est, de ipso paupere, qui unam habebat ovem, occiso, non est per similitudinem interrogatus David, ut in solum adulterium diceret sententiam damnationis suae. Ex quo intelligitur, quanta temperantia multas mulieres habuerit, quando de una, in qua excessit modum, a se ipso puniri coactus est. Sed in isto viro immoderatae huius libidinis non permansio, sed transitus fuit. Propterea etiam ab arguente propheta ille illicitus adpetitus hospes vocatus est. Non enim dixit, eum regi suo, sed hospiti suo vicini pauperis ovem ad epulandum exhibuisse. At vero in eius filio Salomone non quasi hospes transitum habuit, sed regnum ista libido possedit. De quo scriptura non tacuit, culpans eum fuisse amatorem mulierum; cuius tamen initia desiderio sapientiae flagraverant, quam quum amore spiritali adeptus esset, amore carnali amisit.[2]

C. XXII. Ergo quamquam omnia vel paene omnia, quae in veteris testamenti libris gesta continentur, non solum proprie, sed etiam figurate accipienda sint, tamen etiam illa, quae proprie lector acceperit, si laudati sunt illi, qui ea fecerunt, sed ea tamen abhorrent a consuetudine bonorum, qui post adventum

---

1) Cf. 2 Sam. 11, 14. ss. 12, 1. ss.   2) Cf. 1 Reg. 11, 1. s. et 2 Chron. 1, 10.

ary.

Domini divina praecepta custodiunt, figuram ad intelligentiam referat, factum vero ipsum ad mores non transferat. Multa enim sunt, quae illo tempore officiose facta sunt, quae modo nisi libidinose fieri non possunt.

C. XXIII. Si qua vero peccata magnorum virorum legerit, tametsi aliquam in eis figuram rerum futurarum animadvertere atque indagare potuerit, rei tamen gestae proprietatem ad hunc usum adsumat, ut se nequaquam recte factis suis iactare audeat, et prae sua iustitia ceteros tamquam peccatores contemnat, quum videat tantorum virorum et cavendas tempestates et flenda naufragia. Ad hoc enim etiam peccata illorum hominum scripta sunt, ut apostolica illa sententia ubique tremenda sit, qua ait[1]): *Quapropter qui videtur stare, videat ne cadat.* Nulla enim fere pagina est sanctorum librorum, in qua non sonet, quod Deus superbis resistit, humilibus autem dat gratiam.[2])

C. XXIV. Maxime itaque investigandum est, utrum propria sit an figurata locutio, quam intelligere conamur. Nam comperto quod figurata sit, adhibitis regulis rerum, quas in primo libro digessimus, facile est eam versare omnibus modis, donec perveniamus ad sententiam veritatis, praesertim quum usus accesserit pietatis exercitatione roboratus. Invenimus autem, utrum propria sit an figurata locutio, illa intuentes quae supra dicta sunt.[3])

C. XXV. Quod quum adparuerit, verba, quibus continetur, aut a similibus rebus ducta invenientur, aut ab aliqua vicinitate adtingentibus. Sed quoniam multis modis res similes rebus adparent, non putemus esse praescriptum, ut quod in aliquo loco res aliqua per similitudinem significaverit, hoc eam semper significare credamus. Nam et in vitupera-

---

1) I Cor. 10, 12. 2) Cf. Iac. 4, 6. I Petr. 5, 5. 3) Inde a c. 5. ss.

AUGUST. DOCTR. CHRIST.　　　　G

tione fermentum posuit Dominus, quum diceret[1]):
Cavete a fermento Pharisaeorum, et in laude, quum diceret[2]): *Simile est regnum coelorum mulieri, quae abscondit fermentum in tribus mensuris farinae, donec
fermentaretur totum.*[3]) Huius igitur observatio va-
rietatis duas habet formas. Sic enim aliud atque
aliud res quaeque significant, ut aut contraria, aut
tantummodo diversa significent. Contraria scilicet,
quum alias in bono, alias in malo res eadem per similitudinem ponitur, sicut hoc est quod de fermento
supra diximus. Tale est etiam quod leo significat
Christum, ubi dicitur[4]): *Vicit leo de tribu Iuda;* significat et diabolum, ubi scriptum est[5]): *Adversarius vester diabolus tamquam leo rugiens circumit, quaerens
quem devoret.* Ita serpens in bono est[6]): *astuti ut
serpentes;* in malo autem[7]): *serpens Evam seduxit in
astutia sua.* In bono panis[8]): *Ego sum panis vivus,
qui de coelo descendi;* in malo[9]): *Panes occultos libenter edite.* Sic et alia plurima. Et haec quidem, quae
commemoravi, minime dubiam significationem gerunt, quia exempli gratia commemorari non nisi manifesta debuerunt. Sunt autem quae incertum sit in
quam partem accipi debeant, sicut[10]): *Calix in manu
Domini vini meri plenus est mixto.* Incertum est enim,
utrum iram Dei significet non usque ad novissimam
poenam, id est, *usque ad faecem,* an potius gratiam
scripturarum a Iudaeis ad gentes transeuntem, quia
inclinavit ex hoc in hoc, remanentibus apud Iudaeos
observationibus, quas carnaliter sapiunt, quia *faex
eius non est exinanita.* Quum vero res eadem non in
contraria, sed tantum in diversa significatione poni-

1) Mat. 12, 6. ss. 2) Luc. 13, 21. ubi in textu Graeco: ὁμοία
ἐστὶ ζύμῃ, ἣν λαβοῦσα γυνή etc. 3) Reliquam huius libri partem
totumque librum IV. August. adiecit, quum hoc opus suo ordine
recognovisset. Cf. Retract. 2, 4. 4) Apoc. 5, 5. 5) 1 Petr. 5, 8.
6) Mat. 10, 16. 7) 2 Cor. 11, 3. 8) Ioh. 6, 51. 9) Prov. 9, 17.
sec. LXX. 10) Ps. 74, 9. sec. LXX.

tur, illud est in exemplum, quod aqua et populum significat, sicut in apocalypsi legimus[1]), et spiritum sanctum, unde est illud[2]): *Flumina aquae vivae fluent de ventre eius;* et si quid aliud atque aliud pro locis, in quibus ponitur, aqua significare intelligitur. Sic et aliae res non singulae, sed unaquaeque earum non solum duo aliqua diversa, sed etiam nonnumquam multa significat pro loco sententiae, sicut posita reperitur.

C. XXVI. Ubi autem apertius ponuntur, ibi discendum est, quo modo in locis intelligantur obscuris. Neque enim melius potest intelligi quod dictum est Deo[3]): *Adprehende arma et scutum, et exsurge in adiutorium mihi,* quam ex illo loco, ubi legitur[4]): *Domine, ut scuto bonae voluntatis tuae coronasti nos.* Nec tamen ita, ut iam, ubicumque scutum pro aliquo munimento legerimus positum, non accipiamus nisi bonam voluntatem Dei. Dictum est enim et *scutum fidei; in quo possitis,* inquit[5]), *omnes sagittas maligni ignitas exstinguere.* Nec rursum ideo debemus in armis huiuscemodi spiritalibus scuto tantummodo fidem tribuere, quum alio loco etiam lorica dicta sit fidei. *Induti,* inquit[6]), *loricam fidei et caritatis.*

C. XXVII. Quando autem ex eisdem scripturae verbis non unum aliquid, sed duo vel plura sentiuntur, etiam si latet quid senserit ille, qui scripsit, nihil periculi est, si quodlibet eorum congruere veritati ex aliis locis sanctarum scripturarum doceri potest; id tamen eo conante, qui divina scrutatur eloquia, ut ad voluntatem perveniatur auctoris, per quem scripturam illam sanctus operatus est spiritus, sive hoc adsequatur, sive aliam sententiam de illis verbis, quae fidei rectae non refragatur, exsculpat, testimonium habens a quocumque alio loco divinorum eloquiorum. Ille quippe auctor in eisdem verbis, quae

---

1) Apoc. 17, 15.　2) Ioh. 7, 38.　3) Ps. 34, 2. sec. LXX.　4) Ps. 5, 13.　5) Ephes. 6, 16.　6) I Thess. 5, 8.

G 2

intelligere volumus, et ipsam sententiam forsitan vidit, et certe Dei spiritus, qui per eum haec operatus
est, etiam ipsam occursuram lectori vel auditori sine
dubitatione praevidit, immo ut occurreret, quia et
ipsa est veritate subnixa, providit. Nam quid in divinis eloquiis largius et uberius potuit divinitus pro-
videri, quam ut eadem verba pluribus intelligantur
modis, quos alia non minus divina contestantia faciant adprobari?

C. XXVIII.   Ubi autem talis sensus eruitur, cuius
incertum certis sanctarum scripturarum testimoniis
non possit aperiri, restat ut ratione reddita manife-
stus adpareat, etiam si ille, cuius verba intelligere
quaerimus, eum forte non sensit.   Sed haec consuetudo periculosa est.   Per scripturas enim divinas
multo tutius ambulatur; quas verbis translatis opa-
catas quum scrutari volumus, aut hoc inde exeat,
quod non habeat controversiam, aut si habet, ex eadem scriptura ubicumque inventis atque adhibitis
testibus terminetur.

C. XXIX.   Sciant autem literati, modis omnibus
locutionis, quos grammatici Graeco nomine tropos
vocant, auctores nostros usos fuisse, et multiplicius
atque copiosius, quam possunt existimare vel credere, qui nesciunt eos et in aliis ista didicerunt.
Quos tamen tropos qui noverunt, agnoscunt in literis sanctis, eorumque scientia ad eas intelligendas
aliquantum adiuvantur.   Sed hic eos ignaris tradere
non decet, ne artem grammaticam docere videamur.
Extra sane ut discantur admoneo, quamvis iam superius id admonuerim, id est, in secundo libro, ubi de
linguarum necessaria cognitione disserui. [1]   Nam
literae, a quibus ipsa grammatica nomen accepit
(γράμματα enim Graeci literas vocant), signa utique
sunt sonorum ad articulatam vocem qua loquimur

---

1) V. l. II. c. II. ss.

pertinentium. Istorum autem troporum non solum
exempla, sicut omnium, sed quorumdam etiam nomina in divinis libris leguntur, sicut allegoria, aenig-
gma, parabola. Quamvis paene omnes ii tropi,
qui liberali dicuntur arte cognosci, etiam in eorum
reperiantur loquelis, qui nullos grammaticos audierunt, et eo, quo vulgus utitur, sermone contenti sunt.
Quis enim non dicit: sic floreas? Qui tropus meta-
phora vocatur. Quis non dicit piscinam etiam quae
non habet pisces, nec facta est propter pisces, et
tamen a piscibus nomen accepit? Qui tropus cata-
chresis dicitur. Longum est isto modo ceteros
persequi; nam usque ad illos pervenit vulgi locutio,
qui propterea mirabiliores sunt, quia contra quam
dicitur significant, sicuti est quae adpellatur ironia
vel antiphrasis. Sed ironia pronuntiatione indicat quid velit intelligi, uti quum dicimus homini
mala facienti: res bonas facis! Antiphrasis vero,
ut contraria significet, non voce pronuntiantis efficitur, sed aut verba habet sua, quorum origo e contrario est, sicut adpellatur lucus, quod minime luceat;
aut consuevit aliquid ita dici, quamvis dicatur etiam
non e contrario, veluti quum quaerimus accipere,
quod ibi non est, et respondetur nobis: abundat; aut
adiunctis verbis facimus, ut a contrario intelligatur
quod loquimur, veluti si dicamus: cave illum, quia
bonus homo est. Et quis talia non dicit indoctus,
nec omnino sciens, qui sint, vel quid vocentur hi
tropi? Quorum cognitio propterea scripturarum ambiguitatibus dissolvendis est necessaria, quia quum
sensus, ad proprietatem verborum si accipiatur, absurdus est, quaerendum est utique, ne forte illo vel
illo tropo dictum sit, quod non intelligimus: et sic
pleraque inventa sunt, quae latebant.

C. XXX. Tichonius quidam qui contra Donati-
stas invictissime scripsit, quum fuerit Donatista, et
illic invenitur absurdissimi cordis, ubi eos non omni

ex parte relinquere voluit, fecit librum[1]), quem regularum vocavit, quia in eo quasdam septem regulas exsecutus est, quibus quasi clavibus divinarum
scripturarum aperirentur occulta. Quarum primam
ponit de Domino et eius corpore, secundam de Domini corpore bipartito, tertiam de promissis et lege,
quartam de specie et genere, quintam de temporibus, sextam de recapitulatione, septimam de diabolo
et eius corpore. Quae quidem consideratae, sicut
ab illo aperiuntur, non parum adiuvant ad penetranda quae tecta sunt divinorum eloquiorum; nec tamen
omnia, quae ita scripta sunt, ut non facile intelligantur, possunt his regulis inveniri, sed aliis modis pluribus, quos hoc numero septenario usque adeo non
est iste complexus, ut idem ipse multa exponat obscura, in quibus harum regularum adhibet nullam,
quoniam nec opus est. Neque enim aliquid illic tale
versatur aut quaeritur. Sicut in apocalypsi Iohannis
quaerit, quemadmodum intelligendi sint angeli ecclesiarum septem, quibus scribere iubetur[2]), et ra-
tiocinatur multipliciter, et ad hoc pervenit, ut ipsos
angelos intelligamus ecclesias. In qua copiosissima
disputatione nihil istarum est regularum, et utique
res illic obscurissima quaeritur. Quod exempli gratia satis dictum sit; nam colligere omnia nimis longum et nimis operosum est, quae ita obscura sunt in
scripturis canonicis, ut nihil istarum septem ibi requirendum sit. Iste autem quum has velut regulas
commendaret, tantum eis tribuit, quasi omnia, quae
in lege, id est, in divinis libris obscure posita inve-
nerimus, his bene cognitis atque adhibitis intelligere
valeamus. Ita quippe exorsus est eumdem librum,
ut diceret: ,,Necessarium duxi ante omnia, quae mihi
videntur, libellum regularum scribere, et secre-

---

1) Exstat in biblioth. patr. tom. 15. ed. Colon. 1622, et in
tom. 6. Lugdun. 1677. Recentior ed. Ven. 1772. 2) Apoc. 1, 20.

torum legis veluti claves et luminaria fabricare. Sunt
enim quaedam regulae mysticae, quae universae legis recessus obtinent, et veritatis thesauros aliquibus invisibiles visibiles faciunt.   Quarum si ratio
regularum sine invidia, ut communicamus, accepta
fuerit, clausa quaeque patefient, et obscura dilucida-
buntur, ut quis prophetiae immensam silvam peram-
bulans, his regulis quodammodo lucis tramitibus de-
ductus ab errore defendatur." Hic si dixisset: sunt
enim quaedam regulae mysticae, quae nonnullos
legis recessus obtinent, aut certe: quae legis magnos
recessus obtinent; non autem quod ait: universae
legis recessus; neque dixisset: clausa quaeque patefient, sed: clausa multa patefient, verum dixisset, nec tam elaborato atque utili operi suo plus
quam res ipsa postulat dando, in spem falsam lectorem eius cognitoremque misisset. Quod ideo dicendum putavi, ut liber ipse et legatur a studiosis, quia
plurimum adiuvat ad scripturas intelligendas, et non
de illo speretur tantum, quantum non habet.   Caute
sane legendus est, non solum propter quaedam, in
quibus ut homo erravit, sed maxime propter illa,
quae sicut Donatista haereticus loquitur.   Quid
autem doceant vel admoneant istae septem regulae,
breviter ostendam.

C. XXXI.   Prima de Domino et eius corpore
est, in qua scientes aliquando capitis et corporis, id
est, Christi et ecclesiae unam personam nobis inti-
mari (neque enim frustra dictum est fidelibus [1]):
Ergo Abrahae semen estis, quum sit unum semen
Abrahae, quod est Christus), non haesitemus, quando
a capite ad corpus, vel a corpore transitur ad caput,
et tamen non receditur ab una eademque persona.
Una enim persona loquitur dicens [2]): *Sicut sponso*
imposuit mihi mitram, et sicut sponsam ornavit me or-

_____

1) Gal. 3, 29.   2) Ies. 61, 10. sec. LXX.

namento; et tamen quid horum duorum capiti, quid corpori, id est, quid Christo, quid ecclesiae conveniat, utique intelligendum est.

C. XXXII. Secunda de Domini corpore bipartito, quod quidem non ita debuit adpellari; non enim re vera Domini corpus est, quod cum illo non erit in aeternum; sed dicendum fuit: de Domini corpore vero atque permixto, aut: vero atque simulato, vel quid aliud, quia non solum in aeternum, verum etiam nunc hypocritae non cum illo esse dicendi sunt, quamvis in eius esse videantur ecclesia. Unde poterat ista regula et sic adpellari, ut diceretur de permixta ecclesia. Quae regula lectorem vigilantem requirit, quando scriptura, quum ad alios iam loquatur, tamquam ad eos ipsos, ad quos loquebatur, videtur loqui; vel de ipsis, quum de aliis iam loquatur, tamquam unum sit utrorumque corpus, propter temporalem commixtionem et communionem sacramentorum. Ad hoc pertinet in canticis canticorum [1]): *Fusca sum et speciosa, ut tabernacula Cedar, ut pelles Salomonis.* Non enim ait: fusca fui ut tabernacula Cedar, et speciosa sum ut pelles Salomonis, sed utrumque se esse dixit, propter temporalem unitatem intra una retia piscium bonorum et malorum. [2]) Tabernacula enim Cedar ad Ismaelem pertinent, qui non erit heres cum filio liberae. [3]) Itaque quum de bona parte Deus dicat [4]): *Ducam caecos in viam, quam non noverunt, et semitas quas non noverunt calcabunt, et faciam illis tenebras in lucem, et prava in directum; haec verba faciam, et non derelinquam eos;* mox de alia parte, quae male permixta est, dicit: *ipsi autem conversi sunt retro,* quamvis alii iam significentur his verbis. Sed quoniam nunc in uno sunt, tamquam de ipsis loquitur, de quibus loquebatur; non tamen sem-

---

1) Cant. 1, 5. 2) Cf. Matth. 13, 47. ss. 3) Cf. Gen. 21, 10. Gal. 4, 30. 4) Ies. 42, 16. et 17.

per in uno erunt. Ipse est quippe ille servus com-
memoratus in evangelio, cuius dominus quum venerit dividet eum, et partem eius cum hypocritis
ponet. [1])

C. XXXIII. Tertia regula est de promissis et
lege, quae alio modo dici potest de spiritu et
litera, sicut nos eam adpellavimus, quum de hac re
librum scriberemus. Potest etiam sic dici: de gratia
et mandato. Haec autem magis mihi videtur magna
quaestio quam regula, quae solvendis quaestionibus
adhibenda est. Haec est, quam non intelligentes
Pelagiani vel condiderunt suam haeresim, vel auxe-
runt. Laboravit in ea dissolvenda Tichonius bene,
sed non plene. Disputans enim de fide et operibus
opera nobis dixit a Deo dari merito fidei, ipsam vero
fidem sic esse a nobis, ut nobis non sit a Deo; nec
adtendit apostolum dicentem [2]): *Pax fratribus et caritas cum fide a Deo patre et domino Iesu Christo.* Sed
non erat expertus hanc haeresim, quae nostro tempore exorta multum nos, ut gratiam Dei, quae per
Dominum nostrum Iesum Christum est, adversus
eam defenderemus, exercuit, et secundum id quod
ait apostolus [3]): *Oportet haereses esse, ut probati ma-
nifesti fiant in vobis,* multo vigilantiores diligentio-
resque reddidit, ut adverteremus in scripturis sanctis, quod istum Tichonium minus adtentum minus-
que sine hoste sollicitum fugit, etiam ipsam scilicet
fidem donum illius esse, qui eius mensuram uni cuique partitur. [4]) Ex qua sententia quibusdam dictum
est [5]): *Vobis donatum est pro Christo, non solum ut in
eum credatis, verum etiam ut pro eo patiamini.* Unde
quis dubitet utrumque esse Dei donum, qui fideliter
atque intelligenter audit utrumque donatum? Plura
sunt et alia testimonia, quibus id ostenditur. Sed

---

1) Cf. Mat. 24, 50. s. 2) Eph. 6, 23. 3) 1 Cor. 11, 19. 4) Cf.
Rom. 12, 3. 5) Phil. 1, 29.

hoc nunc non agimus; alibi autem atque alibi sae-
pissime ista egimus.

C. XXXIV. Quarta Tichonii regula est de specie et genere. Sic enim eam vocat, volens intelligi
speciem partem, genus autem totum, cuius ea pars
est, quam nuncupat speciem, sicut una quaeque civitas pars est utique universitatis gentium: hanc ille
vocat speciem, genus autem omnes gentes. Neque
hic ea discernendi subtilitas adhibenda est, quae a
dialecticis traditur, qui inter partem et speciem quid
intersit acutissime disputant. Eadem ratio est, si
non de una quaque civitate, sed de una quaque pro-
vincia vel gente vel regno tale aliquid in divinis reperiatur eloquiis. Non solum enim, verbi gratia, de
Ierusalem, vel de aliqua gentium civitate, sive Tyro,
sive Babylonia, sive alia qualibet dicitur aliquid in
scripturis sanctis, quod modum eius excedat, et conveniat potius omnibus gentibus, verum etiam de Iudaea, de Aegypto, de Assyria, et quacumque alia
gente, in qua sunt plurimae civitates, non tamen totus orbis, sed pars eius est, dicitur quod transeat
eius modum, et congruat potius universo, cuius haec
pars est, vel, sicut iste adpellat, generi, cuius haec
species est. Unde et in notitiam vulgi verba ista venerunt, ut etiam idiotae intelligant, quid specialiter,
quid generaliter in quocumque praecepto imperiali
sit constitutum. Fit hoc etiam de hominibus: sicut
ea, quae de Salomone dicuntur[1]), excedunt eius modum, et potius ad Christum vel ecclesiam, cuius ille
pars est, relata clarescunt. Nec species semper ex-
ceditur; saepe enim talia dicuntur, quae vel ei quoque, vel ei fortasse tantummodo apertissime con-
gruant. Sed quum a specie transitur ad genus, quasi
adhuc de specie loquente scriptura, ibi vigilare debet
lectoris intentio, ne quaerat in specie, quod in ge-

---

1) 2 Sam. 7, 14. ss.

nere potest melius atque certius invenire. Facile
quippe est illud, quod ait propheta Ezechiel[1]): *Do-*
mus Israel habitavit in terra, et polluerunt illam in via
sua et in idolis suis et peccatis suis; secundum immun-
ditiam menstruatae facta est via eorum ante faciem
meam; et effudi iram meam super eos, et dispersi illos
inter nationes, et ventilavi eos in regiones; secundum
vias eorum et secundum peccata eorum iudicavi eos:
facile est, inquam, hoc intelligere de illa domo Israel,
de qua dicit apostolus[2]): *Videte Israel secundum car-*
nem, quia haec omnia carnalis populus Israel et fecit
et passus est. Alia etiam quae sequuntur eidem intelliguntur populo convenire. Sed quum coeperit
dicere[3]): *Et sanctificabo nomen meum sanctum illud*
magnum, quod pollutum est inter nationes, quod pol-
luistis in medio earum, et scient gentes, quia ego sum
Dominus, iam intentus debet esse qui legit, quemadmodum species excedatur et adiungatur genus. Sequitur enim et dicit: *Et dum sanctificabor in vobis*
ante oculos eorum, et accipiam vos de gentibus, et con-
gregabo vos ex omnibus terris, et inducam vos in ter-
ram vestram; et adspergam vos aqua munda, et mun-
dabimini ab omnibus simulacris vestris, et mundabo
vos; et dabo vobis cor novum, et spiritum novum dabo
in vos; et auferam cor lapideum de carne vestra, et
dabo vobis cor carneum, et spiritum meum dabo in vos;
et faciam ut in iustitiis meis ambuletis, et iudicia mea
custodiatis et faciatis; et habitabitis in terra, quam
dedi patribus vestris, et eritis mihi in populum, et ego
ero vobis in Deum; et mundabo vos ex omnibus im-
munditiis vestris. Hoc de novo testamento esse pro-
phetatum, ad quod pertinet non solum una gens illa
in reliquiis suis, de quibus alibi scriptum est[4]): *Si*
fuerit numerus filiorum Israel sicut arena maris, reli-

---

1) C. 36, 17. ss. 2) 1 Cor. 10, 18. 3) Ezech. 36, 23. ss. 4) Ies.
10, 22.

quiae salvae fient, verum etiam ceterae gentes, quae promissae sunt patribus eorum, qui etiam nostri sunt, non ambigit quisquis intuetur, et lavacrum regenerationis hic esse promissum, quod nunc videmus omnibus gentibus redditum: et illud quod ait apostolus[1]), quum novi testamenti gratiam commendaret, ut in comparatione veteris emineret: *Epistola nostra vos estis, scripta non atramento, sed spiritu Dei vivi, non in tabulis lapideis, sed in tabulis cordis carnalibus,* hinc esse respicit et perspicit ductum, ubi iste propheta dicit[2]): *Et dabo vobis cor novum, et spiritum novum dabo in vos, et auferam cor lapideum de carne vestra, et dabo vobis cor carneum.* Cor quippe carneum, unde ait apostolus: *tabulis cordis carnalibus,* a corde lapideo voluit vita sentiente discerni, et per vitam sentientem significavit intelligentem. Sic fit Israel spiritalis non unius gentis, sed omnium quae promissae sunt patribus in eorum semine, quod est Christus. Hic ergo Israel spiritalis ab illo Israele carnali, qui est unius gentis, novitate gratiae, non nobilitate patriae, et mente, non gente distinguitur: sed altitudo prophetica dum de illo vel ad illum loquitur, latenter transit ad hunc, et quum iam de isto vel ad istum loquatur, adhuc de illo vel ad illum loqui videtur, non intellectum scripturarum nobis quasi hostiliter invidens, sed exercens medicinaliter cor nostrum. Unde et illud quod ait[3]): *Et inducam vos in terram vestram,* et paulo post, tamquam id ipsum repetens: *et habitabitis,* inquit, *in terra, quam dedi patribus vestris,* non carnaliter, sicut carnalis Israel, sed spiritaliter, sicut spiritalis, debemus accipere. Ecclesia quippe sine macula et ruga ex omnibus gentibus congregata, atque in aeternum regnatura cum Christo, ipsa est terra beatorum, terra viventium[4]),

---

1) 2 Cor. 3, 2. s.   2) Ezech. 36, 26. cl. 11, 19.   3) Ezech. 36, 24. et 28.   4) Cf. Ps. 27, 13.

ipsa intelligenda est patribus data, quando eis certa et incommutabili Dei voluntate promissa est; quoniam ipsa promissionis vel praedestinationis firmitate iam data est, quae danda suo tempore a patribus credita est, sicut de ipsa gratia, quae sanctis datur, scribens ad Timotheum apostolus ait[1]): *Non secundum opera nostra, sed secundum suum propositum et gratiam, quae data est nobis in Christo Iesu ante saecula aeterna, manifestata autem nunc per adventum salvatoris nostri.* Datam dixit gratiam, quando nec erant adhuc quibus daretur, quoniam in dispositione ac praedestinatione Dei iam factum erat, quod suo tempore futurum erat, quod ipse dicit manifestatum; quamvis haec possint intelligi et de terra futuri saeculi, quando erit coelum novum et terra nova, in qua iniusti habitare non poterunt.[2]) Et ideo recte dicitur piis, quod ipsa sit terra eorum, quae ulla ex parte non erit impiorum, quia et ipsa similiter data est, quando danda firmata est.

C. XXXV. Quintam Tichonius regulam ponit, quam de temporibus adpellat, qua regula plerumque inveniri vel coniici possit latens in scripturis sanctis quantitas temporum. Duobus autem modis vigere dicit hanc regulam: aut tropo synecdoche, aut legitimis numeris. Tropus synecdoche aut a parte totum, aut a toto partem facit intelligi: sicut unus evangelista[3]) *post dies octo* factum dicit, quod alius[4]) *post dies sex,* quando in monte discipulis tantum tribus praesentibus facies Domini fulsit ut sol, et vestimenta eius sicut nix. Utrumque enim verum esse non posset, quod de numero dierum dictum est, nisi ille qui dixit: *post dies octo,* intelligatur partem novissimam diei, ex quo id Christus praedixit futurum, et partem primam diei, quo id ostendit imple-

---

1) 2 Tim. 1, 9. s.   2) Cf. Apoc. 21, 1. ss.   3) Luc. 9, 28.: ὡςεὶ ἡμέραι ὀκτώ.   4) Mat. 17, 1. (Mc. 9, 2.): μεθ᾽ ἡμέρας ἕξ.

tum, pro totis diebus duobus atque integris posuisse; is vero qui dixit: *post dies sex,* integros omnes et totos, sed solos medios computasse. Hoc modo locutionis, quo significatur a parte totum, etiam illa de resurrectione Christi solvitur quaestio. Pars enim novissima diei, quo passus est, nisi pro toto die accipiatur, id est, adiuncta etiam nocte praeterita, et nox, in cuius parte ultima resurrexit, nisi totus dies accipiatur, adiuncto scilicet die illucescente dominico, non possunt esse tres dies et tres noctes, quibus se in corde terrae praedixit futurum. [1]) Legitimos autem numeros dicit, quos eminentius divina scriptura commendat, sicut septenarium vel denarium vel duodenarium, et quicumque alii sunt, quos legendo studiosi libenter agnoscunt. Plerumque enim huiusmodi numeri pro universo tempore ponuntur; sicut: *Septies in die laudabo te,* nihil est aliud quam: *semper laus eius in ore meo.* [2]) Tantumdem valent et quum multiplicantur, sive per denarium, sicut septuaginta et septingenti, unde possunt et septuaginta anni Ieremiae pro universo tempore spiritaliter accipi, quo est apud alienos ecclesia [3]); sive per se ipsos, sicut decem per decem centum sunt, et duodecim per duodecim centum quadraginta quatuor, quo numero significatur universitas sanctorum in apocalypsi. [4]) Unde adparet, non solum temporum quaestiones istis numeris esse solvendas, sed latius patere significationes eorum, et in multa proserpere. Neque enim numerus iste in apocalypsi ad tempora pertinet, sed ad homines.

C. XXXVI. Sextam regulam Tichonius recapitulationem vocat, in obscuritate scripturarum satis vigilanter inventam. Sic enim dicuntur quaedam, quasi sequantur in ordine temporis, vel rerum conti-

---

1) Cf. v. g. Mat. 12, 40.   2) Cf. Ps. 119, 164. et 34, 2.   3) Cf. Ier. 25, 11.   4) C. 7, 4.

nuatione narrentur, quum ad priora, quae praetermissa fuerant, latenter narratio revocetur. Quod nisi ex hac regula intelligatur, erratur. Sicut in Genesi [1]): *Et plantavit*, inquit, *Dominus Deus paradisum in Eden ad orientem, et posuit ibi hominem, quem formavit; et produxit Deus adhuc de terra omne lignum speciosum, et bonum in escam*, ita videtur dictum, tamquam id factum sit, posteaquam factum posuit Deus hominem in paradiso, quum breviter utroque commemorato, id est, quod plantavit Deus paradisum, et posuit ibi hominem, quem formavit, recapitulando redeat, et dicat quod praetermiserat, quo modo scilicet paradisus fuerit plantatus, quia produxit Deus adhuc de terra omne lignum speciosum et bonum in escam. Denique secutus adiunxit: *Et lignum vitae in medio paradisi, et lignum scientiae boni et mali.* Deinde flumen, quo paradisus irrigaretur, divisum in quatuor principia fluviorum quatuor explicatur, quod totum pertinet ad institutionem paradisi. Quod ubi terminavit, repetivit illud quod iam dixerat, et re vera hoc sequebatur, atque ait [2]): *Et sumsit Deus Dominus hominem, quem finxit, et posuit eum in paradiso* etc. Post ista enim facta ibi est positus homo, sicut nunc ordo ipse demonstrat, non post hominem ibi positum facta sunt ista, sicut prius dictum putari potest, nisi recapitulatio illic vigilanter intelligatur, qua reditur ad ea, quae fuerant praetermissa. Itemque in eodem libro, quum commemorarentur generationes filiorum Noë, dictum est [3]): *Hi filii Cham in tribubus suis secundum linguas suas, in regionibus suis et in gentibus suis.* Enumeratis quoque filiis Sem dicitur [4]): *Hi filii Sem in tribubus suis secundum linguas suas, in regionibus suis et in gentibus suis.* Et adnectitur de omnibus: *Hae tribus filiorum Noë secundum generationes eorum et secundum gentes eorum.*

---

1) C. 2, 8. ss.   2) V. 15.   3) Gen. 10, 20.   4) Gen. 10, 31.

Ab his dispersae sunt insulae gentium super terram post diluvium. Et erat omnis terra labium unum, et vox una omnibus.[1]) Hoc itaque quod adiunctum est: *et erat omnis terra labium unum, et vox una omnibus,* id est, una lingua omnium, ita dictum videtur, tamquam eo iam tempore, quo dispersi fuerant super terram, etiam secundum insulas gentium, una fuerit omnibus lingua communis, quod procul dubio repugnat superioribus verbis, ubi dictum est: *in tribubus suis secundum linguas suas.* Neque enim dicerentur habuisse iam linguas suas singulae tribus, quae gentes singulas fecerant, quando erat omnibus una communis. Ac per hoc recapitulando adiunctum est: *et erat omnis terra labium unum, et vox una omnibus,* latenter narratione redeunte, ut diceretur, quo modo factum sit, ut ex una omnium lingua fuerint divisi per multas; et continuo de illa turris aedificatione narratur, ubi haec eis iudicio divino ingesta est poena superbiae, post quod factum dispersi sunt super terram secundum linguas suas. Fit ista recapitulatio etiam obscurius, sicut in evangelio Dominus dicit[2]): *Die, quo exiit Loth a Sodomis, pluit ignem de coelo, et perdidit omnes: secundum haec erit dies filii hominis, quo revelabitur. Illa hora qui erit in tecto, et vasa eius in domo, non descendat tollere illa, et qui in agro, similiter non revertatur retro: meminerit uxoris Loth.* Numquid quum Dominus fuerit revelatus, tunc sunt ista servanda, ne quisque retro respiciat, id est, vitam praeteritam, cui renuntiavit, inquirat, et non potius isto tempore, ut, quum Dominus fuerit revelatus, retributionem pro eis, quae quisque servavit vel contemsit, inveniat? Et tamen, quia dictum est: *in illa hora,* tunc putantur ista servanda, quum fuerit Dominus revelatus, nisi ad intelligendam recapitulationem sensus legentis invigilet, adiuvante alia scri-

---

1) Gen. 10, 32. 11, 1. sec. LXX.   2) Luc. 17, 29. ss.

ptura, quae ipsorum apostolorum adhuc tempore clamavit: *Filii, novissima hora est.* [1]) Tempus ergo ipsum, quo evangelium praedicatur, quo usque Dominus reveletur, hora est in qua oportet ista servari, quia et ipsa revelatio Domini ad eamdem horam pertinet, quae die iudicii terminabitur. [2])

C. XXXVII. Septima Tichonii regula est eademque postrema de diabolo et eius corpore. Est enim et ipse caput impiorum, qui sunt eius quodammodo corpus, ituri cum illo in supplicium ignis aeterni, sicut Christus caput est ecclesiae, quod est corpus eius [3]), futurum cum illo in regno et gloria sempiterna. Sicut ergo in prima regula, quam vocat de Domino et eius corpore, vigilandum est ut intelligatur, quum de una eademque persona scriptura loquitur, quid conveniat capiti, quid corpori, sic et in ista novissima aliquando in diabolum dicitur, quod non in ipso, sed potius in eius corpore possit agnosci, quod habet non solum in eis, qui manifestissime foris sunt, sed in eis etiam, qui, quum ad ipsum pertineant, tamen ad tempus miscentur ecclesiae, donec unus quisque de hac vita exeat, vel a frumento palea ventilabro ultimo separetur. [4]) Quod enim scriptum est apud Isaiam [5]): *Quo modo cecidit de coelo Lucifer mane oriens,* et cetera, quae sub figura regis Babyloniae de eadem persona, vel ad eamdem personam dicta sunt in ipsa contextione sermonis, de diabolo utique intelliguntur; et tamen quod ibi dictum est: *Contritus est in terra, qui mittit ad omnes gentes,* non totum ipsi capiti congruit. Nam etsi mittit ad omnes gentes diabolus angelos suos, tamen in terra corpus eius, non ipse conteritur, nisi quia ipse est in corpore suo, quod contritum fit ut pulvis, quem proiicit ventus a facie terrae.

---

1) 1 Ioh. 2, 18.   2) Cf. Rom. 2, 5.   3) Cf. Eph. 1, 22.   4) Cf. Mat. 3, 12.   5) C. 14, 12 sec. LXX.

Hae autem omnes regulae, excepta una, quae vocatur de promissis et lege, aliud ex alio faciunt intelligi, quod est proprium tropicae locutionis, quae
latius patet, quam ut possit, ut mihi videtur, ab aliquo universa comprehendi. Nam ubicumque velut
aliud dicitur, ut aliud intelligatur, etsi nomen ipsius
tropi in loquendi arte non invenitur, tropica locutio
est. Quae quum fit, ubi fieri solet, sine labore sequitur intellectus; quum vero, ubi non solet, laboratur
ut intelligatur, ab aliis magis, ab aliis minus, sicut
magis minusve dona Dei sunt in ingeniis hominum,
vel adiutoria tribuuntur. Proinde sicut in verbis
propriis, de quibus superius disputavimus [1]), ubi res
ut dicuntur intelligendae sunt, sic in translatis, quae
faciunt tropicas locutiones, ubi aliud ex alio intelligendum est, de quibus huc usque, quantum visum
est, satis egimus, non solum admonendi sunt studiosi venerabilium literarum, ut in scripturis sanctis
genera locutionum sciant, et quo modo apud eas aliquid dici soleat, vigilanter advertant memoriterque
retineant, verum etiam, quod est praecipuum et maxime necessarium, orent ut intelligant. In eis quippe
literis, quarum studiosi sunt, legunt [2]), *quoniam Dominus dat sapientiam, et a facie eius scientia et intellectus*, a quo et ipsum studium, si pietate praeditum
est, acceperunt. Sed haec satis etiam de signis,
quantum ad verba pertinet, dicta sint. Restat, ut de
proferendis eis, quae sentimus, sequenti volumine,
quae Dominus donaverit, disseramus.

———————

1) V. c. 2. ss   2) Prov. 2, 6.

LIBER QUARTUS.

PROLOGUS.

Hoc opus nostrum, quod inscribitur de doctrina Christiana, in duo quaedam fueram prima distributione partitus. Nam post prooemium, quo respondi eis, qui hoc fuerant reprehensuri, duae sunt res, inquam, quibus nititur omnis tractatio scripturarum: modus inveniendi quae intelligenda sunt, et modus proferendi quae intellecta sunt. De inveniendo prius, de proferendo postea disseremus. Quia ergo de inveniendo multa iam diximus, et tria de hac una parte volumina absolvimus, Domino adiuvante, de proferendo pauca dicemus, ut si fieri potuerit, uno libro cuncta claudamus, totumque hoc opus quatuor voluminibus terminetur.

C. I. Primo itaque exspectationem legentium, qui forte me putant rhetorica daturum esse praecepta, quae in scholis saecularibus et didici et docui, ista praelocutione cohibeo, atque ut a me non exspectentur admoneo; non quod nihil habeant utilitatis, sed quod si quid habent seorsum discendum est, si cui fortassis bono viro etiam haec vacat discere, non autem a me vel in hoc opere, vel in aliquo alio requirendum.

C. II. Nam quum per artem rhetoricam et vera suadeantur et falsa, quis audeat dicere, adversus mendacium in defensoribus suis inermem debere consistere veritatem, ut videlicet illi, qui res falsas persuadere conantur, noverint auditorem vel benevolum, vel intentum, vel docilem prooemio facere, isti autem non noverint? Illi falsa breviter, aperte, verisimiliter, et isti vera sic narrent, ut audire taedeat, intelligere non pateat, credere postremo non libeat? Illi fallacibus argumentis veritatem oppugnent, adserant falsitatem; isti nec vera defendere, nec falsa valeant refutare? Illi animos audientium in errorem moventes, impellentesque dicendo terreant, contristent, exhilarent, exhortentur ardenter; isti pro veritate lenti frigidique dormitent? Quis ita desipiat, ut hoc sapiat? Quum ergo sit in medio posita facultas eloquii, quae ad persuadenda seu prava seu recta valet plurimum, cur non bonorum studio comparatur, ut militet veritati, si eam mali ad obtinendas perversas vanasque caussas in usus iniquitatis et erroris usurpant?

C. III. Sed quaecumque sunt de hac re observationes atque praecepta, quibus quum accedit in verbis plurimis ornamentisque verborum exercitatioris linguae sollertissima consuetudo, fit illa quae facundia vel eloquentia nominatur, extra istas literas nostras, seposito ad hoc congruo temporis spatio, apta et convenienti aetate discenda sunt eis, qui hoc celeriter possunt. Nam et ipsos Romanae principes eloquentiae non piguit dicere, quod hanc artem, nisi quis cito possit, numquam omnino possit perdiscere. [1] Quod utrum verum sit, quid opus est quaerere? Non enim etiam si possint haec a tardioribus tandem aliquando perdisci, nos ea tanti pendimus, ut eis discendis iam maturas vel etiam graves hominum aetates velimus impendi. Satis est ut adolescentulorum ista sit cura, nec ipsorum omnium, quos utilitati ecclesiasticae cupimus erudiri, sed eorum, quos nondum magis urgens et huic rei sine dubio praeponenda necessitas occupavit; quoniam si acutum et fervens adsit ingenium, facilius adhaeret eloquentia legentibus et audientibus eloquentes, quam eloquentiae praecepta sectantibus. Nec desunt ecclesiasticae literae, etiam praeter canonem in auctoritatis arce salubriter collocatum, quas legendo homo ca-

---

1) Cf. Cic. de orat. 3, 31 al. Quinctil. inst. orat. l. I. et 2.

pax, etsi id non agat, sed tantummodo rebus quae
ibi dicuntur intentus sit, etiam eloquio quo dicuntur,
dum in his versatur, imbuitur, accedente vel maxime
exercitatione sive scribendi, sive dictandi, postremo
etiam dicendi, quae secundum pietatis ac fidei regulam sentit. Si autem tale desit ingenium, nec illa
rhetorica praecepta capiuntur, nec si magno labore
inculcata quantulacumque ex parte capiantur, aliquid prosunt: quando quidem etiam ipsi, qui ea didicerunt et copiose ornateque dicunt, non omnes ut
secundum ipsa dicant, possunt ea cogitare quum dicunt, si non de his disputant; immo vero vix ullos
eorum esse existimo, qui utrumque possint, et dicere
bene, et ad hoc faciendum praecepta illa dicendi cogitare quum dicunt. Cavendum est enim, ne fugiant
ex animo quae dicenda sunt, dum adtenditur, ut arte
dicantur. Et tamen in sermonibus atque dictionibus
eloquentium impleta reperiuntur praecepta eloquentiae, de quibus illi ut eloquerentur, vel quum eloquerentur, non cogitaverunt, sive illa didicissent,
sive ne adtigissent quidem. Implent quippe illa, quia
eloquentes sunt, non adhibent, ut sint eloquentes.
Quapropter quum ex infantibus loquentes non fiant,
nisi locutiones discendo loquentium, cur eloquentes
fieri non possint, nulla eloquendi arte tradita, sed
elocutiones eloquentium legendo et audiendo, et
quantum adsequi conceditur, imitando? Quid quod
ita fieri ipsis quoque experimur exemplis? Nam
sine praeceptis rhetoricis novimus plurimos eloquen-
tiores plurimis qui illa didicerunt; sine lectis vero et
auditis eloquentium disputationibus vel dictionibus
neminem. Nam neque ipsa arte grammatica, qua
discitur locutionis integritas, indigerent pueri, si eis
inter homines, qui integre loquerentur, crescere daretur et vivere. Nescientes quippe ulla nomina vitiorum, quidquid vitiosum cuiusquam ore loquentis au-
dirent, sana sua consuetudine reprehenderent, et

caverent, sicut rusticos urbani reprehendunt, etiam qui literas nesciunt.

C. IV. Debet igitur divinarum scripturarum tractator et doctor, defensor rectae fidei ac debellator erroris, et bona docere et mala dedocere, atque in hoc opere sermonis conciliare adversos[1]), remissos erigere, nescientibus quid agatur, quid exspectare debeant intimare. Ubi autem benevolos, intentos, dociles aut invenerit, aut ipse fecerit, cetera peragenda sunt, sicut postulat caussa. Si docendi sunt qui audiunt, narratione faciendum est, si tamen indigeat, ut res de qua agitur innotescat. Ut autem quae dubia sunt certa fiant, documentis adhibitis ratiocinandum est. Si vero qui audiunt movendi sunt potius, quam docendi, ut in eo quod iam sciunt agendo non torpeant, et rebus adsensum, quas veras esse fatentur, adcommodent, maioribus dicendi viribus opus est. Ibi obsecrationes et increpationes, concitationes et coërcitiones, et quaecumque alia valent ad commovendos animos sunt necessaria. Et haec quidem cuncta, quae dixi, omnes fere homines in eis, quae eloquendo agunt, facere non quiescunt.

C. V. Sed quum alii faciant obtuse, deformiter, frigide, alii acute, ornate, vehementer, illum ad hoc opus, unde agimus, iam oportet accedere, qui potest disputare vel dicere sapienter, etiamsi non potest eloquenter, ut prosit audientibus, etiamsi minus quam prodesset, si et eloquenter posset dicere. Qui vero adfluit insipienti eloquentia, tanto magis cavendus est, quanto magis ab eo in eis, quae audire inutile est, delectatur auditor, et eum quoniam diserte dicere audit, etiam vere dicere existimat. Haec autem sententia nec illos fugit, qui artem rhetoricam docendam putarunt; fassi sunt enim „sapientiam sine eloquentia parum prodesse civitatibus, eloquentiam

---

1) Am., Er., Cal. et 3 codd. Lips.. *aversos*

vero sine sapientia nimium obesse plerumque, prodesse numquam."[1]) Si ergo hoc illi, qui praecepta
eloquentiae tradiderunt, in eisdem libris, in quibus
id egerunt, veritate instigante coacti sunt confiteri,
veram, hoc est, supernam, quae a patre luminum
descendit, sapientiam nescientes, quanto magis nos
non aliud sentire debemus, qui huius sapientiae filii
et ministri sumus! Sapienter autem dicit homo tanto
magis vel minus, quanto in scripturis sanctis magis
minusve profecit: non dico in eis multum legendis
memoriaeque mandandis, sed bene intelligendis, et
diligenter earum sensibus indagandis. Sunt enim qui
eas legunt et negligunt: legunt ut teneant, negligunt
ne intelligant. Quibus longe sine dubio praeferendi
sunt, qui verba earum minus tenent, et cor earum
sui cordis oculis vident. Sed utrisque ille melior,
qui et quum volet eas dicit, et sicut oportet intelligit. Huic ergo qui sapienter debet dicere, etiam
quod non potest eloquenter, verba scripturarum tenere maxime necessarium est. Quanto enim se pau-
periorem cernit in suis, tanto eum oportet in istis
esse ditiorem, ut quod dixerit suis verbis, probet ex
illis, et qui propriis verbis minor erat, magnorum testimonio quodammodo crescat. Probando enim delectat, qui minus potest delectare dicendo. Porro
qui non solum sapienter, verum etiam eloquenter
vult dicere, quoniam profecto plus proderit, si utrumque potuerit, ad legendos vel audiendos et exercitatione imitandos eloquentes eum mitto libentius,
quam magistris artis rhetoricae vacare praecipio; si
tamen ei, qui leguntur et audiuntur, non solum eloquenter, sed etiam sapienter dixisse vel dicere veraci
praedicatione laudantur. Qui enim eloquenter dicunt, suaviter, qui sapienter, salubriter audiuntur.
Propter quod non ait scriptura: multitudo eloquen-

---

1) Cf. Cic. de invent. I, 1.

tium, sed: *Multitudo sapientium sanitas est orbis ter-*
rarum. [1]) Sicut autem saepe sumenda sunt et amara
salubria, ita semper vitanda est perniciosa dulcedo.
Sed salubri suavitate, vel suavi salubritate quid melius? Quanto enim magis illic adpetitur suavitas,
tanto facilius salubritas prodest. Sunt ergo ecclesiastici viri, qui divina eloquia non solum sapienter,
sed eloquenter etiam tractaverunt; quibus legendis
magis non sufficit tempus, quam deesse ipsi studentibus et vacantibus possunt.

C. VI. Hic aliquis forsitan quaerit, utrum auctores nostri, quorum scripta divinitus inspirata canonem nobis saluberrima auctoritate fecerunt, sapientes tantummodo, an eloquentes etiam nuncupandi
sint. Quae quidem quaestio apud me ipsum, et apud
eos, qui mecum quod dico sentiunt, facillime solvitur. Nam ubi eos intelligo, non solum nihil eis sapientius, verum etiam nihil eloquentius mihi videri
potest. Et audeo dicere, omnes qui recte intelligunt,
quod illi loquuntur, simul intelligere non eos aliter
loqui debuisse. Sicut est enim quaedam eloquentia
quae magis aetatem iuvenilem decet, est quae seni-
lem, nec iam dicenda est eloquentia, si personae non
congruat eloquentis: ita est quaedam, quae viros
summa auctoritate dignissimos planeque divinos decet. Hac illi locuti sunt, nec ipsos decet alia, nec
alios ipsa; ipsis enim congruit, alios autem quanto
videtur humilior, tanto altius non ventositate, sed
soliditate transcendit. Ubi vero non eos intelligo,
minus quidem mihi adparet eorum eloquentia, sed
eam tamen non dubito esse talem, qualis est ubi intelligo. Ipsa quoque obscuritas divinorum salu-
briumque dictorum tali eloquentiae miscenda fuerat,
in qua proficere noster intellectus non solum inventione, verum etiam exercitatione deberet. Possem

---

1) Sap. 6, 26.

quidem, si vacaret, omnes virtutes et ornamenta
eloquentiae, de quibus inflantur isti, qui linguam
suam nostrorum auctorum linguae non magnitudine,
sed tumore praeponunt, ostendere in istorum literis
sacris, quos nobis erudiendis, et ab hoc saeculo
pravo in beatum saeculum transferendis, providentia divina providit.   Sed non ipsa me plus quam dici
potest in illa eloquentia delectant, quae sunt his viris
cum oratoribus gentilium poëtisve communia: illud
magis admiror et stupeo, quod ista nostra eloquentia
ita usi sunt per alteram quamdam eloquentiam suam,
ut nec deesset eis, nec emineret in eis, quia eam nec
improbari ab illis, nec ostentari oportebat; quorum
alterum fieret, si vitaretur, alterum putari posset, si
facile agnosceretur. Et in quibus forte locis agnoscitur a doctis, tales res dicuntur, ut verba, quibus dicuntur, non a dicente adhibita, sed ipsis rebus velut
sponte subiuncta videantur, quasi sapientiam de domo sua, id est, pectore sapientis procedere intelligas,
et tamquam inseparabilem famulam etiam non voca-
tam sequi eloquentiam. [1])

C. VII. Quis enim non videat, quid voluerit dicere,
et quam sapienter dixerit apostolus [2]): *Gloriamur in
tribulationibus, scientes quia tribulatio patientiam operatur, patientia autem probationem, probatio vero
spem, spes autem non confundit; quia caritas Dei diffusa est in cordibus nostris per spiritum sanctum, qui
datus est nobis?* Hic si quis, ut ita dixerim, imperite
peritus artis eloquentiae praecepta apostolum secutum fuisse contendat, nonne a Christianis doctis in-
doctisque ridebitur? Et tamen agnoscitur hic figura,
quae κλίμαξ Graece, Latine vero a quibusdam est adpellata gradatio, quoniam scalam dicere noluerunt,

---

1) Eadem sententia apud Cic. orat. c. 21. „ Est eloquentiae,
sicut reliquarum rerum, fundamentum *sapientia.*" Cf. Quinct
inst. orat. prooem. §. 13.   2) Rom. 5, 3. ss.

quum verba vel sensa connectuntur alterum ex altero,
sicut hic ex tribulatione patientiam, ex patientia probationem, ex probatione spem connexam videmus.
Agnoscitur et aliud decus, quoniam post aliqua pro-
nuntiationis voce singula finita, quae nostri membra
et caesa, Graeci autem κῶλα et κόμματα vocant, sequitur ambitus sive circuitus, quem περίοδον illi adpel-
lant, cuius membra suspenduntur voce dicentis, donec
ultimo finiatur. Nam eorum, quae praecedunt circuitum, membrum illud est primum: *quoniam tribulatio
patientiam operatur;* secundum: *patientia autem probationem;* tertium: *probatio vero spem.* Deinde qui
subiungitur ipse circuitus vel tribus peragitur membris, quorum primum est: *spes autem non confundit;*
secundum: *quia caritas Dei diffusa est in cordibus nostris;* tertium: *per spiritum sanctum qui datus est nobis.* At haec atque huiuscemodi in elocutionis arte
traduntur. Sicut ergo apostolum praecepta eloquentiae secutum fuisse non dicimus, ita quod eius sapientiam secuta sit eloquentia non negamus. Scribens
ad Corinthios in secunda epistola [1]) redarguit quosdam, qui erant ex Iudaeis pseudoapostoli, eique de-
trahebant; et quoniam se ipsum praedicare compellitur, hanc sibi velut insipientiam tribuens, quam sapienter dicit quamque eloquenter! Sed comes sapientiae, dux eloquentiae, illam sequens, istam praece-
dens et sequentem non respuens: *Iterum dico,* inquit,
*ne quis me existimet insipientem esse; alioquin velut
insipientem suscipite me, ut et ego modicum quid glorier. Quod loquor, non loquor secundum Deum, sed
quasi in stultitia, in hac substantia gloriae. Quoniam
quidem multi gloriantur secundum carnem, et ego gloriabor. Libenter enim sustinetis insipientes, quum sitis
ipsi sapientes. Toleratis enim, si quis vos in servitutem redigit, si quis devorat, si quis accipit, si quis ex-*

---

1) C. 11, 16. ss.

tollitur, si quis in faciem vos caedit: secundum ignobilitatem dico, quasi nos infirmati simus.   In quo autem quis audet (in insipientia dico), audeo et ego.   Hebraei sunt? et ego.   Israelitae sunt? et ego.   Semen Abrahae sunt? et ego.   Ministri Christi sunt? (insipiens dico) super ego.[1]*)   In laboribus plurimum, in carceribus abundantius, in plagis supra modum, in mortibus saepius; a Iudaeis quinquies quadraginta una minus accepi; ter virgis caesus sum, semel lapidatus sum, ter naufragium feci, nocte et die in profundo maris fui, in itineribus saepe, periculis fluminum, periculis latronum, periculis ex genere, periculis ex gentibus, periculis in civitate, periculis in deserto, periculis in mari, periculis in falsis fratribus; in labore et aerumna, in vigiliis saepius, in fame et siti, in ieiuniis saepius, in frigore et nuditate; praeter illa quae extrinsecus sunt incursus in me quotidianus, sollicitudo omnium ecclesiarum!   Quis infirmatur, et ego non infirmor?   Quis scandalizatur, et ego non uror?   Si gloriari oportet, in eis quae infirmitatis meae sunt gloriabor.*   Quanta sapientia ista sint dicta, vigilantes vident.   Quanto vero etiam eloquentiae cucurrerint flumine, et qui stertit advertit.   Porro autem qui novit, agnoscit quod ea caesa, quae κόμματα Graeci vocant, et membra et circuitus, de quibus paullo ante disserui, quum decentissima varietate interponerentur, totam istam speciem dictionis, et quasi eius vultum, quo etiam indocti delectantur moventurque, fecerunt.   Nam unde coepimus hunc locum inserere, circuitus sunt: primus minimus, hoc est, bimembris; minus enim quam duo membra circuitus habere non possunt, plura vero possunt.   Ergo ille primus est: *iterum dico, ne quis me existimet insipientem esse.*   Sequitur alius trimem-

---

1) „Mss. 2: *plus ego.*   At alii omnes cum editis: *super ego,* Graec. ὑπὲρ ἐγώ, ubi interpres verba magis reddidit quam sententiam." Ben.

bris: *alioquin, velut insipientem suscipite me, ut et ego modicum quid glorier.* Tertius qui sequitur membra habet quatuor: *quod loquor, non loquor secundum Deum, sed quasi in stultitia, in hac substantia gloriae.* Quartus duo habet: *quando quidem multi gloriantur secundum carnem, et ego gloriabor.* Et quintus habet duo: *libenter enim sustinetis insipientes, quum sitis ipsi sapientes.* Etiam sextus bimembris est: *toleratis enim, si quis vos in servitutem redigit.* Sequuntur tria caesa: *si quis devorat, si quis accipit, si quis extollitur.* Deinde tria membra: *si quis in faciem vos caedit; secundum ignobilitatem dico, quasi nos infirmati simus.* Additur trimembris circuitus: *in quo autem quis audet (in insipientia dico), audeo et ego.* Hinc iam singulis quibusque caesis interrogando positis singula itidem caesa responsione redduntur, tria tribus: *Hebraei sunt? et ego. Israelitae sunt? et ego. Semen Abrahae sunt? et ego.* Quarto autem caeso simili interrogatione posito non alterius caesi, sed membri oppositione respondet: *ministri Christi sunt? (insipiens dico) super ego.* Iam caesa quatuor sequentia remota decentissime interrogatione funduntur: *in laboribus plurimum, in carceribus abundantius, in plagis supra modum, in mortibus saepius.* Deinde interponitur brevis circuitus, quoniam suspensa pronuntiatione distinguendum est: *a Iudaeis quinquies,* ut hoc sit unum membrum, cui connectitur alterum: *quadraginta una minus accepi.* Inde reditur ad caesa, et ponuntur tria: *ter virgis caesus sum, semel lapidatus sum, ter naufragium feci.* Sequitur membrum: *nocte ac die in profundo maris fui.* Deinde quatuordecim caesa decentissimo impetu profluunt: *in itineribus saepe, periculis fluminum, periculis latronum, periculis ex genere, periculis ex gentibus, periculis in ciritate, periculis in deserto, periculis in mari, periculis in falsis fratribus, in labore et aerumna, in vigiliis saepius, in fame et siti, in ieiuniis saepius, in frigore et nudi-*

tate. Post haec interponit trimembrem circuitum: *praeter illa quae extrinsecus sunt, incursus in me quotidianus, sollicitudo omnium ecclesiarum.* Et huic duo membra percontatione subiungit: *quis infirmatur, et ego non infirmor? quis scandalizatur, et ego non uror?* Postremo totus iste quasi anhelans locus bimembri circuitu terminatur: *si gloriari oportet, in eis quae infirmitatis meae sunt gloriabor.* Quod vero post hunc impetum interposita narratiuncula quodammodo requiescit, et requiescere facit auditorem, quid decoris, quid delectationis habeat, satis dici non potest. Sequitur enim dicens: *Deus et pater domini nostri Iesu Christi scit, qui est benedictus in saecula, quod non mentior.* Ac deinde quo modo periclitatus fuerit, et quo modo evaserit, brevissime narrat. Longum est cetera persequi, vel in aliis sanctarum scripturarum locis ista monstrare. Quid si etiam figuras locutionis, quae illa arte traduntur, in eis saltem, quae de apostoli eloquio commemoravi, ostendere voluissem? Nonne facilius graves homines me nimium, quam quisquam studiosorum sibi sufficientem putarent? Haec omnia quando a magistris docentur, pro magno habentur, magno emuntur pretio, magna iactatione venduntur. Quam iactationem etiam ego redolere vereor, dum ista sic dissero. Sed male doctis hominibus respondendum fuit, qui nostros auctores contemnendos putant, non quia non habent, sed quia non ostentant, quam nimis isti diligunt, eloquentiam. Sed forte quis putat, tamquam eloquentem nostrum elegisse me apostolum Paulum. Videtur enim ubi ait[1]): *Etsi imperitus sermone, sed non scientia,* quasi concedendo obtrectatoribus sic locutus, non tamquam id verum agnosceret confitendo. Si autem dixisset: imperitus quidem sermone,[2])

---

1) 2 Cor. 11, 6.   2) „Sic Bad., Am. et Mss. Sed Er., Lov. et Cal.: *et non addidisset: sed non* etc." Ben.

sed non scientia, nullo modo aliud posset intelligi.
Scientiam plane non cunctatus est profiteri, sine qua
esse doctor gentium non valeret. Certe si quid eius
proferimus ad exemplum eloquentiae, ex illis epistolis utique proferimus, quas etiam ipsi obtrectatores
eius, qui sermonem praesentis contemtibilem putari
volebant, graves et fortes esse confessi sunt.[1]) Dicendum ergo mihi aliquid esse video et de eloquentia prophetarum, ubi per tropologiam multa obteguntur, quae quanto magis translatis verbis videntur operiri, tanto magis, quum fuerint aperta, dulce-
scunt. Sed hoc loco tale aliquid commemorare debeo, ubi quae dicta sunt non cogar exponere, sed
commendem tantum, quo modo dicta sint. Et ex
illius prophetae libro potissimum hoc faciam, qui se
pastorem vel armentarium fuisse dicit, atque inde divinitus ablatum atque missum, ut Dei populo prophe-
taret[2]): non autem secundum septuaginta interpretes, qui etiam ipsi divino spiritu interpretati ob hoc
aliter videntur nonnulla dixisse, ut ad spiritalem sensum scrutandum magis admoneretur lectoris intentio
(unde etiam obscuriora nonnulla, quia magis tropica,
sunt eorum), sed sicut ex Hebraeo in Latinum eloquium presbytero Hieronymo utriusque linguae pe-
rito interpretante[3]) translata sunt. Quum igitur
argueret impios, superbos, luxuriosos, et fraternae
ideo negligentissimos caritatis, rusticus vel ex ru-
stico ille propheta exclamavit dicens[4]): *Vae qui*[5])
opulenti estis in Sion et confiditis in monte Samariae,
optimates, capita populorum, ingredientes pompatice
domum Israel, transite in Chalanne, et videte, et ite

---

1) Cf. 2 Cor. 10, 10. 2) Cf. Amos. 1, 1. 7, 14. s. 3) De quo
cf. Aug. epp. 71. 75. 81. 82. 4) Amos. 6, 1. ss. 5) Am., Er.,
Cal.: *vae vobis qui,* adversantibus codd. et textu Hebr. et Graeco. In Hebr. הוֹי הַשַּׁאֲנַנִּים, vae securis; ap. LXX.: οὐαὶ τοῖς
ἐξουθενοῦσι Σιών.

inde in Emath magnam, et descendite in Geth Palae-
stinorum, et ad optima quaeque regna horum, si latior
terminus eorum termino vestro est: qui separati estis
in diem malum, et adpropinquatis solio iniquitatis;
qui dormitis in lectis eburneis, et lascivitis in stratis
vestris; qui comeditis agnum de grege, et vitulos de
medio armenti; qui canitis ad vocem psalterii: sicut
David putaverunt se habere vasa cantici, bibentes in
phialis vinum, et optimo unguento delibuti; et nihil
patiebantur super contritione Ioseph. Num quidnam
isti, qui prophetas nostros tamquam ineruditos et
elocutionis ignaros veluti docti disertique contemnunt, si aliquid eis tale vel in tales dicendum fuisset, aliter se voluissent dicere, qui tamen eorum in-
sanire noluissent? Quid enim est, quod isto eloquio
aures sobriae plus desiderent? Primo ipsa invectio
quasi sopitis sensibus, ut evigilarent, quo fremitu
illisa est! *Vae qui opulenti estis in Sion, et confiditis*
in monte Samariae, optimates, capita populorum, in-
gredientes pompatice domum Israel. Deinde ut bene-
ficiis Dei, qui eis ampla spatia regni dedit, ostendat
ingratos, quoniam confidebant in monte Samariae,
ubi utique idola colebantur: *transite*, inquit, *in Cha-*
lanne, et videte, et ite inde in Emath magnam, et de-
scendite in Geth Palaestinorum, et ad optima quaeque
regna horum, si latior terminus eorum termino vestro
est. Simul etiam quum ista dicuntur, locorum nominibus tamquam luminibus ornatur eloquium, quae sunt
Sion, Samaria, Chalanne, Emath magna et *Geth Pa-*
laestinorum. Deinde verba, quae his adiunguntur
locis, decentissime variantur: *opulenti estis, confidi-*
tis, transite, ite, descendite. Consequenter denuntia-
tur futura sub iniquo rege adpropinquare captivitas,
quum adiungitur: *qui separati estis in diem malum, et*
adpropinquatis solio iniquitatis. Tunc subiiciuntur
merita luxuriae: *qui dormitis in lectis eburneis, et*
lascivitis in stratis vestris; qui comeditis agnum de

grege, et vitulos de medio armenti. Ista sex membra
tres bimembres circuitus ediderunt. Non enim ait:
qui separati estis in diem malum, qui adpropinquatis
solio iniquitatis, qui dormitis in lectis eburneis, qui
lascivitis in stratis vestris, qui comeditis agnum de
grege, et vitulos de medio armenti. Si ita diceretur,
esset quidem et hoc pulchrum, ut ab uno pronomine
repetito singula sex membra decurrerent, et pronuntiantis voce singula finirentur. Sed pulchrius factum
est, ut eidem pronomini essent bina subnexa, quae
tres sententias explicarent, unam ad captivitatis
praenuntiationem: *qui separati estis in diem malum, et
adpropinquatis solio iniquitatis;* alteram ad libidinem: *qui dormitis in lectis eburneis, et lascivitis in
stratis vestris;* ad voracitatem vero tertiam pertinentem: *qui comeditis agnum de grege, et vitulos de medio
armenti,* ut in potestate sit pronuntiantis, utrum singula finiat et membra sint sex, an primum et tertium
et quintum voce suspendat, et secundum primo, quartum tertio, sextum quinto connectendo tres bimembres circuitus decentissime faciat, unum quo calami-
tas imminens, alterum quo lectus impurus, tertium
quo prodiga mensa monstretur. Deinde luxuriosam
remordet aurium voluptatem. Ubi quum dixisset:
qui canitis ad vocem psalterii, quoniam potest exer-
ceri sapienter a sapientibus musica, mirabili decore
dicendi, invectionis impetu relaxato, et non ad illos,
sed de illis iam loquens, ut nos musicam sapientis a
musica luxuriantis distinguere commoneret, non ait:
qui canitis ad vocem psalterii, et sicut David putatis
vos habere vasa cantici; sed quum illud ad eos dixisset, quod luxuriosi audire deberent: *qui canitis ad
vocem psalterii,* imperitiam quoque eorum aliis quodammodo indicavit, adiungens: *sicut David putaverunt
se habere vasa cantici, bibentes in phialis vinum, et
optimo unguento delibuti.* Tria haec melius pronun-
tiantur, si suspensis duobus prioribus membris cir-

cuitus, tertio finiantur.   Iam vero quod his omnibus
adiicitur: *et nihil patiebantur super contritione Ioseph*,
sive continuatim dicatur, ut unum sit membrum, sive
decentius suspendatur: *et nihil patiebantur*, et post
hanc distinctionem inferatur: *super contritione Ioseph*, atque sit bimembris circuitus, miro decore non
dictum est: nihil patiebantur super contritione fratris, sed positus est pro fratre *Ioseph*, ut quicumque
frater proprio significaretur eius nomine, cuius ex
fratribus fama praeclara est, vel in malis quae pen-
dit, vel in bonis quae rependit. Iste certe tropus, ubi
Ioseph quemcumque fratrem facit intelligi, nescio
utrum illa, quam didicimus et docuimus, arte trada-
tur.   Quam sit tamen pulcher, et quemadmodum ad-
ficiat legentes atque intelligentes, non opus est cuiquam dici, si ipse non sentit. Et plura quidem, quae
pertinent ad praecepta eloquentiae, in hoc ipso loco,
quem pro exemplo posuimus, possunt reperiri.   Sed
bonum auditorem non tam, si diligenter discutiatur,
instruit, quam, si ardenter pronuntietur, accendit.
Neque enim haec humana industria composita, sed
divina mente sunt fusa et sapienter et eloquenter,
non intenta in eloquentiam sapientia, sed a sapientia
non recedente eloquentia. Si enim, sicut quidam
disertissimi atque acutissimi viri videre ac dicere
potuerunt, ea quae velut oratoria arte discuntur non
observarentur et notarentur, et in hanc doctrinam
non redigerentur, nisi prius in oratorum inveniren-
tur ingeniis; quid mirum, si et in istis inveniuntur,
quos ille misit, qui facit ingenia? Quapropter et eloquentes quidem, non solum sapientes, canonicos nostros auctores doctoresque fateamur tali eloquentia[1]), qualis personis eiusmodi congruebat.

C. VIII. Sed nos etsi de literis eorum, quae sine
difficultate intelliguntur, nonnulla sumimus elocu-

---

1) „Bad., Am., Er. et 7 Mss.: *tali eloquentia usos.*" Ben.

tionis exempla, nequaquam tamen putare debemus,
imitandos eos nobis esse in eis, quae ad exercendas
et elimandas quodammodo mentes legentium, et ad
rumpenda fastidia atque acuenda studia discere volentium, celandos quoque, sive ut ad pietatem con-
vertantur, sive ut a mysteriis secludantur, animos
impiorum utili ac salubri obscuritate dixerunt. Sic
quippe illi locuti sunt, ut posteriores, qui eos recte
intelligerent et exponerent, alteram gratiam, dispa-
rem quidem, verum tamen subsequentem in Dei ecclesia reperirent. Non ergo expositores eorum ita
loqui debent, tamquam se ipsi exponendos simili auctoritate proponant, sed in omnibus sermonibus suis
primitus ac maxime, ut intelligantur, elaborent ea
quantum possunt perspicuitate dicendi, ut aut multum tardus sit qui non intelligat, aut in rerum quas
explicare atque ostendere volumus difficultate ac
subtilitate, non in nostra locutione sit caussa, quo
minus tardiusve quod dicimus possit intelligi.

C. IX. Sunt enim quaedam, quae vi sua non intelliguntur, aut vix intelliguntur, quantolibet et
quantumlibet, quamvis planissime, dicentis versen-
tur eloquio, quae in populi audientiam vel raro, si
aliquid urget, vel numquam omnino mittenda sunt.
In libris autem, qui ita scribuntur, ut ipsi sibi quodammodo lectorem teneant, quum intelliguntur [1]),
quum autem non intelliguntur, molesti non sint nolentibus legere, et in aliquorum collocutionibus non

---

[1) ,,In prius editis: *cum intelliguntur, molesti non sint volentibus legere; cum autem non intelliguntur, molesti non sint
nolentibus legere. Et in aliquorum* etc. Hunc locum Mss. sub-
sidio liberavimus ab inepto glossemate, et prava interpunctione, quae a se invicem distrahebat partes huius propositionis: *in
libris autem — non est hoc officium deserendum.*'' Ben. Aliam
lectionem secutus est Calixt., cui adsentitur unus cod. Lips..
*quum intell., mol. non sint nolentibus l.; quum aut. non int.,
mol. non sint volentibus leg.*]

est hoc officium deserendum, ut vera, quamvis difficillima ad intelligendum, quae ipsi iam percepimus,
cum quantocumque labore disputationis ad aliorum
intelligentiam perducamus, si tenet auditorem vel
collocutorem discendi cupiditas, nec mentis capaci-
tas desit, quae quoquo modo intimata possit accipere, non curante illo qui docet, quanta eloquentia
doceat, sed quanta evidentia.

C. X. Cuius evidentiae diligens adpetitus aliquando negligit verba cultiora, nec curat, quid bene
sonet, sed quid bene indicet atque intimet quod
ostendere intendit. Unde ait quidam[1]), quum de
tali genere locutionis ageret, esse in ea „quamdam
diligentem negligentiam." Haec tamen sic detrahit
ornatum, ut sordes non contrahat; quamvis in bonis
doctoribus tanta docendi cura sit vel esse debeat, ut
verbum (quod nisi obscurum sit vel ambiguum, Latinum esse non potest, vulgi autem more sic dicitur,
ut ambiguitas obscuritasque vitetur) non sic dicatur,
ut a doctis, sed potius ut ab indoctis dici solet. Si
enim non piguit dicere interpretes nostros[2]): *Non
congregabo conventicula eorum de sanguinibus*, quoniam senserunt ad rem pertinere, ut eo loco pluraliter
enuntiaretur hoc nomen, quod in Latina lingua tantummodo singulariter dicitur; cur pietatis doctorem
pigeat imperitis loquentem, ossum potius quam os
dicere, ne ista syllaba non ab eo quod sunt ossa, sed
ab eo quod sunt ora intelligatur, ubi Afrae aures de
correptione vocalium vel productione non iudicant?
Quid enim prodest locutionis integritas,
quam non sequitur intellectus audientis,
quum loquendi omnino nulla sit caussa, si
quod loquimur non intelligunt, propter
quos ut intelligant loquimur? Qui ergo docet, vitabit omnia verba quae non docent;

_____

1) Cic. orat. c. 23, 78.   2) Ps. 15, 4. sec. LXX.

et si pro eis alia integra, quae intelligantur, potest dicere, id magis eliget; si autem non potest, sive quia non sunt, sive quia in praesentia non occurrunt, utetur etiam verbis minus integris, dum tamen res ipsa doceatur atque discatur integre. Et hoc quidem non solum in collocutionibus, sive fiant cum aliquo uno, sive cum pluribus, verum etiam multo magis in populis quando sermo promitur, ut intelligamur instandum est: quia in collocutionibus est cuique interrogandi potestas; ubi autem omnes tacent ut audiatur unus, et in eum intenta ora convertunt, ibi ut requirat quisque quod non intellexerit, nec moris est nec decoris; ac per hoc debet maxime tacenti subvenire cura dicentis. Solet autem motu suo significare utrum intellexerit cognoscendi avida multitudo; quod donec significet, versandum est quod agitur multimoda varietate dicendi, quod in potestate non habent, qui praeparata et ad verbum memoriter retenta pronuntiant. Mox autem ut intellectum esse constiterit, aut sermo finiendus, aut in alia transeundum est. Sicut enim gratus est, qui cognoscenda enubilat, sic onerosus est, qui cognita inculcat, eis dumtaxat, quorum tota exspectatio in dissolvenda eorum quae panduntur difficultate pendebat. Nam delectandi gratia etiam nota dicuntur, ubi non ipsa, sed modus quo dicuntur adtenditur. Quod si et ipse iam notus est atque auditoribus placet, paene nihil interest, utrum is qui dicit dictor vel lector sit. Solent enim et ea quae commode scripta sunt non solum ab eis, quibus primitus innotescunt, iocunde legi, verum ab eis etiam, quibus iam nota sunt, neque adhuc illa de memoria delevit oblivio, non sine iocunditate relegi, vel ab utrisque libenter audiri. Quae autem quisque iam oblitus est, quum commonetur, docetur. Sed de modo delectandi nunc non ago; de modo quo docendi sunt, qui discere desiderant, loquor. Is autem est optimus, quo fit, ut qui audit verum audiat, et quod audit intelligat. Ad quem finem quum ventum fuerit, nihil tunc amplius de ipsa re tamquam diutius docenda laborandum est, sed forte de commendanda, ut in corde figatur. Quod si faciendum videbitur, ita modeste faciendum est, ne perveniatur ad taedium.

C. XI. Prorsus haec est in docendo eloquentia, qua fit dicendo, non ut libeat quod horrebat, aut ut fiat quod pigebat, sed ut adpareat quod latebat; quod tamen si fiat insuaviter, ad paucos quidem studiosissimos suus pervenit fructus, qui ea quae discenda sunt, quamvis abiecte inculteque dicantur, scire desiderant. Quod quum adepti fuerint, ipsa delectabiliter veritate pascuntur; bonorumque ingeniorum insignis est indoles, in verbis verum amare, non verba. Quid enim prodest clavis aurea, si aperire quod volumus non potest? Aut quid obest lignea, si hoc potest, quando nihil quaerimus, nisi patere quod clausum est? Sed quoniam inter se habent nonnullam similitudinem vescentes atque discentes, propter fastidia plurimorum etiam ipsa, sine quibus vivi non potest, alimenta condienda sunt.

C. XII. Dixit ergo quidam eloquens[1]), et verum dixit, „ita dicere debere eloquentem, ut doceat, ut delectet, ut flectat." Deinde addidit: „docere necessitatis est, delectare suavitatis, flectere victoriae." Horum trium quod primo loco positum est, hoc est, docendi necessitas, in rebus est constituta, quas dicimus; reliqua duo in modo, quo dicimus. Qui ergo dicit, quum docere vult, quam diu non intelligitur, nondum se existimet dixisse quod vult ei, quem vult docere; quia etsi dixit quod ipse intelligit, nondum illi dixisse putan-

---

1) Cic. orat. c. 21.

dus est, a quo intellectus non est. Si vero intellectus
est, quocumque modo dixerit, dixit. Quod si etiam
delectare vult eum, cui dicit, aut flectere, non quocumque modo dixerit, faciet, sed interest, quo modo
dicat ut faciat. Sicut est autem ut teneatur ad audiendum delectandus auditor, ita flectendus, ut moveatur
ad agendum. Et sicut delectatur, si suaviter loqua-
ris, ita flectitur, si amet quod polliceris, timeat quod
minaris, oderit quod arguis, quod commendas am-
plectatur, quod dolendum exaggeras doleat, quum
quid laetandum praedicas gaudeat, misereatur eorum, quos miserandos ante oculos dicendo constituis,
fugiat eos, quos cavendos terrendo proponis, et quidquid aliud grandi eloquentia fieri potest ad commovendos animos auditorum, non quid agendum sit ut
sciant, sed ut agant quod agendum esse iam sciunt.
Si autem adhuc nesciunt, prius utique docendi sunt
quam movendi. Et fortasse rebus ipsis cognitis ita
movebuntur, ut eos non opus sit maioribus eloquentiae viribus iam moveri. Quod tamen quum opus
est, faciendum est. Tunc autem opus est, quando,
quum scierint quid agendum sit, non agunt. Ac per
hoc docere necessitatis est. Possunt enim homines
et agere et non agere quod sciunt. Quis autem dixerit eos agere debere quod nesciunt? Et ideo flectere necessitatis non est, quia non semper opus est,
si tantum docenti vel etiam delectanti consentit auditor. Ideo autem victoriae est flectere, quia fieri
potest, ut doceatur et delectetur, et non adsentiatur.
Quid autem illa duo proderunt, si desit hoc tertium?
Sed neque delectare necessitatis est, quando quidem
quum dicendo vera monstrantur, quod ad officium docendi pertinet, non eloquio agitur, neque hoc adtenditur, ut vel ipsa, vel ipsum delectet eloquium, sed
per se ipsa, quoniam vera sunt, manifestata delectant. Unde plerumque delectant etiam falsa pate-
facta atque convicta. Neque enim delectant, quia

falsa sunt, sed quia falsa esse verum est, delectat et dictio, qua hoc verum esse monstratum est.

C. XIII. Propter eos autem, quibus fastidientibus non placet veritas, si alio quocumque modo nisi eo modo dicatur, ut placeat et sermo dicentis, datus est in eloquentia non parvus etiam delectationi locus. Quae tamen addita non sufficit duris, quos nec intellexisse, nec docentis elocutione delectatos esse profuerit. Quid enim haec duo conferunt homini, qui et confitetur verum, et collaudat eloquium, nec inclinat adsensum, propter quem solum, quum aliquid suadetur, rebus quae dicuntur invigilat dicentis intentio? Si enim talia docentur, quae credere vel nosse sufficiat, nihil est aliud eis consentire, nisi confiteri vera esse. Quum vero id docetur quod agendum est, et ideo docetur ut agatur, frustra persuadetur verum esse quod dicitur, frustra placet modus ipse, quo dicitur, si non ita discitur ut agatur. Oportet igitur eloquentem ecclesiasticum, quando suadet aliquid quod agendum est, non solum docere ut instruat, et delectare ut teneat, verum etiam flectere ut vincat. Ipse quippe iam remanet ad consensionem flectendus eloquentiae granditate, in quo id non egit usque ad eius confessionem demonstrata veritas, adiuncta etiam suavitate dictionis.

C. XIV. Cui suavitati tantum operae impensum est ab hominibus, ut non solum non facienda, verum etiam fugienda ac detestanda tot et tanta mala atque turpia, quae malis et turpibus disertissime persuasa sunt, non ut eis consentiatur, sed sola delectationis gratia lectitentur. Avertat autem Deus ab ecclesia sua quod de synagoga Iudaeorum Ieremias propheta commemorat dicens [1]): *Pavor et horrenda facta sunt super terram: prophetae prophetabant iniqua, et sa-*

---

1) C. 5, 30. s.

cerdotes plausum dederunt manibus suis, et plebs mea dilexit sic. Et quid facietis in futurum? O eloquentia tanto terribilior, quanto purior, et quanto solidior, tanto vehementior! O vere securis concidens petras! Huic enim rei simile esse verbum suum, quod per sanctos prophetas fecit, per hunc ipsum prophetam Deus ipse dixit. [1]) Absit itaque, absit a nobis, ut sacerdotes plaudant iniqua dicentibus, et plebs Dei diligat sic. Absit a nobis, inquam, tanta dementia! Nam quid faciemus in futurum? Et certe minus intelligantur, minus placeant, minus moveant quae dicuntur; verum [2]) tamen dicantur, et iusta, non iniqua libenter audiantur. Quod utique non fieret, nisi suaviter dicerentur. In populo autem gravi, de quo dictum est Deo [3]): *In populo gravi laudabo te,* nec illa suavitas delectabilis est, qua non quidem iniqua dicuntur, sed exigua et fragilia bona spumeo verborum ambitu ornantur, quali nec magna atque stabilia decenter et graviter ornarentur. Et tale aliquid in epistola beatissimi Cypriani, quod ideo puto vel accidisse, vel consulto factum esse, ut sciretur a posteris, quam linguam doctrinae Christianae sanitas ab ista redundantia revocaverit, et eloquentiam graviorem modestioremque restrinxerit, qualis in eius consequentibus literis secure amatur, religiose adpetitur, sed difficillime impletur. Ait ergo quodam loco [4]): „Petamus hanc sedem; dant secessum vicina secreta, ubi dum erratici palmitum lapsus pendulis nexibus per arundines baiulas repunt, viteam porticum frondea tecta fecerunt." Non dicuntur ista nisi mirabiliter adfluentissima fecunditate facundiae, sed profusione nimia gravitati displicent. Qui vero haec amant, profecto eos, qui non ita di-

---

1) Cf. Ierem. 23, 29. 2) „Sic Mss. melioris notae. At editi: *vera tamen dicantur.*" Ben. 3) Ps. 34, 18. sec. LXX. 4) Cypr. ad Donat. ep. 1.

cunt, sed castigatius eloquuntur, non posse ita eloqui existimant, non iudicio ista devitare. Quapropter
iste vir sanctus et posse se ostendit sic dicere, quia
dixit alicubi, et nolle, quoniam postmodum nusquam.

C. XV.   Agit itaque noster iste eloquens, quum et
iusta et sancta et bona dicit (neque enim alia debet
dicere); agit ergo quantum potest quum ista dicit,
ut intelligenter, ut libenter, ut obedienter audiatur:
et haec se posse, si potuerit, et in quantum potuerit,
pietate magis orationum, quam oratorum facultate
non dubitet, ut orando pro se, ac pro illis,
quos est adlocuturus, sit orator ante quam
dictor.   Ipsa hora iam ut dicat accedens,
prius quam exserat proferentem linguam,
ad Deum levet animam sitientem, ut eructet
quod biberit, vel quod impleverit fundat. Quum enim
de una quaque re, quae secundum fidem dilectionemque [1]) tractanda sunt, multa sint quae dicantur, et
multi modi quibus dicantur ab eis, qui haec sciunt,
quis novit quid ad praesens tempus, vel nobis dicere,
vel per nos expediat audiri, nisi qui corda omnium
videt? Et quis facit, ut quod oportet, et quemadmodum oportet dicatur a nobis, nisi in
cuius manu sunt et nos et sermones nostri?[2]) Ac per hoc discat quidem omnia quae
docenda sunt qui et nosse vult et docere,
facultatemque dicendi, ut decet virum ecclesiasticum, comparet. Ad horam vero ipsius
dictionis illud potius bonae menti cogitet convenire,
quod Dominus ait[3]): *Nolite cogitare, quo modo aut
quid loquamini; dabitur enim vobis in illa hora quid
loquamini; non enim vos estis qui loquimini, sed spiritus patris vestri, qui loquitur in vobis.* Sic ergo loquitur in eis spiritus sanctus, qui persequentibus tra-

1) „Editi (et codd. Lips.): *delectationemque.* Mss. potiores:
dilectionemque." Ben.   2) Cf. Sap. 7, 16.   3) Matth. 10, 19. s.

duntur proChristo, cur non in eis, qui tradunt discentibus Christum?

C. XVI. Quisquis autem dicit, non esse hominibus praecipiendum quid vel quemadmodum doceant, si doctores sanctus efficit spiritus, potest dicere, nec orandum nobis esse, quia Dominus ait[1]): *Scit pater vester quid vobis necessarium sit prius quam petatis ab eo;* aut apostolum Paulum Timotheo et Tito non debuisse praecipere, quid vel quemadmodum praeciperent aliis. Quas tres apostolicas epistolas ante oculos habere debet, cui est in ecclesia doctoris persona imposita. Nonne in prima ad Timotheum legitur[2]): *Adnuntia haec et doce?* Quae autem sint, supra dictum est. Nonne ibi est[3]): *Seniorem ne increpaveris, sed obsecra ut patrem?* Nonne in secunda ei dicitur[4]): *Formam habe verborum sanorum, quae a me audisti?* Nonne ibi ei dicitur[5]): *Satis age, te ipsum probabilem operarium exhibens Deo non erubescentem, verbum veritatis recte tractantem?* Ibi est et illud[6]): *Praedica verbum, insta opportune, importune, argue, obsecra, increpa in omni longanimitate et doctrina.* Itemque ad Titum nonne dicit[7]) episcopum *iuxta doctrinam fidelis verbi perseverantem* esse debere, *ut potens sit in doctrina sana, et contradicentes redarguere?* Ibi etiam dicit[8]): *Tu vero loquere quae decent sanam doctrinam, senes sobrios esse, et quae sequuntur.* Ibi et illud[9]): *Haec loquere et exhortare, et increpa cum omni imperio. Nemo te contemnat. Admone illos principibus et potestatibus subditos esse,* et cetera. Quid ergo putamus? Numquid contra se ipsum sentit apostolus, qui, quum dicat doctores operatione fieri spirirus sancti, ipse illis praecipit quid et quemadmodum doceant? An intelligendum est, et hominum officia ipso sancto spiritu

---

1) Matth. 6, 8.   2) C. 4, 11.   3) 1 Tim. 5, 1.   4) C. 1, 13.
5) 2 Tim. 2, 15.   6) 2 Tim. 4, 2.   7) C. 1, 9.   8) C. 2, 1. s.
9) C. 2, 15. 3, 1.

largiente in docendis etiam ipsis doctoribus non debere cessare; et tamen neque qui plantat esse aliquid, neque qui rigat, sed Deum qui incrementum dat![1]) Unde ipsis quoque ministris sanctis hominibus, vel etiam sanctis angelis operantibus nemo recte discit, quae pertinent ad vivendum cum Deo, nisi fiat a Deo docilis Deo, cui dicitur in psalmo[2]): *Doce me facere voluntatem tuam, quoniam tu es Deus meus.* Unde et ipsi Timotheo idem dicit apostolus, loquens utique ad discipulum doctor[3]): *Tu autem persevera in eis, quae didicisti et credita sunt tibi, sciens a quo didiceris.* Sicut enim corporis medicamenta, quae hominibus ab hominibus adhibentur, non nisi eis prosunt, quibus Deus operatur salutem, qui et sine illis mederi potest, quum sine ipso illa non possint, et tamen adhibentur, et si hoc officiose fiat, inter opera misericordiae vel beneficentiae deputatur: ita et adiumenta doctrinae tunc prosunt animae adhibita per hominem, quum Deus operatur ut prosint, qui potuit evangelium dare homini etiam non ab hominibus, neque per hominem.

C. XVII. Qui ergo nititur dicendo persuadere quod bonum est, nihil horum trium spernens, ut scilicet doceat, ut delectet, ut flectat, oret atque agat, ut, quemadmodum supra diximus[4]), intelligenter, libenter obedienterque audiatur. Quod quum apte et convenienter facit, non immerito eloquens dici potest, etsi non eum sequatur auditoris adsensus. Ad haec enim tria, id est, ut doceat, ut delectet, ut flectat, etiam tria illa videtur pertinere voluisse idem ipse Romani auctor eloquii, quum itidem dixit[5]): „Is igitur erit eloquens, qui poterit

1) Cf. 1 Cor. 3, 7. 2) Ps. 143, 10. 3) 2 Tim. 3, 14. 4) C. 15. 5) Cic. orat. c. 29. cl. 21.

parva submisse, modica temperate, magna granditer dicere," tamquam si adderet illa etiam tria, et sic explicaret unam eamdemque sententiam dicens: is erit igitur eloquens, qui ut doceat poterit parva submisse, ut delectet modica temperate, ut flectat magna granditer dicere.

C. XVIII. Haec autem tria ille, sicut ab eo dicta sunt, in caussis forensibus posset ostendere; non autem hic, hoc est, in ecclesiasticis quaestionibus, in quibus huiusmodi, quem volumus informare, sermo versatur. In illis enim ea parva dicuntur, ubi de rebus pecuniariis iudicandum est; ea magna, ubi de salute ac de capite hominum. Ea vero, ubi nihil horum iudicandum est, nihilque agitur, ut agat sive decernat, sed tantummodo ut delectetur auditor, inter utrumque quasi media, et ab hoc modica, hoc est moderata dixerunt. Modicis enim modus nomen imposuit; nam modica pro parvis abusive, non proprie dicimus. In istis autem nostris, quando quidem omnia, maxime quae de loco superiore populis dicimus, ad hominum salutem, nec temporariam, sed aeternam referre debemus, ubi etiam cavendus est aeternus interitus, omnia magna sunt quae dicimus; usque adeo ut nec de ipsis pecuniariis rebus, vel adquirendis vel amittendis, parva videri debeant, quae doctor ecclesiasticus dicit, sive sit illa magna, sive parva pecunia. Neque enim parva est iustitia, quam profecto et in parva pecunia custodire debemus, dicente Domino [1]): *Qui in minimo fidelis est, et in magno fidelis est.* Quod ergo minimum est, minimum est; sed in minimo fidelem esse magnum est. Nam sicut ratio rotunditatis, id est, ut a puncto medio omnes lineae pares in extrema ducantur, eadem est in magno disco, quae in nummulo exiguo: ita ubi parva iuste geruntur, non minuitur iustitiae magni-

---

1) Luc. 16, 10.

tudo.   De iudiciis denique saecularibus, (quibus utique nisi pecuniariis?) quum loqueretur apostolus [1]):
Audet quisquam vestrum, inquit, *adversus alterum habens negotium, iudicari ab iniquis, et non apud sanctos? An nescitis, quia sancti mundum iudicabunt? Et
si in vobis iudicabitur mundus, indigni estis qui de minimis iudicetis? Nescitis, quia angelos iudicabimus, nedum saecularia? Saecularia igitur iudicia si habueritis, eos qui contemtibiles sunt in ecclesia, hos collocate.* [2])   *Ad reverentiam vobis dico.   Sic non est inter
vos quisquam sapiens, qui possit inter fratrem suum
iudicare? Sed frater cum fratre iudicatur, et hoc apud
infideles! Iam quidem omnino delictum est, quia iudicia habetis vobiscum.   Quare non magis iniquitatem
patimini? Quare non potius fraudamini? Sed vos iniquitatem facitis, et fraudatis, et hoc fratres! An nescitis, quia iniusti regnum Dei non hereditabunt?* Quid
est quod sic indignatur apostolus, sic corripit, sic
exprobrat, sic increpat, sic minatur? Quid est quod
sui animi adfectum tam crebra et tam aspera vocis
mutatione testatur? Quid est postremo quod de rebus minimis tam granditer dicit? Tantumne de illo
negotia saecularia meruerunt? Absit.   Sed hoc facit
propter iustitiam, caritatem, pietatem, quae, nulla
sobria mente dubitante, etiam in rebus quamlibet
parvulis magna sunt.   Sane si moneremus homines,
quemadmodum ipsa negotia saecularia vel pro se vel
pro suis apud ecclesiasticos iudices agere deberent,
recte admoneremus, ut agerent tamquam parva submisse.   Quum vero de illius viri disseramus eloquio,
quem volumus earum rerum esse doctorem, quibus
liberamur ab aeternis malis, atque ad aeterna pervenimus bona, ubicumque agantur haec, sive ad popu-

---

1) 1 Cor. 6, 1. ss.   2) Sic Mss. omnes secundum textum Grae-
cum: τούτους καθίζετε. Ben. al. ex Vulg.: *constituite ad iudicandum.*

lum, sive privatim, sive ad unum, sive ad plures, sive
ad amicos, sive ad inimicos, sive in perpetua dictio-
ne, sive in collocutione, sive in tractatibus, sive in
libris, sive in epistolis vel longissimis vel brevissi-
mis, magna sunt: nisi forte quoniam calix aquae fri-
gidae res minima atque vilissima est, ideo minimum
aliquid atque vilissimum Dominus ait, quod eum qui
dederit discipulo eius, non perdet mercedem suam. [1])
Aut vero quando iste doctor in ecclesia facit inde
sermonem, parvum aliquid debet existimare se dicere, et ideo non temperate, non granditer, sed submisse sibi esse dicendum. Nonne quando accidit, ut
de hac re loqueremur ad populum, et Deus adfuit, ut
non incongrue diceremus, tamquam de illa aqua frigida quaedam flamma surrexit [2]), quae etiam frigida
hominum pectora ad misericordiae opera facienda
spe coelestis mercedis accenderet?

C. XIX. Et tamen quum doctor iste debeat rerum
dictor esse magnarum, non semper eas debet granditer dicere, sed submisse, quum aliquid docetur,
temperate, quum aliquid vituperatur sive laudatur.
Quum vero aliquid agendum est, et ad eos loquimur,
qui hoc agere debent, nec tamen volunt, tunc ea,
quae magna sunt, dicenda sunt granditer, et ad flectendos animos congruenter. Et aliquando de una
eademque re magna et submisse dicitur, si docetur,
et temperate, si praedicatur, et granditer, si aversus
inde animus ut convertatur impellitur. Quid enim
Deo ipso maius est? Numquid ideo non discitur? [3])
Aut qui docet unitatem trinitatis, debet nisi submissa
disputatione agere, ut res ad dignoscendum difficilis,
quantum datur, possit intelligi? Numquid hic ornamenta, et non documenta quaeruntur? Numquid ut
aliquid agat est flectendus auditor, et non potius ut

---

1) Cf. Mat. 10, 42. 2) Cf. 2 Macc. 1, 22. ss. 3) Am., Cal., al.:
dicitur. Sed Mss., Er., Ben.: *discitur.*

discat instruendus? Porro quum laudatur Deus sive
de se ipso, sive de operibus suis, quanta facies pul-
chrae ac splendidae dictionis oboritur ei, qui potest
quantum potest laudare, quem nemo convenienter laudat, nemo quomodocumque non laudat! At si non colatur, aut cum illo aut etiam prae
illo colantur idola, sive daemonia, sive quaecumque
creatura, quantum hoc malum sit, atque ut ab hoc
malo avertantur homines, debet utique granditer dici.

C. XX. Submissae dictionis exemplum est
apud apostolum Paulum, ut planius aliquid commemorem, ubi ait[1]): *Dicite mihi, sub lege volentes esse,
legem non audistis? Scriptum est enim, quod Abraham
duos filios habuit, unum de ancilla, et unum de libera.
Sed ille, qui de ancilla, secundum carnem natus est; qui
autem de libera, per repromissionem. Quae sunt in allegoria.   Haec enim sunt duo testamenta: unum quidem a monte Sina in servitutem generans, quae est
Agar.   Sina enim mons est in Arabia, qui coniunctus
est[2]) huic, quae nunc est Ierusalem, et servit cum filiis
suis.   Quae autem sursum est Ierusalem, libera est,
quae est mater nostra*, et cetera. Itemque ubi ratio-
cinatur et dicit[3]): *Fratres, secundum hominem dico:
tamen hominis confirmatum testamentum nemo irri-
tum facit, aut super ordinat. Abrahae dictae sunt
promissiones, et semini eius. Non dicit: „et semini-
bus“, tamquam in multis, sed tamquam in uno: „et semini tuo“, quod est Christus. Hoc autem dico: testamentum confirmatum a Deo, quae post quadringentos
et triginta annos facta est lex, non infirmat ad eva-
cuandas promissiones. Si enim ex lege hereditas, iam
non ex promissione. Abrahae autem per repromissionem donavit Deus.* Et quia occurrere poterat audientis cogitationi: ut quid ergo lex data est, si ex

---

1) Gal. 4, 21. ss.   2) „In Mss. fere omnibus: *quae coniuncta
est.*“ Ben.   3) Gal. 3, 15. ss.

illa non est hereditas? ipse sibi hoc obiecit, atque ait velut interrogans: *Quid ergo lex?* Deinde respondit: *Transgressionis gratia proposita est, donec veniret semen, cui promissum est, disposita* [1]) *per angelos in manu mediatoris. Mediator autem unius non est; Deus vero unus est.* Et hic occurrebat, quod sibi ipse proposuit: *Lex ergo adversus promissa Dei?* Et respondit: *Absit.* Reddiditque rationem dicens: *Si enim data esset lex, quae posset vivificare, omnino ex lege esset iustitia. Sed conclusit scriptura omnia sub peccato, ut promissio ex fide Iesu Christi daretur credentibus,* et cetera, vel si quid eiusmodi est. Pertinet ergo ad docendi curam non solum aperire clausa, et nodos solvere quaestionum, sed etiam, dum hoc agitur, aliis quaestionibus, quae fortassis inciderint, ne id quod dicimus improbetur per illas, aut refellatur, occurrere: si tamen et ipsa earum solutio pariter occurrerit, ne moveamus quod auferre non possumus. Fit autem ut quum incidentes quaestioni aliae quaestiones, et aliae rursus incidentibus incidentes pertractantur atque solvuntur, in eam longitudinem ratiocinationis extendatur intentio, ut nisi memoria plurimum valeat atque vigeat, ad caput unde agebatur disputator redire non possit. Valde autem bonum est, ut quidquid contra dici potest, si occurrerit, refutetur, ne ibi occurrat, ubi non erit qui respondeat, aut praesenti quidem, sed tacenti occurrat, et minus sanatus abscedat. In illis autem apostolicis verbis dictio temperata est [2]): *Seniorem ne increpaveris, sed obsecra ut patrem, iuniores ut fratres, anus ut matres, adolescentulas ut sorores.* Et in illis [3]): *Obsecro autem vos, fratres, per misericordiam Dei, ut exhibeatis corpora vestra hostiam vivam, sanctam, Deo placentem.* Et totus fere ipsius exhortationis locus

---

1) „In Mss. plerisque: *dispositum.*" Ben. 2) 1 Tim. 5, 1. s
3) Rom. 12, 1.

temperatum habet elocutionis genus; ubi illa pulchriora sunt, in quibus propria propriis tamquam debita reddita decenter excurrunt, sicuti est[1]): *Habentes dona diversa secundum gratiam, quae data est nobis, sive prophetiam, secundum regulam fidei, sive ministerium, in ministrando, sive qui docet, in doctrina, sive qui exhortatur, in exhortatione, qui tribuit, in simplicitate, qui praeest, in sollicitudine, qui miseretur, in hilaritate.* Dilectio sine simulatione; odio habentes malum, adhaerentes bono; caritate fraternitatis invicem diligentes, honore mutuo praevenientes, studio non pigri, spiritu ferventes, Domino servientes, spe gaudentes, in tribulatione patientes, orationi instantes, necessitatibus sanctorum communicantes, hospitalitatem sectantes. Bene dicite persequentibus vos, bene dicite, et nolite male dicere. Gaudere cum gaudentibus, flere cum flentibus. Id ipsum invicem sentientes.* Et quam pulchre ista omnia sic effusa bimembri circuitu terminantur: *non alta sapientes, sed humilibus consentientes!* Et aliquanto post[2]): *In hoc ipso,* inquit, *perseverantes, reddite omnibus debita: cui tributum, tributum; cui vectigal, vectigal; cui timorem, timorem; cui honorem, honorem.* Quae membratim fusa clauduntur etiam ipsa circuitu, quem duo membra contexunt: *nemini quidquam debeatis, nisi ut invicem diligatis.* Et post paullulum[3]): *Nox praecessit,* inquit, *dies autem adpropinquavit. Abiiciamus itaque opera tenebrarum, et induamus arma lucis. Sicut in die honeste ambulemus, non in comessationibus et ebrietatibus, non in cubilibus et impudicitiis, non in contentione et aemulatione; sed induite Dominum Iesum Christum, et carnis providentiam ne feceritis in concupiscentiis.* Quod si quisquam ita diceret: ,,et carnis providentiam ne in concupiscentiis feceritis", sine dubio aures clausula numerosiore mulceret; sed

---

1) Ibid. v. 6. ss.   2) Rom. 13, 6. s.   3) Ib. v. 12. ss.
AUGUST. DOCTR. CHRIST.   **K**

gravior interpres etiam ordinem maluit tenere verborum. Quo modo autem hoc in Graeco eloquio sonet, quo est locutus apostolus, viderint eius eloquii usque ad ista doctiores. Mihi tamen quod nobis eodem verborum ordine interpretatum est, nec ibi videtur currere numerose. Sane hunc elocutionis ornatum, qui numerosis fit clausulis, deesse fatendum est auctoribus nostris. Quod utrum per interpretes factum sit, an (quod magis arbitror) consulto illi haec plausibilia devitaverint, adfirmare non audeo, quoniam me fateor ignorare. Illud tamen scio, quod si quisquam huius numerositatis peritus illorum clausulas eorumdem numerorum lege componat (quod facillime fit mutatis quibusdam verbis, quae tantumdem significatione valent, vel mutato eorum quae invenerit ordine), nihil illorum, quae velut magna in scholis grammaticorum aut rhetorum didicit, illis divinis viris defuisse cognoscet; et multa reperiet locutionis genera tanti decoris, quae quidem et in nostra, sed maxime in sua lingua decora sunt, quorum nullum in eis, quibus isti inflantur, literis invenitur. Sed cavendum est, ne divinis gravibusque sententiis, dum additur numerus, pondus detrahatur. Nam illa musica disciplina, ubi numerus iste plenissime discitur, usque adeo non defuit prophetis nostris, ut vir doctissimus Hieronymus[1]) quorumdam etiam metra commemoret, in Hebraea dumtaxat lingua, cuius ut veritatem servaret in verbis, haec inde non transtulit. Ego autem ut de sensu meo loquar, qui mihi quam aliis et quam aliorum est utique notior, sicut in meo eloquio, quantum modeste fieri arbitror, non praetermitto istos numeros clausularum, ita in auctoribus nostris hoc mihi plus placet, quod ibi eos rarissime invenio. Grande autem dicendi genus hoc maxime distat ab isto

---

1) In prologo super Iob.

genere temperato, quod non tam verborum ornatibus
comtum est, quam violentum animi adfectibus. Nam
capit etiam illa ornamenta paene omnia; sed ea si
non habuerit, non requirit. Fertur quippe impetu
suo, et elocutionis pulchritudinem, si occurrerit, vi
rerum rapit, non cura decoris adsumit. Satis enim
est ei propter quod agitur, ut verba congruentia non
oris eligantur industria, sed pectoris sequantur ar-
dorem.. Nam si aurato gemmatoque ferro vir fortis
armetur, intentissimus pugnae, agit quidem illis armis
quod agit, non quia pretiosa, sed quia arma sunt; idem
ipse est tamen, et valet plurimum, etiam quum „ri-
manti telum ira facit.“ [1]) Agit apostolus, ut pro evan-
gelico ministerio patienter mala huius temporis cum
solatio donorum Dei omnia tolerentur. Magna res
est, et granditer agitur, nec desunt ornamenta dicendi. *Ecce*, inquit [2]), *nunc tempus acceptabile; ecce nunc
dies salutis! Nullam in quoquam dantes offensionem,
ut non reprehendatur ministerium nostrum; sed in
omnibus commendantes nosmet ipsos ut Dei ministros,
in multa patientia, in tribulationibus, in necessitatibus,
in angustiis, in plagis, in carceribus, in seditionibus, in
laboribus, in vigiliis, in ieiuniis, in castitate, in scientia, in longanimitate, in benignitate, in spiritu sancto,
in caritate non ficta, in verbo veritatis, in virtute Dei;
per arma iustitiae a dextris et a sinistris [3]), per gloriam
et ignobilitatem, per infamiam et bonam famam; ut
seductores, et veraces; ut qui ignoramur, et cognosci-
mur; quasi morientes, et ecce vivimus; ut coërciti, et
non mortificati; ut tristes, semper autem gaudentes;
sicut egeni, multos autem ditantes; tamquam nihil habentes, et omnia possidentes.* Vide adhuc ardentem:
Os nostrum patet ad vos, o Corinthii, cor nostrum di-

1) Adlusit scriptor Virg. Aen. 7, 508. 2) 2 Cor. 6, 2. ss
3) „Mss. aliquot optimae notae: *arma iust. dextra et sinistra.*“
Ben. Idem legitur in 2 codd. Lips.

K 2

latatum est, et cetera, quae persequi longum est.
Itemque ad Romanos[1]) agit, ut persecutiones huius
mundi caritate vincantur, spe certa in adiutorio Dei.
Agit autem et granditer et ornate. *Scimus*, inquit,
*quoniam diligentibus Deum omnia cooperantur in bo-
num, eis qui secundum propositum vocati sunt* [*sancti*].
*Quoniam quos ante praescivit, et praedestinavit con-
formes imaginis filii sui, ut sit ipse primogenitus in multis fratribus. Quos autem praedestinavit, illos et vocavit; et quos vocavit, ipsos et iustificavit; quos autem
iustificavit, illos et glorificavit. Quid ergo dicemus
ad haec? Si Deus pro nobis, quis contra nos? Qui proprio filio non pepercit, sed pro nobis omnibus tradidit
illum, quomodo non etiam cum illo nobis omnia donavit? Quis adcusabit adversus electos Dei? Deus qui iustificat? Quis est qui condemnet? Christus Iesus qui mortuus est, magis autem qui resurrexit, qui est in dextera
Dei, qui et interpellat pro nobis? Quis nos separabit a
caritate Christi? Tribulatio, an angustia, an persecutio,
an fames, an nuditas, an periculum, an gladius? Sicut
scriptum est*[2]): *quoniam propter te mortificamur tota
die, aestimati sumus ut oves occisionis. Sed in his omnibus supervincimus per eum qui dilexit nos. Certus sum
enim, quia neque mors, neque vita, neque angeli, neque
principatus, neque praesentia, neque futura, neque virtus, neque altitudo, neque profundum, neque creatura
alia poterit nos separare a caritate Dei, quae est in
Christo Iesu Domino nostro.* Ad Galatas[3]) autem,
quamvis tota ipsa epistola submisso dicendi genere
scripta sit, nisi in extremis partibus, ubi est eloquium
temperatum, tamen interponit quemdam locum eo
motu animi, ut sine ullis quidem talibus ornamentis,
qualia sunt in eis, quae modo posuimus, non posset
tamen nisi granditer dici. *Dies*, inquit, *observatis, et
menses, et annos et tempora. Timeo vos, ne forte sine*

---

1) C. 8, 28. ss.   2) Ps. 43, 23. sec. LXX.   3) C. 4, 10. ss

caussa laboraverim in vos. Estote sicut et ego, quoniam et ego sicut vos, fratres, precor vos. Nihil me laesistis. Scitis quia per infirmitatem carnis iampridem evangelizavi vobis, et tentationem vestram [1]) in carne mea non sprevistis, neque respuistis, sed sicut angelum Dei excepistis me, sicut Christum Iesum. Quae ergo fuit beatitudo vestra? Testimonium vobis perhibeo, quoniam, si fieri posset, oculos vestros eruissetis et dedissetis mihi. Ergo inimicus factus sum vobis verum praedicans? Aemulantur vos non bene, sed excludere vos volunt, ut eos aemulemini. Bonum est autem in bono aemulari semper, et non solum quum praesens sum apud vos, filioli mei, quos iterum parturio, donec formetur Christus in vobis. Vellem autem nunc adesse apud vos, et mutare vocem meam, quia confundor in vobis. Numquid hic aut contraria contrariis verba sunt reddita, aut aliqua gradatione sibi subnexa sunt, aut caesa et membra circuitusve sonuerunt? Et tamen non ideo tepuit grandis adfectus, quo eloquium fervere sentimus.

C. XXI. Sed apostolica ista sic clara sunt, ut et profunda sint, atque ita conscripta memoriaeque mandata, ut non solum lectore vel auditore, verum etiam expositore opus habeant, si quis in eis non superficie contentus altitudinem quaerat. Quapropter videamus ista genera dicendi in eis, qui istorum lectione ad rerum divinarum atque salubrium scientiam profecerunt, eamque ecclesiae ministrarunt. Beatus Cyprianus submisso dicendi genere utitur in eo libro, ubi de sacramento calicis disputat. Solvitur quippe ibi quaestio, in qua quaeritur, utrum calix dominicus aquam solam, an eam vino mixtam debeat habere. Sed exempli gratia aliquid inde ponendum est. Post principium igitur epistolae [2]) iam solvere

---

1) Sic legendum est secundum Mss. plerosque, textum Graec. (Alex.): πειρασμὸν ὑμῶν, et Vulg. Am., Er., Cal., Ben.: *tentationes vestras.* 2) Ad Caecilium, ep. 63. (1. 2.)

incipiens propositam quaestionem: „Admonitos au
tem nos scias, inquit, ut in calice offerendo dominica traditio servetur, neque aliud fiat a nobis, quam
quod pro nobis Dominus prior fecit: ut calix, qui in
commemorationem eius offertur, vino mixtus offera-
tur. Nam quum dicat Christus[1]): *Ego sum vitis vera*,
sanguis Christi non aqua est utique, sed vinum; nec
potest videri sanguis eius, quo redemti et vivificati
sumus, esse in calice, quando vinum desit calici, quo
Christi sanguis ostenditur, qui scripturarum omnium
sacramento ac testimonio praedicatur. Invenimus
enim in Genesi[2]) circa sacramentum Noë hoc idem
praecucurrisse, et figuram dominicae passionis illic
exstitisse, quod vinum bibit, quod inebriatus est,
quod in domo sua nudatus est, quod fuit recubans
nudis et patentibus femoribus, quod nuditas illa patris a medio filio denotata est, a maiore vero et mi-
nore contecta, et cetera quae necesse non est exse-
qui, quum satis sit hoc solum complecti, quod Noë,
typum futurae veritatis ostendens, non aquam, sed
vinum biberit, et sic imaginem dominicae passionis
expresserit. Item in sacerdote Melchisedech domi-
nicum sacramentum[3]) praefiguratum videmus, secundum quod scriptura divina testatur et dicit[4]): *Et
Melchisedech rex Salem protulit panem et vinum. Fuit
autem sacerdos Dei summi, et bene dixit Abraham.*
Quod autem Melchisedech typum Christi portaret,
declarat in psalmis spiritus sanctus, ex persona patris ad filium dicens: *Ante luciferum genui te; tu es
sacerdos in aeternum secundum ordinem Melchisedech.*["][5]) Haec et alia quae sequuntur huius epistolae submissae dictionis modum servant, quod facile

1) Ioh. 15, 1. 2) C. 9, 21. ss. 3) „Sic in Mss. et apud Am.
At in edit. Er., Cal., al.: *dominici sacramenti praefig. vid. mysterium.* Apud Cypr. vero: *sacrificii dominici sacram.*" Ben.
4) Gen. 14, 18. 5) Ps. 109, 3. 4. sec. LXX.

est explorare legentibus. Sanctus quoque Ambrosius quum agat rem magnam de spiritu sancto, ut eum patri et filio demonstret aequalem, submisso tamen dicendi genere utitur, quoniam res suscepta non ornamenta verborum, aut ad flectendos animos commotionis adfectum, sed rerum documenta desiderat. Ergo inter cetera in principio huius operis ait [1]): „Commotus oraculo Gedeon quum audisset, quod deficientibus licet populorum millibus, in uno viro Dominus plebem suam ab hostibus liberaret, obtulit hoedum caprarum, cuius carnem, secundum praeceptum angeli, et azyma supra petram posuit, et ea iure perfudit; quae simul ut virgae cacumine, quam gerebat, angelus Dei contigit, de petra ignis erupit, atque ita sacrificium quod obferebatur absumtum est. [2]) Quo indicio declaratum videtur, quod petra illa typum habuerit corporis Christi, quia scriptum est [3]): *Bibebant de consequenti petra; petra autem erat Christus;* quod utique non ad divinitatem eius, sed ad carnem relatum est, quae sitientium corda populorum perenni rivo sui sanguinis inundavit. Iam tunc igitur in mysterio declaratum est, quia Dominus Iesus in carne sua totius mundi peccata crucifixus aboleret, nec solum delicta factorum, sed etiam cupiditates animorum. Caro enim hoedi ad culpam facti refertur, ius ad illecebras cupiditatum, sicut scriptum est [4]): *Quia concupivit populus cupiditatem pessimam, et dixerunt: quis nos cibabit carne?* Quod igitur extendit angelus virgam, et tetigit petram, de qua ignis exiit, ostendit, quod caro Domini spiritu repleta divino peccata omnia humanae conditionis exureret. Unde et Dominus ait [5]): *Ignem veni mittere in terram,"* et cetera, in quibus rei docendae ac probandae maxime incumbit. De

---

1) De spiritu s. lib. 1. prol. 2) Cf. Iud. 6, 15. ss. 3) 1 Cor 10, 4. 4) Num. 11, 4. 5) Luc. 12, 49.

genere temperato est apud Cyprianum [1]) virginitatis
illa laudatio: ,,Nunc nobis ad virgines sermo est,
quarum quo sublimior gloria est, maior et cura. Flos
est ille ecclesiastici germinis, decus atque ornamen-
tum gratiae spiritalis, laeta indoles laudis et hono-
ris, opus integrum atque incorruptum, Dei imago
respondens ad sanctimoniam Domini, illustrior por-
tio gregis Christi.　Gaudet per ipsas, atque in illis
largiter floret ecclesiae matris gloriosa fecunditas;
quantoque plus gloriosa virginitas numero suo addit, tanto plus gaudium matris augescit.‘‘　Et alio
loco in fine epistolae [2]): ,, Quomodo portavimus, inquit, imaginem eius qui de limo est, sic portemus et
imaginem eius qui de coelo est. [3])　Hanc imaginem
virginitas portat, portat integritas, sanctitas portat
et veritas; portant disciplinae Dei memores, iustitiam cum religione retinentes, stabiles in fide, humiles in timore, ad omnem tolerantiam fortes, ad susti-
nendas iniurias mites, ad faciendam misericordiam
faciles, fraterna pace unanimes atque concordes.
Quae vos singula, o bonae virgines, observare, diligere, implere debetis, quae Deo et Christo vacantes,
ad Dominum cui vos dicastis, maiore et meliore
parte praeceditis. Provectae annis, iunioribus facite
magisterium; minores natu, praebete maioribus ministerium, comparibus incitamentum; hortamentis
vos mutuis excitate, aemulis de virtute documentis ad gloriam provocate; durate fortiter, spiritaliter pergite, pervenite feliciter; tantum mementote
nunc [1]) nostri, quum incipiet in vobis virginitas honorari.‘‘ Ambrosius etiam genere dicendi temperato
et ornato professis virginibus proponit tamquam sub
exempli forma, quod moribus imitentur, et dicit [5]):

---

1) De habitu virginum c. 3.　2) Ib. c. 18.　3) Cf. 1 Cor. 15, 49.
4) Am., Er., Cal. et codd. Lips.: *tunc nostri.*　5) De virginibus
lib. 2. c. 1.

„Virgo erat non solum corpore, sed etiam mente, quae nullo doli ambitu sincerum adulteraret adfectum, corde humilis, verbis gravis, animi prudens, loquendi parcior, legendi studiosior, non in incerto divitiarum, sed in prece pauperis spem reponens, intenta operi, verecunda sermoni, arbitrum mentis solita non hominem, sed Deum quaerere, nullum laedere, bene velle omnibus, adsurgere maioribus natu, aequalibus non invidere, fugere iactantiam, rationem sequi, amare virtutem. Quando ista vel vultu laesit parentes? Quando dissensit a propinquis? Quando fastidivit humilem? Quando risit debilem? Quando vitavit inopem? Eos solos solita[1]) coetus virorum invisere, quos misericordia non erubesceret, neque praeteriret verecundia. Nihil torvum in oculis, nihil in verbis procax, nihil in actu inverecundum; non gestus fractior, non incessus solutior, non vox petulantior, ut ipsa corporis species simulacrum fuerit mentis, et figura probitatis. Bona quippe domus in ipso vestibulo debet agnosci, ac primo praetendat ingressu, nihil intus latere tenebrarum[2]), tamquam lucernae lux intus posita foris luceat. Quid ego exsequar ciborum parsimoniam, officiorum redundantiam, alterum ultra naturam superfuisse, alterum ipsi naturae paene defuisse? Illic nulla intermissa tempora, hic congeminati iciunio dies, et si quando reficiendi successisset voluntas, cibus plerumque obvius qui mortem arceret, non delicias ministraret,“ et cetera. Haec autem propterea in exemplo huius temperati generis posui, quia non hic agit, ut virginitatem voveant, quae nondum voverunt, sed quales esse debeant, quae iam votae sunt. Nam ut adgrediatur animus tantum ac tale propositum, grandi utique dicendi ge-

---

1) Am. et Cal.: *sollicita.* 2) Cal. h. l. inserit verba: *ut mens nostra nullis retinaculis corporalibus impedita, tamquam* etc.

nere debet excitari et accendi. Sed martyr Cyprianus de habitu virginum, non de suscipiendo virginitatis proposito scripsit. Iste vero episcopus etiam
ad hoc eas magno accendit eloquio. Verum ex eo,
quod ambo egerunt, dictionis grandis exempla memorabo. Ambo quippe invecti sunt in eas, quae
formam pigmentis colorant, vel potius decolorant.
Quorum prior ille quum hoc ageret, ait inter cetera[1]): „Si quis pingendi artifex vultum alicuius et
speciem, et corporis qualitatem aemulo colore signasset, et signato iam consummatoque simulacro
manus alius inferret, ut iam formata, iam picta quasi
peritior reformaret, gravis prioris artificis iniuria et
iusta indignatio videretur. Tu te existimas impune
laturam tam improbae temeritatis audaciam, Dei artificis offensam? Ut enim impudica circa homines,
et incesta fucis lenocinantibus non sis, corruptis violatisque quae Dei sunt peior adultera detineris. Quod
ornari te putas, quod putas comi, impugnatio est ista
divini operis, praevaricatio est veritatis. Monentis
apostoli vox est[2]): *Expurgate vetus fermentum, ut
sitis nova conspersio, sicut estis azymi. Etenim pascha nostrum immolatus est Christus. Itaque festa celebremus, non in fermento veteri, neque in fermento
malitiae et nequitiae, sed in azymis sinceritatis et veritatis.* Num sinceritas perseverat et veritas, quando
quae sincera sunt polluuntur, et colorum adulteriis
et medicaminum[3]) fucis in mendacium vera mutantur? Dominus tuus dicit[4]): *Non potes facere capillum
unum album aut nigrum;* et tu ad vincendam Domini
tui vocem vis te esse potiorem? Audaci conatu et
sacrilego contemtu crines tuos inficis, malo praesagio futurorum capillos iam tibi flammeos auspicaris.“

---

1) Cyprian. de habitu virg. 12. 2) 1 Cor. 5, 7. s. 3) Sic
emendarunt Ben. ex Cypr. Sed Mss. et edit. Aug.: *colorum
adulterinis medicaminum*. 4) Mat. 5, 36.

Longum est inserere omnia quae sequuntur. Ille vero posterior ut in tales diceret: „Hinc illa, inquit [1]), nascuntur incentiva vitiorum, ut quaesitis coloribus ora depingant, dum viris displicere formidant, et de adulterio vultus meditentur adulterium castitatis. Quanta haec amentia, effigiem mutare naturae, picturam quaerere; et dum verentur maritale iudicium, prodere [2]) suum! Prior enim de se pronuntiat, quae cupit mutare quod nata est: ita dum alii studet placere, prius ipsa sibi displicet. Quem iudicem, mulier, veriorem requiremus deformitatis tuae, quam te ipsam, quae videri times? Si pulchra es, cur absconderis? Si deformis, cur te formosam esse mentiris, nec tuae conscientiae, nec alieni gratiam erroris habitura? Ille enim alteram diligit, tu alteri vis placere, et irasceris, si amet alteram, qui adulterare in te docetur. Mala magistra es iniuriae tuae. Lenocinari enim refugit etiam quae est passa lenonem; ac licet vilis mulier, non alteri tamen, sed sibi peccat. Tolerabiliora propemodum in adulterio crimina sunt; ibi enim pudicitia, hic natura adulteratur." Satis, ut existimo, adparet, feminas, ne suam fucis adulterent formam, et ad pudorem et ad timorem hac facundia vehementer impelli. Proinde neque submissum, neque temperatum, sed grande omnino genus hoc elocutionis agnoscimus. Et in his autem, quos duos ex omnibus proponere volui, et in aliis ecclesiasticis viris, et bona et bene, id est, sicut res postulat, acute, ornate, ardenterque dicentibus, per multa eorum scripta vel dicta possunt haec tria genera reperiri, et adsidua lectione vel auditione, admixta etiam exercitatione, studentibus inolescere.

---

1) Ambros. de virg. l. 2. med. 2) Ita apud Ambr. At in Aug. codd. aliquot: *perdere*, in aliis: *perdidere*, aut: *perdiderunt* (Lips.), uti legitur ap. Am. et Er.

C. XXII. Nec quisquam praeter disciplinam esse existimet ista miscere; immo quantum congrue fieri potest, omnibus generibus dictio varianda est. Nam quando prolixa est in uno genere, minus detinet auditorem. Quum vero fit in aliud ab alio transitus, etiam si longius eat, decentius procedit oratio; quamvis habeant et singula genera varietates suas in sermone eloquentium, quibus non sinuntur in eorum qui audiunt frigescere vel tepescere sensibus. Verum tamen facilius submissum solum, quam solum grande diutius tolerari potest. Commotio quippe animi quanto magis excitanda est, ut nobis adsentiatur auditor, tanto minus in ea diu teneri potest, quum fuerit quantum satis est excitata. Et ideo cavendum est, ne dum volumus altius erigere quod erectum est, etiam inde decidat, quo fuerat excitatione perductum. Interpositis vero quae sunt dicenda submissius, bene reditur ad ea, quae opus est granditer dici, ut dictionis impetus, sicut maris aestus, alternet. Ex quo fit, ut grande dicendi génus, si diutius est dicendum, non debeat esse solum, sed aliorum generum interpositione varietur; ei tamen generi dictio tota tribuatur, cuius copia praevaluerit.

C. XXIII. Interest enim, quod genus cui generi interponatur vel adhibeatur certis et necessariis locis. Nam et in grandi genere semper aut paene semper temperata decet esse principia. Et in potestate est eloquentis, ut dicantur nonnulla submisse, etiam quae possent granditer dici, ut ea, quae dicuntur granditer, ex illorum fiant comparatione grandiora, et eorum tamquam umbris luminosiora reddantur. In quocumque autem genere aliqua quaestionum vincula solvenda sunt, acumine opus est, quod sibi submissum genus proprie vindicat. Ac per hoc eo genere utendum est et in aliis duobus generibus, quando eis ista incidunt: sicut laudandum aliquid vel vituperandum, ubi nec damnatio cuiusquam, nec libe-

ratio, nec ad actionem quamlibet adsensio requiritur,
in quocumque alio genere occurrerit, genus adhibendum et interponendum est temperatum. In grandi
ergo genere inveniunt locos suos duo cetera, et in
submisso similiter. Temperatum autem genus non
quidem semper, sed tamen aliquando submisso indiget, si, ut dixi, quaestio, cuius nodus est solvendus,
incurrat, vel quando nonnulla, quae ornari possent,
ideo non ornantur, sed submisso sermone dicuntur,
ut quibusdam quasi toris ornamentorum praebeant
eminentiorem locum. Grande autem genus temperata dictio non requirit; ad delectandos quippe animos, non ad movendos ipsa suscipitur.

C. XXIV. Non sane si dicenti crebrius et vehe-
mentius adclametur, ideo granditer putandus est dicere; hoc enim et acumina submissi generis, et ornamenta faciunt temperati. Grande autem genus
plerumque pondere suo voces premit, sed lacrimas
exprimit. Denique quum apud Caesaream Maureta-
niae populo dissuaderem pugnam civilem, vel potius
plus quam civilem, quam catervam vocabant (neque
enim cives tantummodo, verum etiam propinqui, fratres, postremo parentes ac filii lapidibus inter se in
duas partes divisi, per aliquot dies continuos certo
tempore anni sollemniter dimicabant, et quisque ut
quemque poterat occidebat), egi quidem granditer,
quantum valui, ut tam crudele atque inveteratum
malum de cordibus et moribus eorum avellerem, pel-
leremque dicendo; non tamen egisse aliquid me putavi, quum eos audirem adclamantes, sed quum flentes
viderem. Adclamationibus quippe se doceri et dele-
ctari, flecti autem lacrimis indicabant. Quas ubi ad-
spexi, immanem illam consuetudinem a patribus et avis
longeque a maioribus traditam, quae pectora eorum
hostiliter obsidebat, vel potius possidebat, devictam
antequam re ipsa id ostenderent, credidi, moxque sermone finito ad agendas Deo gratias corda atque ora

converti. Et ecce iam ferme octo [1]) vel amplius anni
sunt propitio Christo, ex quo illic nihil tale tentatum
est. Sunt et alia multa experimenta, quibus didicimus,
homines, quid in eis fecerit sapientis granditas dictionis, non clamore potius quam gemitu, aliquando
etiam lacrimis, postremo vitae mutatione monstrasse.
Submisso etiam dicendi genere sunt plerique mutati,
sed ut quod nesciebant scirent, aut quod eis videbatur incredibile, crederent, non autem ut agerent, quod
agendum iam noverant et agere nolebant. Ad huiusmodi namque duritiam flectendam debet granditer
dici. Nam et laudes et vituperationes quando eloquenter dicuntur, quum sint in genere temperato,
sic adficiunt quosdam, ut non solum in laudibus et
vituperationibus eloquentia delectentur, verum et
ipsi laudabiliter adpetant, fugiantque vituperabiliter
vivere. Sed numquid omnes, qui delectantur, mutantur [2]), sicut in grandi genere omnes qui flectuntur
agunt, et in submisso genere omnes qui docentur
sciunt, aut credunt, verum esse quod nesciunt?

C. XXV. Unde colligitur illa duo genera quod
efficere intendunt, hoc eis esse maxime necessarium,
qui sapienter et eloquenter volunt dicere. Illud vero
quod agitur genere temperato, id est, ut eloquentia
ipsa delectet, non est propter se ipsum usurpandum,
sed ut rebus, quae utiliter honesteque dicuntur, si
nec docente indigent eloquio, nec movente, quia et
scientes et faventes auditores habent, aliquanto
promtius ex delectatione ipsa elocutionis accedat
vel tenacius adhaerescat adsensus. Nam quum
eloquentiae sit universale officium, in quocumque istorum trium generum dicere apte

---

1) Ex hoc loco adparet, librum IV. scriptum esse circiter annum 426. Nam August., in Mauretaniam Caesar. profectus est
a. 418, uti ex epp. 190. et 193. perspicimus. 2) Mss. Ben. 4 et
Lips. 2: *imitantur.*

ad persuasionem, finis autem, id quod in-
tenderis persuadere dicendo, in quocumque
istorum trium generum dicit quidem eloquens apte ad persuasionem, sed nisi persua-
deat, ad finem non pervenit eloquentiae. Persuadet autem in submisso genere vera esse quae dicit; persuadet in grandi, ut agantur quae agenda esse
iam sciuntur, nec aguntur; persuadet in genere temperato, ·pulchre ornateque se dicere: quo fine nobis
quid opus est? Adpetant eum qui lingua gloriantur,
et se in panegyricis talibusque dictionibus iactant,
ubi nec docendus, nec ad aliquid agendum moven-
dus, sed tantummodo est delectandus auditor. Nos
vero istum finem referamus ad alterum finem, ut scilicet quod efficere volumus, quum granditer dicimus,
hoc etiam isto velimus, id est, ut bona morum dili-
gantur, vel devitentur mala, si ab hac actione non sic
alieni sunt homines, ut ad eam grandi genere dictionis urgendi videantur; aut si iam id agunt, ut agant
studiosius, atque in eo firmiter perseverent. Ita fit,
ut etiam temperati generis ornatu non iactanter, sed
prudenter utamur, non eius fine contenti, quo tantummodo delectatur auditor, sed hoc potius agentes,
ut etiam ipso ad bonum, quod persuadere volumus,
adiuvetur.

C. XXVI. Illa itaque tria, quae supra[1]) posuimus,
eum, qui sapienter dicit, si etiam eloquenter vult dicere, id agere debere, ut intelligenter, ut libenter, ut
obedienter audiatur, non sic accipienda sunt tamquam singula illis tribus dicendi generibus ita tri-
buantur, ut ad submissum intelligenter, ad temperatum libenter, ad grande pertineat obedienter audiri,
sed sic potius, ut haec tria semper intendat, et quantum potest agat, etiam quum in illorum singulo quoque versatur. Nolumus enim fastidiri etiam quod

---

1) Cf. c. 15. et 17.

submisse dicimus; ac per hoc volumus non solum intelligenter, verum etiam libenter audiri. Quid autem agimus divinis testimoniis docendo quod dicimus, nisi ut obedienter audiamur, id est, ut credatur eis, opitulante illo cui dictum est [1]): *Testimonia tua credita facta sunt valde?* Quid etiam cupit nisi credi, qui aliquid licet submisso eloquio discentibus narrat? Et quis eum velit audire, nisi auditorem nonnulla etiam suavitate detineat? Nam si non intelligatur, quis nesciat, nec libenter eum posse, nec obedienter audiri? Plerumque autem dictio ipsa submissa, dum solvit difficillimas quaestiones, et inopinata manifestatione demonstrat; dum sententias acutissimas de nescio quibus quasi cavernis, unde non sperabatur, eruit et ostendit; dum adversarii convincit errorem, et docet falsum esse, quod ab illo dici videbatur invictum, maxime quando adest ei quoddam decus non adpetitum, sed quodammodo naturale, et nonnulla non iactanticula, sed quasi necessaria, atque (ut ita dicam) ipsis rebus extorta [2]) numerositas clausularum, tantas adclamationes excitat, ut vix intelligatur esse submissa. Non enim quia neque incedit ornata, neque armata, sed tamquam nuda congreditur, ideo non adversarium nervis lacertisque collidit, et obsistentem subruit ac destruit membris fortissimis falsitatem. Unde autem crebro et multum adclamatur ita dicentibus, nisi quia veritas sic demonstrata, sic defensa, sic invicta delectat? Et in hoc igitur genere submisso iste noster doctor et dictor id agere debet, ut non solum intelligenter, verum etiam libenter et obedienter audiatur. Illa quoque eloquentia generis temperati apud eloquentem ecclesiasticum nec inornata relinquitur, nec indecenter ornatur; nec solum hoc adpetit ut delectet, quod solum apud alios profi-

---

1) Ps. 92, 5. sec. LXX.   2) Mss. plures cum Am., Er., Cal.: *exorta.*

tetur, verum etiam in eis, quae laudat sive vituperat
istis adpetendis vel firmius tenendis, illis autem de-
vitandis vel respuendis, vult utique obedienter audiri.
Si autem non auditur intelligenter, nec libenter potest.   Proinde illa tria, ut intelligant qui audiunt, ut
delectentur, ut obediant, etiam in hoc genere agendum est, ubi tenet delectatio principatum. Iam vero
ubi movere et flectere grandi genere opus est auditorem (quod tunc est opus, quando et veraciter dici
et suaviter confitetur, et tamen non vult facere quod
dicitur), dicendum est procul dubio granditer.   Sed
quis movetur, si nescit quod dicitur? Aut quis tene-
tur ut audiat, si non delectatur? Unde et in isto genere, ubi ad obedientiam cor durum dictionis granditate flectendum est, nisi et intelligenter et libenter
qui dicit audiatur, non potest obedienter audiri.

C. XXVII. Habet autem ut obedienter audiatur quantacumque granditate dictionis
maius pondus vita dicentis. Nam qui sapienter et eloquenter dicit, vivit autem nequiter, erudit
quidem multos discendi studiosos, quamvis *animae
suae sit inutilis*, sicut scriptum est.[1] Unde ait et
apostolus[2]: *Sive occasione[3], sive veritate Christus
adnuntietur.* Christus autem veritas est, et tamen
etiam non veritate adnuntiari veritas potest, id est,
ut pravo et fallaci corde quae recta et vera sunt prae-
dicentur. Sic quippe adnuntiatur Iesus Christus ab
eis, qui sua quaerunt, non quae Iesu Christi. Sed
quoniam boni fideles non quemlibet hominum, sed
ipsum Dominum obedienter audiunt, qui ait[4]: *Quae
dicunt facite, quae autem faciunt, facere nolite; dicunt
enim, et non faciunt,* ideo audiuntur utiliter, qui etiam
utiliter non agunt. Sua enim quaerere student, sed
sua docere non audent, de loco scilicet superiore se-

---

1) Sirac. 37, 19. 2) Phil. 1, 18. 3) In textu Graeco: ἐπι
προφάσει, sive simulate. 4) Mat. 23, 3.

dis ecclesiasticae, quam sana doctrina constituit.
Propter quod ipse Dominus prius quam de talibus
quod commemoravi diceret, praemisit[1]): *Super ca-
thedram Moysi sederunt.* Illa ergo cathedra, non co-
rum, sed Moysi, cogebat eos bona dicere, etiam non
bona facientes. Agebant ergo sua in vita sua; docere autem sua, cathedra illos non permittebat aliena. Multis itaque prosunt dicendo quae non faciunt;
sed longe pluribus prodessent faciendo quae dicunt.
Abundant enim qui malae vitae suae defensionem ex
ipsis suis praepositis et doctoribus quaerant, respon-
dentes corde suo, aut etiam si ad hoc erumpunt, ore
suo, atque dicentes: quod mihi praecipis, cur
ipse non facis? Ita fit, ut eum non obedienter audiant, qui se ipse non audit, et Dei verbum, quod
eis praedicatur, simul cum ipso praedicatore conte-
mnant. Denique apostolus scribens ad Timotheum[2]),
quum dixisset: *Nemo adolescentiam tuam contemnat,*
subiecit unde non contemneretur, atque ait: *sed forma esto fidelium in sermone, in conversatione, in dilectione, in fide, in castitate.*

C. XXVIII. Talis doctor, ut obedienter audiatur,
non impudenter non solum submisse ac temperate,
verum etiam granditer dicit, quia non contemtibili-
ter vivit. Sic namque eligit bonam vitam, ut etiam
bonam non negligat famam, sed provideat bona coram Deo et hominibus[3]), quantum potest, illum ti-
mendo, his consulendo. In ipso etiam sermone
malit rebus placere quam verbis, nec aesti-
met dici melius, nisi quod dicitur verius, nec doctor
verbis serviat, sed verba doctori. Hoc est enim quod
apostolus ait[1]): *Non in sapientia verbi, ne evacuetur
crux Christi.* Ad hoc valet etiam quod ait ad Timotheum[5]): *Noli verbis contendere; ad nihil enim utile*

---

1) Mt. 23, 2.   2) 1 Tim. 4, 12.   3) Cf. 2 Cor. 8, 21.   4) 1 Cor.
1, 17.   5) 2 Tim. 2, 14.

est, nisi ad subversionem audientium. Neque enim hoc ideo dictum est, ut adversariis oppugnantibus veritatem nihil nos pro veritate dicamus. Et ubi erit quod, quum ostenderet, qualis esse episcopus debeat, ait inter cetera [1]): *Ut potens sit in doctrina sana, et contradicentes redarguere?* Verbis enim contendere est non curare quomodo error veritate vincatur, sed quo modo tua dictio dictioni praeferatur alterius. Porro qui non verbis contendit, sive submisse, sive temperate, sive granditer dicat, id agit verbis, ut veritas pateat, veritas placeat, veritas moveat; quoniam nec ipsa, quae praecepti finis et plenitudo legis est, caritas [2])ullo modo recta esse potest, si ea quae diliguntur [3]) non vera, sed falsa sunt. Sicut autem cuius pulchrum corpus et deformis est animus, magis dolendus est, quam si deforme haberet et corpus, ita qui eloquenter ea quae falsa sunt dicunt, magis miserandi sunt, quam si talia deformiter dicerent. Quid est ergo non solum eloquenter, verum etiam sapienter dicere, nisi verba in submisso genere sufficientia, in temperato splendentia, in grandi vehementia, veris tamen rebus, quas audiri oporteat, adhibere! Sed qui utrumque non potest, dicat sapienter, quod non dicit eloquenter, potius quam dicat eloquenter, quod dicit insipienter.

C. XXIX. Si autem ne hoc quidem potest, ita conversetur, ut non solum sibi praemium comparet, sed etiam praebeat aliis exemplum, et sit eius quasi copia dicendi forma vivendi. Sunt sane quidam, qui bene pronuntiare possunt; quid autem pronuntient, excogitare non possunt. Quod si ab aliis sumant eloquenter sapienterque conscriptum, memoriaeque commendent, atque ad populum proferant, si eam personam gerunt, non improbe faciunt. Sic enim,

---

1) Tit. 1, 9. 2) Cf. 1 Tim. 1, 5. et Rom. 13, 10. 3) Er. et Cat.: *dicuntur.*

quod profecto utile est, multi praedicatores veritatis fiunt, nec multi magistri, si unius veri magistri id ipsum dicant omnes, et non sint in eis schismata. Nec deterrendi sunt isti voce Ieremiae prophetae, per quem Deus arguit eos, qui furantur verba eius, unusquisque a proximo suo.[1]) Qui enim furantur, alienum auferunt; verbum autem Dei non est ab eis alienum, qui obtemperant ei, potiusque ille dicit aliena, qui quum dicat bene, vivit male. Quaecumque enim bona dicit, eius excogitari videntur ingenio; sed ab eius moribus aliena sunt. Eos itaque dixit Deus furari verba sua, qui boni volunt videri, loquendo quae Dei sunt, quum mali sint faciendo quae sua sunt. Nec sane ipsi dicunt bona quae dicunt, si diligenter adtendas. Quomodo enim dicunt verbis, quod negant factis? Non enim frustra de talibus ait apostolus[2]): *Confitentur se nosse Deum, factis autem negant.* Modo ergo quodam ipsi dicunt, et rursus alio modo non ipsi dicunt, quoniam utrumque verum est, quod veritas ait. De talibus enim loquens: *Quae dicunt*, inquit[3]), *facite; quae autem faciunt, facere nolite;* hoc est: quod ex ore illorum auditis, facite; quod in opere videtis, facere nolite; *dicunt enim,* inquit, *et non faciunt.* Ergo quamvis non faciant, dicunt tamen. Sed alio loco tales arguens: *hypocritae,* inquit[4]), *quomodo potestis bona loqui, quum sitis mali?* Ac per hoc et ea quae dicunt, quando bona dicunt, non ipsi dicunt, voluntate scilicet atque opere negando quod dicunt. Unde contingit, ut homo disertus et malus sermonem, quo veritas praedicetur, dicendum ab alio non diserto, sed bono, ipse componat; quod quum fit, ipse a se ipso tradit alienum, ille ab alieno accipit suum. Quum vero boni fideles bonis fidelibus hanc operam commodant, utrique sua di-

---

1) Cf. Ier. 23, 30. 2) Tit. 1, 16. 3) Mat. 23, 3. 4) Matth. 12, 34.

cunt, quia et Deus ipsorum est, cuius sunt illa quae dicunt, et ea sua faciunt, quae non ipsi componere potuerunt, qui secundum illa composite vivunt.

C. XXX. Sive autem apud populum vel apud quoslibet iamiamque dicturus, sive quod apud populum dicendum, vel ab eis qui voluerint aut potuerint legendum est dictaturus, oret ut Deus sermonem bonum det in os eius. Si enim regina oravit Esther, pro suae gentis temporaria salute locutura apud regem, ut in os eius Deus congruum sermonem daret[1]), quanto magis orare debet, ut tale munus accipiat, qui pro aeterna hominum salute in verbo et doctrina laborat! Illi vero qui ea dicturi sunt, quae ab aliis acceperunt, et antequam accipiant, orent pro eis, a quibus accipiunt, ut eis detur, quod per eos accipere volunt, et quum acceperint, orent, ut bene et ipsi proferant, et illi ad quos proferunt sumant; et de prospero exitu dictionis eidem gratias agant, a quo id se accepisse non dubitant, ut qui gloriatur in illo glorietur, in cuius manu sunt et nos et sermones nostri. [2])

C. XXXI. Longior evasit liber hic, quam volebam quamque putaveram. Sed legenti vel audienti, cui gratus est, longus non est. Cui autem longus est, per partes eum legat, qui habere vult cognitum. Quem vero cognitionis eius piget, de longitudine non queratur. Ego tamen Deo nostro gratias ago, quod in his quatuor libris, non qualis ego essem, cui multa desunt, sed qualis esse debeat, qui in doctrina sana, id est, Christiana, non solum sibi, sed etiam aliis laborare studet, quantulacumque potui facultate, disserui.

---

1) Cf. Esth. 4, 16. ss. apud LXX., ubi haec: δὸς λόγον εὔρυθμον εἰς τὸ στόμα μου etc.   2) Cf. Sap. 7, 16.

S. AURELII
AUGUSTINI
ENCHIRIDION AD LAURENTIUM
SIVE
DE FIDE, SPE ET CARITATE LIBER.

—

C. I. Dici non potest, dilectissime fili Laurenti, quantum tua eruditione delecter, quantumque te cupiam esse sapientem, non ex eorum numero, de quibus dicitur [1]): *Ubi sapiens? ubi scriba? ubi conquisitor huius saeculi? Nonne stultam fecit Deus sapientiam huius mundi?* Sed ex eorum numero, de quibus dictum est [2]): *Multitudo sapientium sanitas orbis terrarum;* et quales vult apostolus fieri, quibus dicit [3]): *Volo autem vos sapientes quidem esse in bono, simplices autem in malo.* [Sicuti autem nemo a se ipso esse potest, ita etiam nemo a se ipso sapiens esse potest, sed ab illo illustrante, de quo scriptum est [4]): *Omnis sapientia a Deo est.*] [5])

C. II. Hominis autem sapientia pietas est. Habes hoc in libro sancti Iob. Nam ibi legitur, quod ipsa sapientia dixerit homini: *Ecce pietas est sapien-*

---

1) 1 Cor. I, 20. 2) Sap. 6, 26. 3) Rom. 16, 19. 4) Sirac. 1, 1.
5) „Hac sententia carent veteres codices Mss." Ben.

tia.[1]) Si autem quaeras, quam dixerit eo loco pietatem, distinctius in Graeco reperies ϑεοσέβειαν, qui
est Dei cultus. Dicitur enim Graece pietas et aliter,
id est εὐσέβεια, quo nomine significatur bonus cultus,
quamvis et hoc praecipue referatur ad colendum
Deum. Sed nihil est commodius illo nomine, quo
evidenter Dei cultus expressus est, quum quid esset
hominis sapientia diceretur. Quaerisne aliquid dici
brevius, qui petis a me, ut breviter magna dicantur?
An hoc ipsum tibi fortasse desideras breviter aperiri,
atque in sermonem colligi brevem, quonam modo sit
colendus Deus?

C. III. Hic si respondero, fide, spe, caritate
colendum Deum, profecto dicturus es, brevius
hoc dictum esse, quam velis, ac deinde petiturus ea
tibi breviter explicari, quae ad singula tria ista pertineant, quid credendum scilicet, quid sperandum,
quid amandum sit. Quod quum fecero, ibi erunt
omnia illa, quae in epistola tua quaerendo[2]) posui-
sti. Cuius exemplum si est penes te, facile est, ut ea
revolvas et relegas; si autem non est, commemorante
me recolas.

C. IV. Vis enim tibi, ut scribis, librum a me fieri,
quem enchiridion (ut dicunt) habeas, et de tuis
manibus non recedat, continens postulata, id est,
quid sequendum maxime, quid propter diversas prin-
cipaliter haereses sit fugiendum, in quantum ratio
pro religione contendat, vel quid in ratione, quum
fides sit sola, non conveniat[3]), quid primum, quid ultimum teneatur, quae totius definitionis summa sit,
quod certum propriumque fidei catholicae fundamentum. Haec autem omnia, quae requiris, procul

1) Cf. Iob. 28, 28. 2) „Sic Lov. et Arn. edd.; sed Am., Er.,
Dan. ac Mss. plures: *quaerenda.*" Ben. 3) Sic Ben. e plurimis
Mss. Sed nonnulli codd. antiquissimi: *in ratione* (aut: *in ra-
tionem*).... *non veniat.*

dubio scies, diligenter sciendo quid credi, quid sperari debeat, quid amari. Haec enim maxime, immo vero sola in religione sequenda sunt. His qui contradicit, aut omnino a Christi nomine alienus est, aut haereticus. Haec sunt defendenda ratione, vel[1]) a sensibus corporis inchoata, vel ab intelligentia mentis inventa. Quae autem nec corporeo sensu experti sumus, nec mente adsequi valuimus aut valemus, eis sine ulla dubitatione credenda sunt testibus, a quibus ea quae divina vocari iam meruit scriptura confecta est: qui ea sive per corpus, sive per animum divinitus adiuti, vel videre, vel etiam praevidere potuerunt.

C. V. Quum autem initio fidei, quae per dilectionem operatur[2]), imbuta mens fuerit, tendit bene vivendo etiam ad speciem pervenire, ubi est sanctis et perfectis cordibus nota ineffabilis pulchritudo, cuius plena visio est summa felicitas. Hoc est nimirum quod requiris, quid primum, quid ultimum teneatur: inchoari fide, perfici specie. Haec etiam totius definitionis est summa. Certum vero propriumque fidei catholicae fundamentum Christus est. *Fundamentum enim aliud*, ait apostolus[3]), *nemo potest ponere praeter id quod positum est, quod est Christus Iesus.* Neque hoc ideo negandum est proprium fundamentum esse fidei catholicae, quia putari potest aliquibus haereticis hoc nobiscum esse commune. Si enim diligenter, quae ad Christum pertinent, cogitantur, nomine tenus invenitur Christus apud quoslibet haereticos, qui se Christianos vocari volunt; re vero ipsa non est apud eos. Quod ostendere nimis longum est, quoniam commemorandae sunt omnes haereses, sive quae fuerunt, sive quae sunt, sive quae

---

1) Am., Er., Dan., 4 Mss. Ben. et 2 Lips.: *quae vel.* 2) Cf. Gal. 5, 6. 3) 1 Cor. 3, 11.

potuerunt[1]) esse sub vocabulo Christiano; et quam sit hoc verum per singulas quasque monstrandum. Quae disputatio tam multorum est voluminum, ut etiam infinita videatur.

C. VI. Tu autem enchiridion a nobis postulas, id est, quod manibus possit adstringi, non quod armaria possit onerare. Ut igitur ad illa tria redeamus, per quae diximus colendum Deum, fidem, spem, caritatem, facile est, ut dicatur, quid credendum, quid sperandum, quid amandum sit. Sed quemadmodum adversus eorum, qui diversa sentiunt, calumnias defendatur, operosioris uberiorisque doctrinae est. Quae ut habeatur non brevi enchiridio manus debet impleri, sed grandi studio pectus accendi.

C. VII. Nam ecce tibi est symbolum et dominica oratio. Quid brevius auditur aut legitur? Quid facilius memoriae commendatur? Quia enim de peccato gravi miseria premebatur genus humanum, et divina indigebat misericordia, gratiae Dei tempus propheta praedicens ait[2]): *Et erit omnis, qui invocaverit nomen Domini, salvus erit.* Propter hoc [dominica] oratio. Sed apostolus quum ad ipsam gratiam commendandam hoc propheticum commemorasset testimonium, continuo subiecit[3]): *Quo modo autem invocabunt, in quem non crediderunt?* Propter hoc symbolum. In his duobus tria illa intuere: fides credit, spes et caritas orant. Sed sine fide esse non possunt; ac per hoc et fides orat. Propterea quippe dictum est: *Quo modo invocabunt, in quem non crediderunt?*

C. VIII. Quid autem sperari potest, quod non creditur? Porro aliquid etiam quod non speratur, credi potest. Quis namque fidelium poenas non credit im-

---

1) „Sic Dan. et plerique Mss. At Am., Er., Lov., Arn. (et ed. Col.): *poterunt.*" Ben. 2) Ioel. 2, 32. sec. LXX. 3) Rom. 10, 13. 14.

piorum, nec sperat tamen? Et quisquis eas imminere sibi credit ac fugaci motu animi exhorret, rectius timere dicitur quam sperare. Quae duo quidam distinguens ait [1]): „Liceat sperare timenti." Non autem ab alio poëta quamvis meliore proprie dictum est [2]): „Hunc ego si potui tantum sperare dolorem." Denique nonnulli in arte grammatica verbi huius utuntur exemplo ad ostendendam impropriam dictionem, et aiunt: Sperare dixit pro timere. Est itaque fides et malarum rerum et bonarum, quia et bona creduntur et mala, et hoc fide bona, non mala. Est etiam fides et praeteritarum rerum, et praesentium et futurarum. Credimus enim Christum mortuum, quod iam praeteriit; credimus sedere ad dexteram patris, quod nunc est; credimus venturum ad iudicandum [vivos et mortuos], quod futurum est. Item fides et suarum rerum et alienarum. Nam et se quisque credit aliquando esse coepisse, nec fuisse utique sempiternum, et alios, atque alia. [3]) Nec solum de aliis hominibus multa, quae ad religionem pertinent, verum etiam de angelis credimus. Spes autem non nisi bonarum rerum est, nec nisi futurarum, et ad eum pertinentium, qui earum spem gerere perhibetur. Quae quum ita sint, propter has caussas distinguenda erit fides a spe, sicut vocabulo, ita et rationabili differentia. Nam quod adtinet ad non videre, sive quae creduntur, sive quae sperantur, fidei speique commune est. In epistola quippe ad Hebraeos, qua teste usi sunt illustres catholicae regulae [4]) defensores, fides esse dicta est *convictio*

---

1) Lucan. Phars. 2, 15. 2) Virg. Aen. 4, 419. 3) „Editi: *et alia atque alia* (ut in nonnullis Mss.). At Mss.: *et alios* (homines) *atque alia* (sc. rerum genera esse coepisse, nec fuisse sempiterna)." Ben. 4) „Quatuor Mss.: *cathol. fidei ac regulae.* Apud Aug. regula fidei solet dici symbolum, ut infra c. 56." Ben.

rerum quae non videntur. [1]) Quamvis quando se quisque non verbis, non testibus, non denique ullis argumentis, sed praesentium rerum evidentiae credidisse, hoc est, fidem accommodasse dicit, non ita videtur absurdus[2]), ut recte reprehendatur in verbo, eique dicatur: Vidisti, ergo non credidisti. Unde putari potest, non esse consequens, ut non videatur res quaecumque creditur. Sed melius hanc adpellamus fidem, quam divina eloquia docuerunt, earum scilicet rerum, quae non videntur. De spe quoque ait apostolus[3]): *Spes quae videtur non est spes. Quod enim videt quis, quid sperat? Si autem quod non videmus speramus, per patientiam exspectamus.* Quum ergo bona nobis futura esse creduntur, nihil aliud, quam sperantur. Iam de amore quid dicam, sine quo fides nihil prodest? Spes vero esse sine amore non potest. Denique ut ait apostolus Iacobus[4]): *Et daemones credunt, et contremiscunt;* nec tamen sperant, vel amant, sed potius, quod speramus et amamus, credendo venturum esse formidant. Propter quod apostolus Paulus fidem, quae per dilectionem operatur, adprobat atque commendat[5]), quae utique sine spe esse non potest. Proinde nec amor sine spe est, nec sine amore spes, neque utrumque sine fide.

C. IX. Quum ergo quaeritur, quid credendum sit quod ad religionem pertineat, non rerum natura ita rimanda est, quemadmodum ab eis, quos physicos Graeci vocant; nec metuendum est [quemadmodum ab eisdem][6]), ne aliquid de vi et numero elementorum, de motu atque ordine et defectibus siderum, de figura coeli, de generibus et naturis animalium, fru-

---

1) Hebr. 11, 1. πραγμάτων ἔλεγχος οὐ βλεπομένων. 2) „Sic meliores Mss. Editi vero: *absurdum.*" Ben. 3) Rom.8, 24. s. 4) C. 2, 19. 5) Cf. Gal. 5, 6. 6) Hoc glossema deest in libris veteribus.

ticum, lapidum, fontium, fluminum, montium, de spatiis locorum et temporum, de signis imminentium
tempestatum, et alia sexcenta de eis rebus, quas illi
vel invenerunt, vel invenisse se existimant. Christianus ignoret: quia nec ipsi omnia repererunt tanto
excellentes ingenio, flagrantes studio, abundantes
otio, et quaedam humana coniectura investigantes,
quaedam vero historica experientia perscrutantes,
et in eis, quae se invenisse gloriantur, plura opinan-
tes potius quam scientes. Satis est Christiano, rerum
creatarum caussam, sive coelestium, sive terrestrium,
sive visibilium, sive invisibilium, non nisi bonitatem
credere creatoris, qui est Deus unus et verus, nullamque esse naturam, quae non aut ipse sit, aut ab
ipso; eumque esse trinitatem, patrem scilicet et
filium a patre genitum et spiritum sanctum ab eodem
patre[1]) procedentem, sed unum eumdemque spiritum patris et filii.

C. X. Ab hac summe et aequaliter et immutabiliter bona trinitate creata sunt omnia, et nec summe,
nec aequaliter, nec immutabiliter bona, sed tamen
bona etiam singula; simul vero universa valde bona,
quia ex omnibus consistit universitatis admirabilis
pulchritudo.[2])

C. XI. In qua etiam illud, quod malum dicitur,
bene ordinatum et loco suo positum eminentius commendat bona, ut magis placeant et laudabiliora sint,
dum comparantur malis. Neque enim Deus omnipotens, quod etiam infideles fatentur[3]), ,,rerum cui
summa potestas", quum summe bonus sit, ullo modo
sineret mali esse aliquid in operibus suis, nisi usque
adeo esset omnipotens et bonus, ut bene faceret
etiam de malo. [De bono naturae vitiatum ipse Deus
bene facit reformando, aut puniendo vitiatum; ac

---

1) Duo Vaticani Mss. et unus Lips. hic addunt: *et filio proc.*
2) Cf. Gen. 1, 31. 3) Cf. Virg. Aen. 10, 100.

per hoc ergo malum nec vitium erit, quia nihil est
quum evacuatur.]¹) Quid est autem aliud quod malum dicitur, nisi privatio boni? Nam sicut corporibus animalium nihil est aliud morbis et vulneribus
adfici, quam sanitate privari (neque enim id agitur,
quum adhibetur curatio, ut mala ista, quae inerant,
id est, morbi ac vulnera recedant hinc, et alibi sint,
sed utique ut non sint; non enim ulla substantia, sed
carnalis substantiae vitium est vulnus aut morbus,
quum caro sit ipsa substantia, profecto aliquod bonum, cui accidunt ista mala, id est, privationes eius
boni, quod dicitur sanitas): ita et animorum quaecumque sunt vitia, naturalium sunt privationes bonorum. Quae quum sanantur, non aliquo transferuntur,
sed ea quae ibi erant, nusquam erunt, quando in illa
sanitate non erunt.

C. XII. Naturae igitur omnes, quoniam naturarum
prorsus omnium conditor summe bonus est, bonae
sunt. Sed quia non sicut earum conditor summe atque incommutabiliter bonae sunt, ideo in eis et minui bonum et augeri potest. Sed bonum minui malum est, quamvis quantumcumque minuatur, remaneat
aliquid necesse est (si adhuc natura est), unde natura sit. Neque enim si qualiscumque aut quantulacumque natura est, consumi bonum, quod²) natura
est, nisi et ipsa consumatur, potest. Merito quippe
natura incorrupta laudatur. Porro si et incorruptibilis sit, quae corrumpi omnino non possit, multo est
procul dubio laudabilior. Quum vero corrumpitur,
ideo malum est eius corruptio, quia eam qualicum-
que privat bono. Nam si nullo bono privat, non nocet: nocet autem; adimit igitur bonum.³) Quam

---

1) Hoc ineptum glossema deest in Ben. Mss. et Lips. omnibus.
2) Sic Mss. et edd.; sed Ben. ex uno Vatic., cui adsentitur cod.
Lips. A: *quo* natura. 3) Sic veteres Ben. libri; alii Mss. et
edd.: *adimendo bonum.*

diu itaque natura corrumpitur, inest ei bonum, quo privetur; ac per hoc si naturae aliquid remanebit, quod iam corrumpi nequeat, profecto natura incorruptibilis erit, et ad hoc tam magnum bonum corruptione perveniet.[1]) At si corrumpi non desinet, nec bonum utique habere desinet, quo eam possit privare corruptio. Quam si penitus totamque consumpserit, ideo nullum bonum inerit, quia natura nulla erit. Quocirca bonum consumere non potest corruptio, nisi consumendo naturam. Omnis ergo natura bonum est, magnum, si corrumpi non potest, parvum, si potest; negari tamen bonum esse, nisi stulte atque imperite prorsus non potest. Quae si corruptione consumitur, nec ipsa corruptio remanebit, nulla, ubi esse possit, subsistente natura.

C. XIII. Ac per hoc nullum est quod dicitur malum, si nullum sit bonum. Sed bonum omni malo carens integrum bonum est. Cui vero inest malum, vitiatum vel vitiosum bonum est; nec malum umquam potest esse ullum, ubi bonum est nullum. Unde res mira conficitur, ut, quia omnis natura, in quantum natura est, bonum est, nihil aliud dici videatur, quum vitiosa natura mala esse natura dicitur, nisi malum esse quod bonum est, nec malum esse nisi quod bonum est, quoniam omnis natura bonum est, nec res aliqua mala esset, si res ipsa, quae mala est, natura non esset. Non igitur potest esse malum, nisi aliquod bonum. Quod quum dici videatur absurde, connexio tamen ratiocinationis huius velut inevitabiliter nos compellit hoc dicere. Et cavendum est, ne incidamus in illam sententiam propheticam, ubi legitur[2]): *Vae eis qui dicunt, quod bonum est malum, et quod malum est bonum; qui dicunt tenebras lucem, et lucem tenebras; qui dicunt dulce amarum, et amarum dulce.*

Et tamen Dominus ait[1]): *Malus homo de malo the-sauro cordis sui profert mala.* Quid est autem malus homo, nisi mala natura, quia homo natura est? Porro si homo aliquod bonum est, quia natura est, quid est malus homo, nisi malum bonum? Tamen quum duo ista discernimus, invenimus nec ideo malum, quia homo est, nec ideo bonum, quia iniquus est; sed bonum, quia homo, malum, quia iniquus. Quisquis igitur dicit: Malum est hominem esse, aut: Bonum est iniquum esse, ipse incidit in propheticam illam sententiam: *Vae eis qui dicunt, quod bonum est ma-lum, et quod malum est bonum.* Opus enim Dei cul-pat, quod est homo, et vitium hominis laudat, quod est iniquitas. Omnis itaque natura, etiam si vitiosa est, in quantum natura est, bona est, in quantum vi-tiosa est, mala est.

C. XIV. Quapropter in eis contrariis, quae mala et bona vocantur, illa dialecticorum regula deficit, qua dicunt: Nulli rei duo simul inesse contraria. Nullus enim aër simul est et tenebrosus et lucidus; nullus cibus aut potus simul dulcis est et amarus; nullum corpus simul ubi album, ibi et nigrum; nul-lum simul ubi deforme, ibi et formosum. Et hoc in multis ac paene in omnibus contrariis reperitur, ut in una re simul esse non possint. Quum autem bona et mala nullus ambigat esse contraria, non solum si-mul esse possunt, sed etiam mala omnino sine bonis, et nisi in bonis esse non possunt, quamvis bona sine malis esse possint. Potest enim homo vel angelus non esse iniustus; iniustus autem non potest esse nisi homo vel angelus: et bonum, quod homo, bonum, quod angelus, malum, quod iniustus. Et haec duo contraria ita simul sunt, ut si bonum non esset, in quo [malum] esset, prorsus nec malum esse potuis-set; quia non modo ubi consisteret, sed unde orire-

---

1) Luc. 6, 45. Matth. 12, 35.

tur corruptio non haberet, nisi esset quod corrumperetur, quod nisi bonum esset, nec corrumperetur:
quoniam nihil est aliud corruptio, quam boni ex-
terminatio. Ex bonis igitur mala orta sunt, et nisi in
aliquibus bonis non sunt; nec erat alias, unde oriretur
tur ulla mali natura. Nam si esset, in quantum natura
esset, profecto bona esset; et aut incorruptibilis natura magnum esset bonum, aut etiam natura corruptibilis nullo modo esset, nisi aliquod bonum, quod
bonum corrumpendo posset ei nocere corruptio.

C. XV. Sed quum mala ex bonis orta esse dicimus, non putetur hoc dominicae sententiae refra-
gari, qua dixit[1]): *Non potest arbor bona fructus malos facere.* Non potest enim, sicut veritas ait[2]), colligi uva de spinis, quia non potest uva nasci de spinis.
Sed ex bona terra et vites nasci posse videmus, et spi-
nas. Et eodem modo tamquam arbor mala fructus bonos, id est, opera bona, non potest facere voluntas
mala. Sed ex bona hominis natura oriri voluntas et
bona potest et mala. Nec fuit prorsus unde primitus oriretur voluntas mala, nisi ex angeli et hominis
natura bona. Quod et ipse Dominus eodem loco, ubi
de arbore et fructibus loquebatur, apertissime ostendit. Ait enim[3]): *Aut facite arborem bonam, et fructum eius bonum, aut facite arborem malam, et fructum eius malum;* satis admonens ex arbore quidem
bona malos, aut ex mala bonos nasci fructus non
posse, ex ipsa tamen terra, cui loquebatur, utramque arborem [oriri] posse.

C. XVI. Quae quum ita sint, quando nobis Maronis ille versus placet[4]): „Felix qui potuit rerum
cognoscere caussas," non nobis videatur ad felicitatem consequendam pertinere, si sciamus caussas
magnarum in mundo corporalium motionum, quae

---

1) Mat. 7, 18.   2) Ibid. v. 16.   3) Mat. 12, 33.   4) Cf. Virg.
Georg. 2, 490.

abditissimis naturae finibus occuluntur: unde tremor terris, qua vi maria alta tumescant, obicibus ruptis, rursusque in se ipsa residant, et cetera huiusmodi. Sed bonarum et malarum rerum caussas nosse debemus; et id hactenus, quatenus eas homini in hac vita, erroribus aerumnisque plenissima, ad eosdem errores et aerumnas evadendas nosse conceditur. Ad illam quippe felicitatem tendendum est, ubi nulla quatiamur aerumna, nullo errore fallamur. Nam si caussae corporalium motionum noscendae nobis essent, nullas magis nosse quam nostrae valetudinis deberemus. Quum vero eis ignoratis medicos quaerimus, quis non videat, quod de secretis coeli et terrae nos latet, quanta sit patientia nesciendum?

C. XVII. Quamvis enim error quanta possumus cura cavendus sit, non solum in maioribus, verum etiam in minoribus rebus, nec nisi rerum ignorantia possit errari, non est tamen consequens, ut continuo erret quisquis aliquid nescit, sed quisquis se existimat scire quod nescit. Pro vero quippe adprobat falsum, quod est erroris proprium. Verum tamen in qua re quisque erret, interest plurimum. Nam in una eademque re nescienti sciens, et erranti non errans recta ratione praeponitur. In diversis autem rebus, id est, quum iste sciat alia, ille alia, et iste utiliora, et ille minus utilia, vel etiam noxia, quis non in eis, quae ille scit, ei praeferat nescientem? Sunt enim quaedam, quae nescire quam scire sit melius. Itemque nonnullis errare profuit aliquando; sed in via pedum, non in via morum. Nam nobis ipsis accidit, ut in quodam bivio falleremur, et non iremus per eum locum, ubi opperiens transitum nostrum Donatistarum manus armata subsederat[1]); atque ita factum est, ut eo, quo tendebamus, per devium cir-

---

1) Dixit de hac re Possid. in vita August. c. 12.

AUGUST. ENCHIRID. M

cuitum veniremus, cognitisque insidiis illorum nos
gratularemur errasse, atque inde gratias ageremus
Deo. Quis ergo viatorem sic errantem sic non erranti latroni praeponere dubitaverit? Et fortasse
ideo apud illum summum poëtam[1]) loquens quidam
miser amator: „Ut vidi, inquit, ut perii, ut me
malus abstulit error!" quoniam est et error bonus,
qui non solum nihil obsit, verum etiam prosit aliquid. Sed diligentius considerata veritate, quum nihil sit aliud errare, quam verum putare quod falsum
est, falsumque quod verum est, vel certum habere
pro incerto, incertumve pro certo, sive falsum, sive
sit verum, idque tam sit in animo deforme atque indecens, quam pulchrum ac decorum esse sentimus, vel
in loquendo, vel in adsentiendo: est est, non non[2]);
profecto et ob hoc ipsum est vita ista misera, qua vivimus, quod ei nonnumquam, ut non amittatur, error
est necessarius. Absit ut talis sit illa vita, ubi est
animae nostrae ipsa veritas vita, ubi nemo fallit, fallitur nemo. Hic autem homines fallunt, atque falluntur, miserioresque sunt, quum
mentiendo fallunt, quam quum mentientibus credendo falluntur. Usque adeo tamen rationalis natura refugit falsitatem, et quantum potest
devitat errorem, ut falli nolint etiam quicumque
amant fallere. Non enim sibi, qui mentitur, videtur
errare, sed alium in errorem mittere credentem sibi.
Et in ea quidem re non errat, quam mendacio con-
tegit, si novit ipse, quid verum sit; sed in hoc fallitur, quod putat sibi suum non obesse mendacium,
quum magis facienti, quam patienti obsit omne peccatum.

C. XVIII. Verum hic difficillima et latebrosissi-
ma gignitur quaestio, de qua iam grandem librum,
quum respondendi necessitas nos urgeret, absolvi-

---

1) Virg. Ecl. 8, 41. 2) Cf. Mat. 5, 37.

mus: utrum ad officium hominis iusti pertineat aliquando mentiri. Nonnulli enim eo usque progre-
diuntur, ut et peierare, et de rebus ad Dei cultum
pertinentibus ac de ipsa Dei natura falsum aliquid
dicere, nonnumquam bonum piumque opus esse con-
tendant. Mihi autem videtur peccatum quidem esse
omne mendacium, sed multum interesse, quo animo
et quibus de rebus quisque mentiatur. Non enim sic
peccat ille qui consulendi, quomodo ille qui nocendi
voluntate mentitur; aut vero[1]) tantum nocet, qui
viatorem mentiendo in diversum iter mittit, quantum
is, qui viam vitae mendacio fallente depravat. Nemo sane mentiens iudicandus est, qui dicit falsum
quod putat verum, quoniam, quantum in ipso est,
non fallit ipse, sed fallitur. Non itaque mendacii,
sed aliquando temeritatis arguendus est, qui falsa
incautius credita pro veris habet; potiusque e contrario, quantum in ipso est, ille mentitur, qui dicit
verum, quod putat falsum. Quantum enim ad animum eius adtinet, quia non quod sentit hoc dicit,
non verum dicit, quamvis verum inveniatur esse quod
dicit: nec ullo modo liber est a mendacio, qui ore
nesciens verum loquitur, sciens autem voluntate
mentitur. Non consideratis itaque rebus ipsis, de
quibus aliquid dicitur, sed sola intentione dicentis,
melior est, qui nesciens falsum dicit, quoniam id verum putat, quam qui mentiendi animum sciens gerit,
nesciens verum esse quod dicit. Ille namque aliud
non habet in animo, aliud in verbo; huic vero, qualecumque per se ipsum sit quod ab eo dicitur, aliud
tamen clausum in pectore, aliud in lingua promptum
est; quod malum est proprium mentientis. In ipsa-

---

1) „Am., Er., Lov., Dan. (et ed. Col.): *haud vero*. At Mss.
et Am.: *aut vero*, concinnius, sed eodem sensu, quod vis nega-
tionis antecedentis huc usque pertinet." Ben. Cod. Lips. C.:
in vero.

M 2

rum autem quae dicuntur consideratione rerum tantum interest, qua in re quisque fallatur sive mentiatur, ut quum falli, quam mentiri minus sit malum, quantum pertinet ad hominis voluntatem, tamen longe tolerabilius sit, in his, quae a religione sunt seiuncta, mentiri, quam in eis, sine quorum fide vel notitia Deus coli non potest, falli [ut in pluribus a perquirente lucidius investigabitur]. [1]) Quod ut illustretur exemplis, intueamur quale sit, si quisquam, dum mentitur, vivere nuntiet aliquem mortuum; et alius, dum fallitur, credat iterum Christum post quaelibet longa tempora moriturum: nonne illo modo mentiri, quam isto modo falli incomparabiliter praestat, multoque minoris mali est, in illum errorem aliquem inducere, quam in istum ab aliquo induci?

C. XIX. In quibusdam ergo rebus magno, in quibusdam parvo, in quibusdam nullo malo, in quibusdam nonnullo etiam bono fallimur. Nam magno malo fallitur homo, quum hoc non credit, quod ad vitam ducit aeternam, vel hoc credit, quod ad mortem ducit aeternam. Parvo autem malo fallitur, qui falsum pro vero adprobando incidit in aliquas molestias temporales, quibus tamen adhibita fidelis[2]) patientia, convertit eas in usum bonum: veluti si quisquam bonum hominem putando, qui malus est, aliquid ab eo patiatur mali. Qui vero malum hominem ita bonum credit, ut nihil ab eo patiatur mali, nullo malo[3]) fallitur; nec in eum cadit illa prophetica detestatio[4]): *Vae eis qui dicunt quod malum est bonum.* De ipsis enim rebus, quibus homines mali sunt, non de hominibus dictum intelligendum est. Unde qui adulterium dicit bonum, recte arguitur illa

---

1) Haec verba spuria leguntur in edd. Am., Er., Dan. et Col. 2) „Am., Er., Dan., Col. et plures potioresque Mss.: *fideli.*" Ben. 3) „Sic Dan., Arn. et aliquot Mss. (Lips. D.) At Am., Er., Lov. (et Col.): *nullo modo.* Mendose." Ben. 4) Ies. 5, 20

voce prophetica. Qui vero ipsum hominem dicit bonum, quem putat castum et nescit adulterum, non
in doctrina rerum bonarum et malarum, sed in oc-
cultis humanorum fallitur morum, vocans hominem
bonum, in quo putat esse, quod esse non dubitat bonum, et dicens malum adulterum, et bonum castum;
sed hunc bonum dicens nesciendo adulterum esse,
non castum. [1]) Porro si per errorem evadit quisque
perniciem, sicut superius dixi nobis in itinere contigisse, etiam boni aliquid homini errore confertur.
Sed quum dico in quibusdam rebus nullo malo aliquem, vel nonnullo etiam bono falli, non ipsum errorem dico nullum malum vel nonnullum bonum, sed
malum quo non venitur, vel bonum quo venitur errando, id est, ex ipso errore quid non eveniat, vel
quid proveniat. Nam ipse per se ipsum error aut
magnum in re magna, aut parvum in re parva, tamen
semper est malum. Quis enim nisi errans malum
neget, adprobare falsa pro veris, aut improbare vera
pro falsis, aut habere incerta pro certis, vel certa
pro incertis? Sed aliud est, bonum hominem putare,
qui malus est, quod est erroris; et aliud est, ex hoc
malo aliud malum non pati, si nihil noceat homo malus, qui est putatus bonus. Itemque aliud est, ipsam
vitam putare, quae non est ipsa, et aliud est, ex hoc
erroris malo aliquid boni consequi, velut est ab insidiis malorum hominum liberari.

C. XX. Nescio sane, utrum etiam huiusmodi errores: quum homo de malo homine bene sentit, qualis
sit nesciens; aut pro eis, quae per sensus corporis
capimus, occurrunt similia, quae spiritu tamquam
corpore, aut corpore tamquam spiritu sentiuntur
(quale putabat esse apostolus Petrus, quando existi-
mabat se visum videre, repente de claustris et vin-

1

1) Sic legitur in veteribus Ben. libris et Lips. omnibus. Sed
in ante editis: *nesc. adult. esse, illum malum nesciendo castum.*

culis per angelum liberatus[1]); aut in ipsis rebus corporeis lene putatur esse, quod asperum est, aut
dulce, quod amarum est, aut bene olere, quod puti-
dum est, aut tonare, quum rheda transit, aut illum
esse hominem, quum alius sit, quando duo simillimi
sibi sunt, quod in geminis saepe contingit (unde ait
ille[2]): „gratusque parentibus error"), et cetera talia etiam peccata dicenda sint. Nec quaestio nodo-
sissima, quae homines acutissimos Academicos tor-
sit, nunc mihi enodanda suscepta est, utrum aliquid
debeat sapiens adprobare, ne incidat in errorem, si
pro veris adprobaverit falsa, quum omnia, sicut ad-
firmant, vel occulta sint vel incerta. Unde tria con-
feci volumina in initio conversionis meae, ne impedimento nobis essent[3]), quae tamquam in ostio con-
tradicebant. Et utique fuerat removenda inveniendae desperatio veritatis, quae illorum videtur argu-
mentationibus roborari. Apud illos ergo error omnis
putatur esse peccatum, quod vitari non posse contendunt, nisi omnis suspendatur adsensio. Errare
quippe dicunt eum, quisquis adsentitur incertis; nihilque certum esse in hominum visis[4]) propter in-
discretam similitudinem falsi, etiam si, quod videtur,
forte sit verum, acutissimis quidem, sed impuden-
tissimis conflictationibus disputant. Apud nos autem
iustus ex fide vivit.[5]) At si tollatur adsensio, et fides
tollitur, quia sine adsensione nihil creditur. Et sunt
vera, quamvis non videantur, quae nisi credantur,
ad vitam beatam, quae non nisi aeterna est, non potest perveniri. Cum istis vero utrum loqui debeamus
ignoro, qui non solum victuros in aeternum, sed in
praesentia se vivere nesciunt; immo nescire se dicunt, quod nescire non possunt. Neque enim quis-

1) Act. 12, 7. ss. 2) Virg. Aen. 10, 392. 3) Alii Mss. (Lips.
B.): *esset, quae ... contradicebat;* sc. quaestio. 4) Al. *visu.*
5) Cf. Rom. 1, 17. Habac. 2, 4.

quam sinitur nescire se vivere, quando quidem si non
vivit, non potest aliquid vel nescire; quoniam non
solum scire, verum etiam nescire viventis est. Sed
videlicet non adsentiendo, quod vivant, cavere sibi
videntur errorem, quum etiam errando convincantur
vivere; quoniam non potest qui non vivit errare.
Sicut ergo nos vivere non solum verum, sed etiam
certum est, ita vera et certa sunt multa, quibus non
adsentiri, absit ut sapientia potius quam dementia
nominanda sit.

C. XXI. In quibus autem rebus nihil interest ad
capessendum Dei regnum, utrum credantur, an non;
vel utrum vera sive sint, sive putentur, an falsa: in
his errare, id est, aliud pro alio putare, non arbitran-
dum est esse peccatum, aut si est, minimum esse
atque levissimum. Postremo qualecumque illud et
quantumcumque sit, ad illam viam non pertinet, qua
imus ad Deum: quae via fides est Christi, quae
per dilectionem operatur. [1]) Neque enim ab
hac via deviabat in geminis filiis „gratus ille parentibus error"; aut ab hac via deviabat apostolus Petrus, quando se existimans visum videre, aliud pro
alio sic putabat, ut a corporum imaginibus, in quibus
se esse arbitrabatur, vera, in quibus erat, corpora
non dignosceret, nisi quum ab illo angelus, per
quem fuerat liberatus, abscessit[2]); aut ab hac via
deviabat Iacob patriarcha, quando viventem filium
a bestia credebat occisum. [3]) In his atque huiusmodi falsitatibus salva fide, quae in Deum nobis est,
fallimur, et via non relicta, quae ad illum nos ducit, erramus: qui errores etiam si peccata non sunt,
tamen in malis huius vitae deputandi sunt, quae ita
subiecta est vanitati, ut adprobentur hic falsa pro
veris, respuantur vera pro falsis, teneantur incerta
pro certis. Quamvis enim haec ab ea fide absint,

---

1) Cf. Gal. 5, 6.   2) Cf. Act. 12, 9. s.   3) Cf. Gen. 37, 33.

per quam veram certamque ad aeternam beatitudinem tendimus, ab ea tamen miseria non absunt, in
qua adhuc sumus. Nullo modo quippe falleremur
tum aliquo vel animi vel corporis sensu, si iam vera
illa atque perfecta felicitate frueremur.

C. XXII. Porro autem omne mendacium ideo dicendum est esse peccatum, quia homo non solum
quando scit ipse quid verum sit, sed etiam si quando
errat et fallitur sicut homo, hoc debet loqui, quod
animo gerit, sive illud verum sit, sive putetur et non
sit. Omnis autem qui mentitur, contra id, quod animo sentit, loquitur voluntate fallendi. Et utique
verba propterea sunt instituta, non per quae se invicem homines fallant, sed per quae in alterius quisque notitiam cogitationes suas perferat. Verbis igitur uti ad fallaciam, non ad quod instituta sunt, peccatum est. Nec ideo nullum mendacium putandum
est, non esse peccatum, quia possumus aliquando alicui prodesse mentiendo. Possumus enim et furando
[aliquando alicui prodesse], si pauper, cui palam
datur, sentit commodum, et dives, cui clam tollitur,
non sentit incommodum: nec ideo tale furtum quisquam dixerit non esse peccatum. Possumus et adulterando, si aliqua, nisi ad hoc ei consentiatur, adpareat amando moritura, et si vixerit, poenitendo
purganda: nec ideo peccatum negabitur tale adulterium. Si autem merito nobis placet castitas, quid
[quaeso] offendit veritas, ut propter alienam utilitatem illa non violetur adulterando, et violetur ista
mentiendo? [Non ideo mendacium poterit aliquando
laudari, quia nonnumquam pro salute quorumdam
mentimur. Peccatum ergo est, sed veniale, quod
benevolentia excusat, et ideo fallacia damnat]. [1])
Plurimum quidem ad bonum profecisse homines, qui
non nisi pro salute hominis mentiuntur, non est ne-

---

1) Haec verba desunt in omnibus prope Mss.

gandum; sed in eorum tali profectu merito laudatur,
vel etiam temporaliter remuneratur benevolentia,
non fallacia, quae ut ignoscatur satis est, non ut etiam praedicetur, maxime in heredibus testamenti
novi, quibus dicitur [1]): *Sit in ore vestro: est, est;
non, non; quod enim amplius est, a malo est.* Propter
quod malum, quia subrepere in hac mortalitate non
desinit, etiam ipsi coheredes Christi dicunt: *Dimitte
nobis debita nostra.* [2])

C. XXIII. His itaque pro huius brevitatis necessitate tractatis, quoniam caussae cognoscendae sunt
rerum bonarum et malarum, quantum viae satis est,
quae nos perducat ad regnum, ubi erit vita sine
morte, sine errore veritas, sine perturbatione felicitas: nequaquam dubitare debemus, rerum, quae ad
nos pertinent, bonarum caussam non esse nisi bonitatem Dei; malarum vero ab immutabili bono defi-
cientem boni mutabilis voluntatem, prius angeli, hominis postea.

C. XXIV. Hoc primum est creaturae rationalis
malum, id est, prima privatio boni. Deinde iam etiam nolentibus subintravit ignorantia rerum agen-
darum, et concupiscentia noxiarum, quibus comites
subinferuntur error et dolor: quae duo mala quando
imminentia sentiuntur, ea fugitantis animi motus vocatur metus. Porro animus quum adipiscitur con-
cupita, quamvis perniciosa vel inania, quoniam id
errore non sentit, vel delectatione morbida vincitur,
vel [3]) vana etiam laetitia ventilatur. Ex his morbo-
rum, non ubertatis, sed indigentiae tamquam fontibus omnis miseria naturae rationalis emanat.

C. XXV. Quae tamen natura in malis suis non
potuit amittere beatitudinis adpetitum. Verum haec
communia mala sunt et hominum et angelorum pro

---

1) Mat. 5, 37.   2) Mat. 6, 12.   3) „Am., Er., Dan., Arn. (Col.)
et aliquot Mss. (Lips. B.) omittunt *vel.*" Ben.

sua malitia Domini iustitia damnatorum. Sed homo habet et poenam propriam, qua etiam corporis morte punitus est. Mortis quippe supplicium Deus ei comminatus fuerat[1]), si peccaret, sic eum munerans libero arbitrio, ut tamen regeret imperio, terreret exitio; atque in paradisi felicitate tamquam in umbra vitae, unde iustitia custodita in meliora conscenderet, collocavit.

C. XXVI. Hinc post peccatum exsul effectus stirpem quoque suam, quam peccando in se tamquam in radice vitiaverat, poena mortis et damnationis[2]) obstrinxit: ut quidquid prolis ex illo et simul damnata per quam peccaverat coniuge, per carnalem concupiscentiam, in qua inobedientiae poena similis retributa est, nasceretur, traheret originale peccatum, quo traheretur per errores doloresque diversos ad illud extremum cum desertoribus angelis, vitiatoribus et possessoribus et consortibus suis sine fine supplicium. Sic *per unum hominem peccatum intravit in mundum, et per peccatum mors; et ita in omnes homines pertransit, in quo omnes peccaverunt.*[3]) Mundum quippe adpellavit eo loco apostolus universum genus humanum.

C. XXVII. Ita ergo se res habebat. Iacebat in malis, vel etiam volvebatur, et de malis in mala praecipitabatur totius humani generis massa damnata, et adiuncta parti eorum qui peccaverant angelorum, luebat impiae desertionis dignissimas poenas. Ad iram quippe Dei pertinet iustam quidquid caeca et indomita concupiscentia faciunt libenter mali, et quidquid manifestis apertisque[4]) poenis patiuntur inviti, non sane creatoris desistente bonitate, et ma-

---

1) Gen. 2, 17. 2) Sic Am., Er., Dan., Col et Ben. At Lov., Arn., Lugd.: *damnatione*. 3) Rom. 5, 12. 4) Ita legitur in Mss fere omnibus, apud Am., Er., Dan., Col. Sed Ben. et Lugd.: *opertisque*.

lis angelis subministrare vitam vivacemque potentiam (quae subministratio si auferatur, intercidit[1]);
et hominum quamvis de propagine vitiata damnata-
que nascentium formare semina et animare, ordinare
membra, per temporum aetates, per locorum spatia
vegetare sensus, alimenta donare. Melius enim iudicavit de malis bene facere, quam mala nulla esse
permittere. Et si quidem in melius hominum refor-
mationem nullam prorsus esse voluisset, sicut impiorum nulla est angelorum, nonne merito fieret, ut
natura, quae Deum deseruit, quae praeceptum sui
creatoris, quod custodire facillime posset, sua male
utens potestate calcavit atque transgressa est, quae
in se sui creatoris imaginem ab eius lumine contu-
maciter aversa violavit, quae salubrem servitutem
ab eius legibus male libero abrupit arbitrio, universa
in aeternum desereretur ab eo, et pro suo merito
poenam penderet sempiternam? Plane ita faceret,
si tantum iustus, non etiam misericors esset, suam-
que indebitam misericordiam multo evidentius in in-
dignorum potius liberatione monstraret.

C. XXVIII. Angelis igitur aliquibus impia superbia deserentibus Deum, et in huius aëris imam caliginem de superna coelesti habitatione deiectis, resi-
duus numerus angelorum in aeterna cum Deo beatitudine et sanctitate permansit. Neque enim ex uno
angelo lapso atque damnato ceteri propagati sunt,
ut eos sicut homines originale malum obnoxiae suc-
cessionis vinculis obligaret, atque universos traheret ad debitas poenas: sed eo, qui diabolus factus
est, cum sociis impietatis elato, et ipsa cum eis ela-
tione prostrato, ceteri pia obedientia Domino cohae-
serunt, accipientes etiam, quod illi non habuerunt,

---

1) Ita Ben. Mss. plures et Lips. B. C. D.; al. *interibunt;* al.
intercidet; al. *intercidunt.*

certam scientiam, qua essent de sua sempiterna et numquam casura stabilitate securi.

C. XXIX. Placuit itaque universitatis creatori atque moderatori Deo, ut, quoniam non tota multitudo angelorum Deum deserendo perierat, ea quae perierat in perpetua perditione remaneret; quae autem cum Deo illa deserente perstiterat, de sua certissime cognita semper futura felicitate [secura] gauderet: alia vero creatura rationalis, quae in hominibus erat, quoniam peccatis atque suppliciis et originalibus et propriis tota perierat, ex eius parte reparata, quod angelicae societati ruina illa diabolica minuerat, suppleretur. [1]) Hoc enim promissum est resurgentibus sanctis, quod erunt aequales angelis Dei. [2]) Ita superna illa Hierusalem, mater nostra, civitas Dei, nulla civium suorum numerositate fraudabitur, aut uberiore etiam copia fortasse regnabit. Neque enim numerum aut sanctorum hominum, aut immundorum daemonum novimus, in quorum locum succedentes filii sanctae matris [ecclesiae], quae sterilis adparebat in terris, in ea pace, de qua illi ceciderunt, sine ullo temporis termino permanebunt. Sed illorum civium numerus, sive qui est, sive qui futurus est, in contemplatione est eius artificis, qui vocat ea, quae non sunt, tamquam ea quae sunt, atque in mensura et numero et pondere cuncta disponit. [3])

C. XXX. Verum haec pars generis humani, cui liberationem Deus regnumque promisit aeternum, numquid meritis operum suorum reparari potest? Absit. Quid enim boni operatur [4]) perditus, nisi quantum [5]) fuerit a perditione liberatus? [6]) Numquid libero voluntatis arbitrio? Et hoc absit. Nam libero arbitrio

---

1) Lov., Arn., Lugd.: *suppleret.* 2) Luc. 20, 36. Cf. Aug. de civ. dei 22, 1. 3) Cf. Rom. 4, 17. Sap. 11, 21. 4) Sic in Mss.; in edit.: *operari potest.* 5) Al. Mss.: *nisi quando.* 6) Nonnulli Ben. Mss. et 3 Lips.: *reparatus.*

male utens homo et se perdidit et ipsum. Sicut enim
qui se occidit, utique vivendo se occidit, sed se occi-
dendo non vivit, nec se ipsum poterit resuscitare,
quum occiderit: ita quum libero peccaretur arbitrio,
victore peccato amissum est et liberum arbitrium.
A quo enim quis devictus est, huic et servus addictus est.
Petri certe apostoli est ista sententia. [1]) Quae quum
vera sit, qualis, quaeso, potest servi addicti esse
libertas, nisi quando eum peccare delectat? Libera-
liter enim servit, qui sui domini voluntatem libenter
facit. Ac per hoc ad peccandum liber est, qui peccati servus est. Unde ad iuste faciendum liber non
erit, nisi a peccato liberatus esse iustitiae coeperit
servus. Ipsa est vera libertas propter recti facti
laetitiam [2]), simul et pia servitus propter praecepti
obedientiam. Sed ad bene faciendum ista libertas
unde erit homini addicto et vendito, nisi redimat
cuius illa vox est: *Si vos filius liberaverit, tunc vere
liberi eritis?* [3]) Quod antequam fieri in homine incipiat, quo modo quisquam de libero arbitrio in bono
gloriatur opere, qui nondum liber est ad operandum
bene, nisi se vana superbia inflatus extollat, quam
cohibet apostolus dicens: *Gratia salvi facti estis per
fidem?* [4])

C. XXXI. Et ne ipsam sibi saltem fidem sic [ho-
mines] arrogarent, ut non intelligerent divinitus esse
donatam, sicut idem apostolus alio loco dicit [5]), se,
ut fidelis esset, misericordiam consecutum; hic quoque adiunxit atque ait: *Et hoc non ex vobis, sed Dei
donum est; non ex operibus, ne forte quis extollatur.*
Et ne putarentur fidelibus bona opera defutura, rursus adiecit: *Ipsius enim sumus figmentum, creati in
Christo Iesu in operibus bonis, quae praeparavit Deus,*

---

1) 2 Petr. 2, 19. 2) Sic Am., Er., Dan., Arn., Col., Ben. Plerique Mss., Lov. et Lugd.: *recte facti licentiam.* 3) Ioh. 8, 36.
4) Eph. 2, 8. ss. 5) 1 Cor. 7, 25.

ut in illis ambulemus. Tunc ergo efficimur vere liberi, quum Deus nos fingit, id est, format et creat, ut non homines, quod iam fecit, sed ut boni homines simus, quod nunc gratia sua facit, ut simus in Christo Iesu nova creatura[1]), secundum quod dictum est: *Cor mundum crea in me, Deus.*[2]) Neque enim cor eius, quantum pertinet ad naturam cordis humani, non iam creaverat Deus [sed renovationem animae demorantis in corde propheta postulat].[3])

C. XXXII. Item ne quisquam etsi non de operibus, de ipso glorietur libero arbitrio voluntatis, tamquam ab ipso incipiat meritum, cui tamquam debitum reddatur praemium bene operandi ipsa libertas, audiat eumdem gratiae praeconem dicentem[4]): *Deus est enim, qui operatur in vobis et velle et operari pro bona voluntate;* et alio loco[5]): *Igitur non volentis, neque currentis, sed miserentis est Dei.* Quum procul dubio, si homo eius aetatis est, ut ratione iam utatur, non possit credere, sperare, diligere, nisi velit, nec pervenire ad palmam supernae vocationis Dei, nisi voluntate cucurrerit: quomodo ergo non volentis, neque currentis, sed miserentis est Dei, nisi quia et ipsa voluntas, sicut scriptum est[6]), a Deo praeparatur? Alioquin si propterea dictum est: *Non volentis, neque currentis, sed miserentis est Dei,* quia ex utroque fit, id est, et voluntate hominis et misericordia Dei, ut sic dictum accipiamus: *non volentis, neque currentis, sed miserentis est Dei,* tamquam diceretur: non sufficit sola voluntas hominis, si non sit etiam misericordia Dei; non ergo sufficit et sola misericordia Dei, si non sit etiam voluntas hominis, ac per hoc, si recte dictum est: *non volentis hominis, sed miserentis est Dei,* quia id voluntas hominis sola

---

1) Cf. 2 Cor. 5, 17. 2) Ps. 51, 12. 3) Hoc glossema deest in veteribus Ben. Mss. et Lips. B. C. D. 4) Phil. 2, 13. 5) Rom. 9, 16. 6) Prov. 8, 35. sec. LXX.

non implet; cur non et e contrario recte dicitur: non
miserentis est Dei, sed volentis est hominis, quia id
misericordia Dei sola non implet? Porro si nullus
Christianus dicere audebit: non miserentis est Dei,
sed volentis est hominis, ne apostolo apertissime
contradicat; restat, ut propterea recte dictum intelligatur: *non volentis, neque currentis, sed miserentis
est Dei*, ut totum Deo detur, qui hominis voluntatem
bonam et praeparat adiuvandam et adiuvat praepa-
ratam. Praecedit enim bona voluntas hominis multa
Dei dona, sed non omnia; quae autem non praecedit
ipsa, in eis est et ipsa. Nam utrumque legitur in sanctis eloquiis, et: *Misericordia eius praeveniet me*[1]), et:
Misericordia eius subsequetur me.[2]) Nolentem praevenit, ut velit; volentem subsequitur, ne frustra velit.
Cur enim admonemur[3]) orare pro inimicis nostris
utique nolentibus pie vivere, nisi ut Deus in illis
operetur et velle? Itemque cur admonemur[4]) petere
ut accipiamus, nisi ut ab illo fiat quod volumus, a
quo factum est, ut velimus? Oramus ergo pro inimicis nostris, ut misericordia Dei praeveniat eos, sicut
praevenit et nos; oramus autem pro nobis, ut misericordia eius subsequatur nos.

C. XXXIII. Tenebatur itaque iusta damnatione
genus humanum, et omnes erant irae filii. De qua
ira scriptum est[5]): *Quoniam omnes dies nostri defece-
runt, et in ira tua defecimus; anni nostri sicut aranea
meditabuntur.* De qua ira dicit etiam Iob[6]): *Homo
enim natus ex muliere brevis vitae et plenus irae.* De
qua ira dicit et dominus Iesus[7]): *Qui credit in filium,
habet vitam aeternam; qui autem non credit in filium,
non habet vitam [aeternam], sed ira Dei manet super
eum.* Non ait: veniet, sed: *manet super eum.* Cum

---

1) Ps. 59, 11.   2) Ps. 23, 6.   3) Mat. 5, 44.   4) Mat. 7, 7. s.
5) Ps. 89, 9. sec. LXX.   6) C. 14, 1.   7) Ioh. 3, 36. Sunt potius
verba Iohannis baptistae.

hac quippe omnis homo nascitur; propter quod dicit apostolus[1]): *Fuimus enim et nos natura filii irae, sicut et ceteri.* In hac ira quum essent homines per originale peccatum, et tanto gravius et perniciosius, quanto maiora vel plura insuper addiderunt, necessarius erat mediator, hoc est, reconciliator, qui hanc iram sacrificii singularis, cuius erant umbrae omnia sacrificia legis et prophetarum, oblatione placaret. Unde dicit apostolus[2]): *Si enim quum inimici essemus, reconciliati sumus Deo per mortem filii eius, multo magis reconciliati nunc in sanguine eius, salvi erimus ab ira per ipsum.* Quum autem Deus irasci dicitur, non eius significatur perturbatio, qualis est in animo irascentis hominis, sed ex humanis motibus translato vocabulo vindicta eius, quae non nisi iusta est, irae nomen accepit. Quod ergo per mediatorem reconciliamur Deo, et accipimus spiritum sanctum, ut ex inimicis efficiamur filii (*quotquot enim spiritu Dei aguntur, hi filii sunt Dei*[3]): haec est gratia Dei per Iesum Christum dominum nostrum.

C. XXXIV. De quo mediatore longum est, ut quanta dignum est, tanta dicantur, quamvis ab homine dici digna[4]) non possint. Quis enim hoc solum congruentibus explicet verbis, quod *verbum caro factum est, et habitavit in nobis*[5]), ut crederemus in Dei patris omnipotentis unicum filium natum de spiritu sancto et Maria virgine? Ita quippe verbum caro factum est, a divinitate carne suscepta, non in carnem divinitate mutata. Carnem porro hic hominem debemus accipere, a parte totum significante locutione, sicut dictum est[6]): *Quoniam ex operibus legis non iustificabitur omnis caro,* id est, omnis homo. Nam

---

1) Eph. 2, 3.   2) Rom. 5, 9. 10.   3) Rom. 8, 14.   4) Ita in plerisque Ben. Mss. et Lips. B. C. Al. *digne.*   5) Ioh. 1, 14. 6) Rom. 3, 20.

nihil naturae humanae in illa susceptione fas est dicere defuisse, sed naturae ab omni peccati nexu omni modo liberae; non qualis de utroque sexu nascitur per concupiscentiam carnis cum obligatione delicti, cuius reatus regeneratione diluitur, sed qualem de virgine nasci oportebat, quem fides matris, non libido conceperat. Quo si vel nascente [1]) corrumperetur eius integritas, non iam ille de virgine nasceretur, eumque falso, quod absit, de virgine Maria natum tota confiteretur ecclesia, quae imitans eius matrem quotidie parit membra eius, et virgo est. Lege, si placet, de virginitate sanctae Mariae meas literas missas ad illustrem virum, quem cum honore ac dilectione nomino, Volusianum. [2])

C. XXXV. Proinde Christus Iesus, Dei filius, est et Deus et homo: Deus ante omnia saecula, homo in nostro saeculo; Deus, quia Dei verbum (*Deus* enim *erat verbum* [3]), homo autem, quia in unitatem [4]) personae accessit verbo anima rationalis et caro. Quo circa in quantum Deus est, ipse et pater unum sunt, in quantum autem homo, pater maior est illo. [5]) Quum enim esset unicus Dei filius, non gratia, sed natura, ut esset etiam plenus gratia, factus est et hominis filius: idemque ipse utrumque, ex utroque unus Christus; quia quum in forma Dei esset, non rapinam arbitratus est, quod natura erat, id est, aequalis Deo. [6]). Exinanivit autem se, formam servi accipiens, non amittens vel minuens formam Dei. Ac per hoc et minor est factus, et mansit aequalis, utrumque unus, sicut dictum est; sed aliud propter verbum, aliud propter hominem. Propter verbum aequalis patri, propter hominem minor. Unus

---

1) Sic in Mss. et Ben. In edd. legitur: *quod si vel per nascentem.* 2) Cf. Epist. 137. ed. Ben. 3) Ioh 1, 1. 4) Aliquot Ben. Mss. et Lips. hic et infra: *in unitate.* 5) Cf. Ioh. 10, 30. et 14, 28. 6) Cf. Phil. 2, 6. s.

Dei filius, idemque hominis filius; unus hominis filius, idemque Dei filius; non duo filii Dei, Deus et homo, sed unus Dei filius: Deus sine initio, homo a certo initio, dominus noster Iesus Christus.

C. XXXVI. Hic omnino granditer et evidenter Dei gratia commendatur. Quid enim natura humana in homine Christo meruit, ut in unitatem personae unici filii Dei singulariter esset adsumpta? Quae bona voluntas, cuius boni propositi studium, quae bona opera praecesserunt, quibus mereretur iste homo, una fieri persona cum Deo? Numquid antea fuit homo, et hoc ei singulare beneficium praestitum est, quum [1]) singulariter promereretur Deum? Nempe ex quo esse homo coepit, non aliud coepit esse homo, quam Dei filius; et hoc unicus, et propter Deum verbum, quod illo suscepto caro factum est, utique Deus, ut quemadmodum est una persona quilibet homo, anima scilicet rationalis et caro, ita sit Christus una persona, verbum et homo. Unde naturae humanae tanta gloria nullis praecedentibus meritis sine dubitatione gratuita, nisi quia magna hic et sola Dei gratia fideliter et sobrie considerantibus evidenter ostenditur; ut intelligant homines per eamdem gratiam se iustificari a peccatis, per quam factum est, ut homo Christus nullum habere posset peccatum? Sic et eius matrem angelus salutavit, quando ei futurum adnuntiavit hunc partum: *Ave*, inquit, *gratia plena; et paulo post. Invenisti*, ait, *gratiam apud Deum.*[2]) Et haec quidem gratia plena, et invenisse gratiam apud Deum dicitur, ut Domini sui, immo omnium Domini mater esset. De ipso autem Christo Ioannes evangelista quum dixisset: *Et verbum caro factum est, et habita-*

---

1) „Sic optimae notae Remigianus codex, Colbert. 2 et Vatican. 1. Alii Mss. et edd.: *ut singulariter*.“ Ben. 2) Cf. Luc. 1, 28. et 30.

vit in nobis; et vidimus, inquit, *gloriam eius, gloriam quasi unigeniti a patre, plenum gratiae et veritatis.*[1]) Quod ait: *Verbum caro factum est,* hoc est, *plenum gratiae;* quod ait: *gloriam unigeniti a patre,* hoc est, *plenum veritatis.* Veritas quippe ipsa, unigenitus Dei filius, non gratia, sed natura, gratia suscepit hominem tanta unitate personae, ut idem ipse esset etiam hominis filius.

C. XXXVII. Idem namque Iesus Christus, filius Dei unigenitus, id est[2]), unicus, dominus noster, natus est de spiritu sancto et Maria virgine. Et utique spiritus sanctus Dei donum est, quod quidem et ipsum est aequale donanti. Et ideo Deus est etiam spiritus sanctus, patre filioque non minor. Ex hoc ergo quod de spiritu sancto est secundum hominem nativitas Christi, quid aliud quam ipsa gratia demonstratur? Quum enim virgo quaesivisset ab angelo, quo modo id fieret, quod ei nuntiabat, quandoquidem illa virum non cognosceret, respondit angelus[3]): *Spiritus sanctus superveniet in te, et virtus altissimi obumbrabit tibi; ideoque et quod nascetur ex te sanctum vocabitur filius Dei.* Et Ioseph quum vellet eam dimittere, suspicatus adulteram, quam sciebat non de se gravidam, tale responsum ab angelo accepit[4]): *Noli timere accipere Mariam coniugem tuam; quod enim in ea natum est, de spiritu sancto est,* id est, quod tu esse de alio viro suspicaris, de spiritu sancto est.

C. XXXVIII. Numquid tamen ideo dicturi sumus patrem hominis Christi esse spiritum sanctum, ut Deus pater verbum genuerit, spiritus sanctus hominem, ex qua utraque substantia Christus unus esset, et Dei patris filius secundum verbum, et spiritus sancti filius secundum hominem, quod eum spiritus sanctus tamquam pater eius de matre virgine ge-

---

1) Ioh. 1, 14. 2) „Sic Mss. plures et Am., Er., Dan. At Lov., Arn. (et Col.): *idem.*" Ben. 3) Luc. 1, 35. 4) Matth. 1, 20.

N 2

nuisset? Quis hoc dicere audebit? Nec opus ostendere disputando, quanta alia sequantur absurda,
quum hoc ipsum iam ita sit absurdum, ut nullae fideles aures id valeant sustinere. Proinde sicut confitemur[1]): „Dominus noster, Iesus Christus, qui de
Deo Deus, homo autem natus est de spiritu sancto et
Maria virgine, utraque substantia, divina scilicet atque humana, filius est unicus Dei patris omnipotentis, de quo procedit spiritus sanctus." Quo modo
ergo dicimus Christum natum de spiritu sancto, si
non eum genuit spiritus sanctus? An quia fecit eum,
quoniam Dominus noster Iesus Christus in quantum
Deus est, *omnia per ipsum facta sunt*[2]); in quantum
autem homo est, et ipse factus est, sicut apostolus
dicit[3]): *Factus est ex semine David secundum carnem?*
Sed quum illam creaturam, quam virgo concepit et
peperit, quamvis ad solam personam filii pertinentem, tota trinitas fecerit (neque enim separabilia
sunt opera trinitatis), cur in ea facienda solus spiritus sanctus nominatus est? An et quando unus trium
in aliquo opere nominatur, universa operari trinitas
intelligitur? Ita vero est, et exemplis doceri potest.
Sed non est in hoc diutius immorandum. Illud enim
movet, quo modo dictum sit[4]): „natus de spiritu
sancto," quum filius nullo modo sit spiritus sancti.
Neque enim quia mundum istum fecit Deus, dici eum
fas est Dei filium, aut eum natum de Deo, sed factum, vel creatum, vel conditum, vel institutum ab
illo, vel si quid huiusmodi recte possumus dicere.
Hic ergo, quum confiteamur natum de spiritu sancto
et Maria virgine, quo modo non sit filius spiritus

---

1) In symbolo apost. ecclesiae Latinae antiquiore. 2) Ioh.
1, 3. 3) Rom. 1, 3. 4) In symbolo apostol., quemadmodum
traditur a Rufino et Epiphanio ex Marcelli Ancyrani symb.
Graeco. Sed in exemplo ecclesiae Rom. legitur: *conceptus de
spiritu s., natus ex Maria virgine.* Cf. August. de fide et symbolo c. 4.

sancti, et sit filius virginis Mariae, quum et de illo et de illa sit natus, explicare difficile est. Procul dubio quippe non sic de illo ut de patre, sic autem de illa ut de matre natus est.

C. XXXIX. Non igitur concedendum est, quidquid de aliqua re nascitur, continuo eiusdem rei filium nuncupandum. Ut enim omittam aliter de homine nasci filium, aliter capillum, pediculum, lumbricum, quorum nihil est filius: ut ergo haec omittam, quoniam tantae rei deformiter comparantur; certe qui nascuntur ex aqua et spiritu sancto, non aquae filios eos rite dixerit quispiam, sed plane dicuntur filii Dei patris et matris ecclesiae. Sic ergo de spiritu sancto natus est filius Dei patris, non spiritus sancti. Nam et illud quod de capillo et de ceteris diximus, ad hoc tantum valet, ut admoneamur, non omne, quod de aliquo nascitur, etiam filium eius, de quo nascitur, posse dici: sicut non omnes, qui dicuntur alicuius filii, consequens est, ut de illo etiam nati esse dicantur; sicut sunt qui adoptantur. Dicuntur etiam filii gehennae non ex illa nati, sed in illam praeparati, sicut filii regni [1]) praeparantur in regnum.

C. XL. Quum itaque de aliquo nascatur aliquid etiam non eo modo, ut sit filius, nec rursus omnis, qui dicitur filius, de illo sit natus, cuius dicitur filius; profecto modus iste, quo natus est Christus de spiritu sancto non sicut filius, et de Maria virgine sicut filius, insinuat nobis gratiam Dei, qua homo, nullis praecedentibus meritis, in ipso exordio naturae suae quo esse coepit, verbo Deo [2]) copularetur in tantam personae unitatem, ut idem ipse esset filius Dei, qui

---

1) Ben. et al.: *qui praeparantur.* Sed pronomen *qui* deest in 4 Mss. Vaticanis et antiquioribus Gallicanis, ut in omnibus codd. Lips. et ed. Colon. 2) „Sic meliores Mss.; sed al. et edit.: *verbo Dei.*" Ben.

filius hominis, et filius hominis, qui filius Dei; ac sic in naturae humanae susceptione fieret quodam modo ipsa gratia illi homini naturalis, quae[1]) nullum peccatum posset admittere. Quae gratia propterea per spiritum sanctum fuerat significanda, quia ipse proprie sic est Deus, ut dicatur etiam Dei donum. Unde sufficienter loqui[2]), si tamen id fieri potest, valde prolixae disputationis est.

C. XLI. Nulla igitur voluptate carnalis concupiscentiae seminatus sive conceptus est, et ideo nullum peccatum originaliter trahens, Dei quoque gratia verbo patris unigenito, non gratia filio, sed natura, in unitate personae, modo mirabili et ineffabili adiunctus et concretus, et ideo nullum peccatum et ipse committens, tamen propter similitudinem carnis peccati, in qua venerat, dictus est et ipse peccatum, sacrificandus ad diluenda peccata. In veteri quippe lege peccata vocabantur sacrificia pro peccatis.[3]) Quod vere iste factus est, cuius umbrae erant illa. Hinc apostolus quum dixisset[4]): *Obsecramus pro Christo, reconciliari Deo;* continuo subiunxit, atque ait: *Eum, qui non noverat peccatum, pro nobis peccatum fecit, ut nos simus iustitia Dei in ipso.* Non ait, ut in quibusdam mendosis codicibus legitur: „Is, qui non noverat peccatum, pro nobis peccatum fecit," tamquam pro nobis Christus ipse peccaverit; sed ait: *Eum, qui non noverat peccatum,* id est, Christum, *pro nobis peccatum fecit* Deus, cui reconciliandi sumus, hoc est, sacrificium pro peccatis, per quod reconciliari valeremus. Ipse ergo peccatum, *ut nos iustitia,* nec nostra, sed *Dei* [*simus*], nec in nobis, sed *in ipso:* sicut ipse peccatum non suum, sed nostrum, nec in

---

1) „German. codex: *qui;* al. duo Mss : *qua.*" Ben. 2) „Hic Am., Er., Lov., Arn. al. addunt: *perlongum esset,* quae verba absunt a Mss." Ben. 3) חַטָּאת. Cf. Lev. 6, 23. Num. 8, 8. Hos. 4, 8. 4) 2 Cor. 5, 20. s.

se, sed in nobis constitutum, similitudine carnis peccati, in qua crucifixus est, demonstravit, ut, quoniam peccatum ei non inerat, ita quodam modo peccato moreretur, dum moritur carni, in qua erat similitudo peccati, et quum secundum vetustatem peccati numquam ipse vixisset, nostram ex morte veteri, qua in peccato mortui fueramus, reviviscentem vitam novam sua resurrectione signaret. [1])

C. XLII. Ipsum est, quod in nobis celebratur magnum baptismatis sacramentum, ut quicumque ad istam pertinent gratiam, moriantur peccato, sicut ipse peccato mortuus dicitur, quia mortuus est carni, hoc est, peccati similitudini, et vivant a lavacro renascendo, sicut ipse a sepulcro resurgendo, quamlibet corporis aetatem gerant.

C. XLIII. A parvulo enim recens nato usque ad decrepitum senem, sicut nullus est prohibendus a baptismo, ita nullus est, qui non peccato moriatur in baptismo. Sed parvuli tantum originali, maiores autem etiam eis omnibus moriuntur peccatis, quaecumque male vivendo addiderunt ad illud, quod nascendo traxerunt.

C. XLIV. Sed ideo etiam ipsi peccato mori plerumque dicuntur, quum procul dubio non uni, sed multis peccatis omnibusque moriantur, quaecumque iam propria commiserunt, vel cogitatione, vel locutione, vel opere; quia etiam per singularem numerum pluralis numerus significari solet, sicut ait ille[2]): „Uterumque armato milite complent;" quamvis hoc multis militibus fecerint. Et in nostris literis legitur[3]): *Ora ergo ad Dominum, ut auferat a nobis serpentem.* Non ait serpentes, quos patiebatur populus, ut hoc diceret; et innumerabilia talia. Quum vero et illud originale unum plurali numero

---

1) Cf. Rom. 6, 3. ss. et 8, 3.   2) Virg. Aen. 2, 20.   3) Num 21, 7. cf. interpr. LXX.

significatur, quando dicimus, in peccatorum remissionem baptizari parvulos, nec dicimus in remissionem peccati, illa est e contrario locutio, qua per pluralem significatur numerus singularis. Sicut in evangelio [1]) Herode mortuo dictum est: *Mortui sunt enim qui quaerebant animam pueri.* Non dictum est: mortuus est. Et in Exodo [2]): *Fecerunt,* inquit, *sibi Deos aureos,* quum unum vitulum fecerint tantum, de quo dixerunt [3]): *Hi sunt dii tui, Israel, qui eduxerunt te de terra Aegypti;* et hic pluralem ponentes pro singulari.

C. XLV. Quamvis et in illo peccato uno, quod per unum hominem intravit in mundum, et in omnes homines pertransiit [4]), propter quod etiam parvuli baptizantur, possint intelligi plura peccata, si unum ipsum in sua quasi membra singula dividatur. Nam et superbia est illic, quia homo in sua potius esse, quam in Dei potestate dilexit; et sacrilegium, quia Deo non credidit; et homicidium, quia se praecipitavit in mortem; et fornicatio spiritalis, quia integritas mentis humanae serpentina suasione corrupta est; et furtum, quia cibus prohibitus usurpatus est; et avaritia, quia plus quam illi sufficere debuit adpetivit, et si quid aliud in hoc uno admisso diligenti consideratione inveniri potest.

C. XLVI. Parentum quoque peccatis parvulos obligari, non solum primorum hominum, sed etiam suorum, de quibus ipsi nati sunt, non improbabiliter dicitur. Illa quippe divina sententia [5]): *Reddam peccata patrum in filios,* tenet eos utique ante quam per regenerationem ad testamentum novum incipiant pertinere. Quod testamentum prophetabatur, quum diceretur per Ezechielem, non accepturos filios peccata patrum suorum, nec ulterius futuram in Israel parabolam illam: *Patres manducaverunt uvam acer-*

---

1) Matth. 2, 20. 2) C. 32, 31. 3) Exod. 32, 4. 4) Cf. Rom. 5, 12. et Gen. 3, 1. ss. 5) Cf. Exod. 20, 5. et Deut. 5, 9.

bam, et dentes filiorum obstupuerunt.[1]) Ideo enim
quisque renascitur, ut solvatur in eo quidquid peccati est, cum quo nascitur. Nam peccata, quae male
agendo postea committuntur, possunt et poenitendo
sanari, sicut etiam post baptismum fieri videmus.
Ac per hoc non est instituta regeneratio, nisi quia
vitiosa est generatio, usque adeo ut etiam de legi-
timo matrimonio procreatus dicat: *In iniquitatibus
conceptus sum, et in peccatis mater mea me in utero
aluit.*[2]) Neque hic dixit: in iniquitate, vel peccato,
quum et hoc recte dici posset; sed iniquitates et peccata dicere maluit: quia et in illo uno, quod in omnes
homines pertransiit, atque tam magnum est, ut eo
mutaretur et converteretur in necessitatem mortis
humana natura, reperiuntur sicut supra disserui,
plura peccata, et alia parentum, quae etsi non ita
possunt mutare naturam, reatu tamen obligant filios,
nisi gratuita gratia et misericordia divina subveniat.

C. XLVII. Sed de peccatis aliorum parentum, quibus ab ipso Adam usque ad patrem suum progenera-
toribus suis quisque succedit, non immerito disce-
ptari potest. Utrum omnium malis actibus et multi-
plicatis delictis originalibus qui nascitur implicetur,
ut tanto peius, quanto posterius quisque nascatur;
an propterea Deus in tertiam et quartam generatio-
nem de peccatis parentum eorum posteris commine-
tur, quia iram suam quantum ad progeneratorum cul-
pas non extendit ulterius moderatione miserationis
suae, ne illi, quibus regenerationis gratia non confertur, nimia sarcina in ipsa sua aeterna damnatione
premerentur, si cogerentur ab initio generis humani
omnium praecedentium parentum suorum originaliter peccata contrahere, et poenas pro eis debitas
pendere; an aliud aliquid de re tanta, scripturis
sanctis diligentius perscrutatis atque tractatis, va-

---

1) Ezech. 18, 2. ss.   2) Ps. 50, 7. sec. LXX.

leat vel non valeat reperiri, temere adfirmare non audeo.

C. XLVIII. Illud tamen unum peccatum, quod tam magnum in loco et habitu tantae felicitatis admissum est, ut in uno homine originaliter, atque, ut ita dixerim, radicaliter totum genus humanum damnaretur, non solvitur ac diluitur, nisi per unum mediatorem Dei et hominum, hominem Christum Iesum, qui solus potuit ita nasci, ut ei non opus esset renasci.

C. XLIX. Non enim renascebantur, qui baptismate Iohannis baptizabantur, a quo et ipse baptizatus est [1]), sed quodam praecursorio illius ministerio, qui dicebat [2]): *Parate viam Domino!* huic uno, in quo solo renasci poterant, parabantur. Huius enim baptismus est non in aqua tantum, sicut fuit Iohannis, verum etiam et in spiritu sancto [3]), ut de illo spiritu regeneretur quisquis in Christum credit, de quo Christus generatus regeneratione non eguit. Unde vox illa patris quae super baptizatum facta est: *Ego hodie genui te* [4]), non unum illum temporis diem, quo baptizatus est, sed immutabilis aeternitatis ostendit, ut illum hominem ad unigeniti personam pertinere monstraret. Ubi enim dies nec hesterni fine inchoatur, nec initio crastini terminatur, semper hodiernus est. In aqua ergo baptizari voluit a Iohanne, non ut eius iniquitas ulla dilueretur, sed ut magna commendaretur humilitas. [5]) Ita quippe nihil in eo baptismus, quod ablueret, sicut mors nihil quod puniret, invenit; ut diabolus veritate iustitiae, non violentia potestatis oppressus et victus, quoniam ipsum sine ullo peccati merito iniquissime occiderat, per ipsum iustissime amitteret, quos peccati merito de-

---

1) Cf. Matth. 3, 13. ss. 2) Matth. 3, 3. Luc. 3, 4. 3) Cf. Mat. 3, 11. Marc. 1, 8. 4) Haec verba leguntur: Hebr. 1, 5. 5, 5. (e Ps. 2, 7.), sed in ev. Mat. 3, 17. et loc. par.: οὗτός ἐστιν ὁ υἱός μου ὁ ἀγαπητός, ἐν ᾧ εὐδόκησα. 5) Cf. Matth. 3, 15.

tinebat. Utrumque igitur ab illo, id est, et baptismus
et mors, certae dispensationis caussa, non miseranda
necessitate, sed miserante potius voluntate susceptum est, ut unus peccatum tolleret mundi, sicut
unus peccatum misit in mundum, hoc est, in universum genus humanum.

C. L. Nisi quod ille unus unum peccatum misit in
mundum, iste vero unus non solum unum illud, sed
cuncta simul abstulit, quae addita invenit. Unde dicit apostolus [1]): *Non sicut per unum peccantem* [2]), *ita
est et donum; nam iudicium quidem ex uno in condemnationem, gratia autem ex multis delictis in iustificationem:* quia utique illud unum, quod originaliter
trahitur, etiam si solum sit, obnoxios damnationi facit; gratia vero ex multis delictis iustificat hominem, qui praeter illud unum, quod communiter cum
omnibus originaliter traxit, sua quoque propria
multa commisit.

C. LI. Verum tamen quod paulo post dicit [3]):
*Sicut per unius delictum in omnes homines ad conde-
mnationem, ita et per unius iustitiam in omnes homines
ad iustificationem vitae,* satis indicat, ex Adam neminem natum, nisi damnatione detineri, et neminem nisi in Christo renatum a damnatione
liberari.

C. LII. De qua per unum hominem poena, et per
unum hominem gratia quum locutus fuisset, quantum illi epistolae suae loco sufficere iudicavit, deinde sacri baptismatis in cruce Christi grande mysterium commendavit eo modo, ut intelligamus, nihil
aliud esse in Christo baptismum, nisi mortis Christi
similitudinem; nihil autem aliud mortem Christi

---

1) Rom. 5, 16. 2) Sic Ben. secundum textum Graec.: δι' ἑνὸς
ἁμαρτήσαντος. quem sequi solet Augst. Sed Arn., Lugd., 6 Ben.
Mss., et codd. Lips.: *per unum peccatum* (δι' ἑνὸς ἁμαρτήματος).
3) Rom. 5, 18.

crucifixi, nisi remissionis peccati similitudinem, ut, quemadmodum in illo vera mors facta est, sic in nobis vera remissio peccatorum; et quemadmodum in illo vera resurrectio, ita in nobis vera iustificatio. Ait enim [1]): *Quid ergo dicemus? Permanebimus in peccato, ut gratia abundet?* Dixerat enim superius [2]): *Ubi enim abundavit peccatum, ibi superabundavit gratia.* Et ideo quaestionem sibi ipse proposuit, utrum propter abundantiam gratiae consequendam in peccato sit permanendum. Sed respondit [3]): *Absit.* Atque subiecit: *Si mortui sumus peccato, quomodo vivemus in eo?* Deinde ut ostenderet, nos mortuos esse peccato: *An ignoratis,* inquit, *quoniam quicumque baptizati sumus in Christo Iesu, in morte ipsius baptizati sumus?* Si ergo hinc ostendimur mortui esse peccato, quia in morte Christi baptizati sumus, profecto et parvuli, qui baptizantur in Christo, peccato moriuntur, quia in morte ipsius baptizantur. Nullo enim excepto dictum est: *Quicumque baptizati sumus in Christo Iesu, in morte ipsius baptizati sumus.* Et ideo dictum est, ut probaretur mortuos nos esse peccato. Cui autem peccato parvuli renascendo moriuntur, nisi quod nascendo traxerunt? Ac per hoc etiam ad ipsos pertinet quod sequitur, dicens: *Consepulti sumus ergo* [4]) *illi per baptismum in mortem, ut, quemadmodum surrexit Christus a mortuis per gloriam patris, ita et nos in novitate vitae ambulemus. Si enim complantati facti sumus similitudini mortis eius, simul et resurrectionis erimus, hoc scientes, quia vetus homo noster simul crucifixus est, ut evacuetur corpus peccati, ut ultra non serviamus peccato. Qui enim mortuus est, iustificatus est a peccato. Si autem mortui sumus cum Christo, credimus, quia simul etiam vivemus cum*

---

1) Rom. 6, 1.   2) Rom. 5, 20.   3) Rom. 6, 2. ss.   4) „Sic antiquiores Mss. secundum Graec. (οὖν). At editi: *consepulti enim sumus.*" Ben.

illo, scientes, quia Christus resurgens a mortuis iam non moritur; mors illi ultra non dominabitur. Quod enim mortuus est peccato, mortuus est semel, quod autem vivit, vivit Deo. *Ita et vos existimate, mortuos quidem vos esse peccato, vivere autem Deo in Christo Iesu.* Hinc enim probare coeperat, non esse nobis permanendum in peccato, ut gratia abundet, et dixerat: *Si mortui sumus peccato, quomodo vivemus in eo?* Atque ut ostenderet, mortuos nos esse peccato, subiecerat: *An ignoratis, quoniam quicumque baptizati sumus in Christo Iesu, in morte ipsius baptizati sumus?* Sic itaque totum locum istum conclusit, ut coepit. [1] Mortem quippe Christi sic insinuavit, ut etiam ipsum mortuum diceret esse peccato. Cui peccato, nisi carni [2]), in qua erat non peccatum, sed similitudo peccati, et ideo nomine adpellata peccati? Baptizatis itaque in morte Christi, in qua non solum maiores, verum etiam parvuli baptizantur, ait: *Sic et vos,* id est, quemadmodum Christus, *sic et vos existimate vos mortuos esse peccato, vivere autem Deo in Christo Iesu.*

C. LIII. Quidquid igitur gestum est in cruce Christi, in sepultura, in resurrectione tertio die, in adscensione in coelum, in sede ad dexteram patris, ita gestum est, ut his rebus non mystice tantum dictis, sed etiam gestis configuraretur vita Christiana, quae hic geritur. Nam propter ejus crucem dictum est [3]): *Qui autem Iesu Christi sunt, carnem suam crucifixerunt cum passionibus [4]) et concupiscentiis.* Propter sepulturam [5]): *Consepulti enim sumus Christo per baptismum in mortem.* Propter resurrectionem: *Ut quemadmodum Christus resurrexit a mortuis per gloriam patris, ita et nos in novitate vitae ambulemus.*

---

1) Rom 6, 11. 2) Sic meliores Mss.; at edd.: *carnis.* 3) Gal. 5, 24. 4) Sic legitur in optimis codd. sec. Graec. textum: σὺν τοῖς παθήμασι. At in edd.: *cum vitiis.* 5) Rom. 6, 4.

Propter adscensionem vero in coelum, sedemque ad dexteram patris: *Si autem resurrexistis cum Christo, quae sursum sunt quaerite, ubi Christus est ad dexteram Dei sedens; quae sursum sunt sapite, non quae super terram: mortui enim estis, et vita vestra abscondita est cum Christo in Deo.* [1])

C. LIV. Iam vero quod de Christo confitemur futurum, quoniam de coelo venturus est, vivos iudicaturus et mortuos, non pertinet ad vitam nostram, quae hic geritur, quia nec in rebus gestis eius est, sed in fine saeculi gerendis. Ad hoc pertinet, quod apostolus secutus adiunxit [2]): *Quum Christus adparuerit, vita vestra, tunc et vos adparebitis cum illo in gloria.*

C. LV. Duobus autem modis accipi potest, quod vivos et mortuos iudicabit: sive ut vivos intelligamus, quod hic nondum mortuos, sed adhuc in ista carne viventes inventurus est eius adventus, mortuos autem, qui de corpore prius quam veniat exierunt vel exituri sunt; sive vivos iustos, mortuos autem iniustos, quoniam iusti quoque iudicabuntur. Aliquando enim iudicium Dei ponitur in malo, unde illud est [3]): *Qui autem male egerunt, in resurrectionem iudicii;* aliquando et in bono, secundum quod dictum est [4]): *Deus, in nomine tuo salvum me fac, et in virtute tua iudica me.* Per iudicium quippe Dei fit ipsa bonorum malorumque discretio, ut liberandi a malo, non perdendi cum malis, boni ad dexteram segregentur [5]); propter quod ille clamabat: *Iudica me, Deus.* Et quid dixerat velut exponens: *Et discerne,* inquit [6]), *caussam meam de gente non sancta.*

C. LVI. Quum autem de Iesu Christo, filio Dei unico, domino nostro, quod ad brevitatem confessionis pertinet, diximus, adiungimus, sic [7]) cre-

---

1) Col. 3, 1. ss.   2) Col. 3, 4.   3) Ioh. 5, 29.   4) Ps. 54, 3.
5) Matth. 25, 31. ss.   6) Ps. 43, 1.   7) Al. Mss.: *adiungimus his* quidam (Lips. B.): *adiungimus, ut scis.*

dere nos et in spiritum sanctum, ut illa trinitas compleatur, quae Deus est. Deinde sancta commemoratur ecclesia. Unde datur intelligi rationalem creaturam ad Hierusalem liberam pertinentem[1]), post commemorationem creatoris, id est, summae illius trinitatis, fuisse subdendam: quoniam quidquid de homine Christo dictum est, ad unitatem personae unigeniti pertinet. Rectus itaque confessionis ordo poscebat, ut trinitati subiungeretur ecclesia, tamquam habitatori domus sua, et Deo templum suum, et conditori civitas sua. Quae tota hic accipienda est, non solum ex parte, qua peregrinatur in terris, a solis ortu usque ad occasum laudans nomen Domini et post captivitatem vetustatis cantans canticum novum; verum etiam ex illa, quae in coelis semper, ex quo condita est, cohaesit Deo, nec ullum malum sui casus experta est. Haec in sanctis angelis beata persistit, et suae parti peregrinanti sicut oportet opitulatur; quia utraque una erit consortio aeternitatis, et nunc una est vinculo caritatis, quae tota instituta est ad colendum unum Deum. Unde nec tota, nec ulla pars eius vult se coli pro Deo, nec cuiquam esse Deus pertinenti ad templum Dei, quod aedificatur ex diis, quos facit non factus Deus. Ac per hoc spiritus sanctus, si creatura non creator esset, profecto creatura rationalis esset. Ipsa est enim[2]) summa creatura; et ideo in regula fidei[3]) non poneretur ante ecclesiam, quia et ipse ad ecclesiam pertineret in illa eius parte, quae in coelis est. Nec haberet templum, sed etiam ipse templum esset Templum autem habet, de quo dicit apostolus[4]): *Nescitis, quia corpora vestra templum est[5]) spiritus sancti, qui in vobis est, quem habetis a Deo?* De quibus alio loco dicit[6]):

---

1) Cf. Gal. 4, 26. 2) „Sic Mss.; at editi: *ipse enim esset.*" Ben. 3) I. e. in symbolo apostolico. Cf. c. 8. 4) 1 Cor. 6, 19. 5) Sic in Mss. legitur. Edd.: *sunt.* 6) 1 Cor. 6, 15.

Nescitis, quia corpora vestra membra sunt Christi? Quomodo ergo Deus non est, qui templum habet; aut minor Christo est, cuius membra templum habet? Neque enim aliud templum eius, aliud templum Dei est, quum idem dicat apostolus[1]): *Nescitis, quia templum Dei estis?* Quod ut probaret, adiecit: *Et spiritus Dei habitat in vobis?* Deus ergo habitat in templo suo; non solum spiritus sanctus, sed etiam pater, et filius, qui etiam de corpore suo, per quod factus est caput ecclesiae, quae in hominibus est, ut sit ipse in omnibus primatum tenens, ait[2]): *Solvite templum hoc, et in triduo suscitabo illud.* Templum ergo Dei, hoc est, totius summae illius trinitatis, sancta est ecclesia, scilicet universa in coelo et in terra.

C. LVII. Sed de illa, quae in coelo est, adfirmare quid possumus, nisi quod nullus in ea malus est, nec quisquam deinceps de illa cecidit aut casurus est, ex quo *Deus angelis peccantibus non pepercit,* sicut scribit apostolus Petrus[3]), *sed carceribus caliginis inferi retrudens tradidit in iudicio puniendos reservari?*

C. LVIII. Quo modo autem se habeat beatissima illa et superna societas; quae ibi sint differentiae praepositurarum[4]), ut, quum omnes tamquam generali nomine angeli nuncupentur, sicut in epistola ad Hebraeos[5]) legimus: *Cui enim angelorum Deus dixit aliquando: sede a dexteris meis?* (hoc quippe modo significavit omnes universaliter angelos dici) sint tamen illic archangeli; et utrum eidem archangeli adpellentur virtutes, atque ita dictum sit[6]): *Laudate eum, omnes angeli eius, laudate eum, omnes virtutes eius,* ac si diceretur: Laudate eum, omnes angeli eius, laudate eum, omnes archangeli eius; et quid inter se distent quatuor illa vocabula, quibus univer-

---

1) 1 Cor. 3, 16.   2) Ioh. 2, 19. Cf. Col. 1, 18.   3) 2 Petr. 2, 4.
4) „Editi: *personarum.* At Mss. plerique: *praepositurarum,* nonnulli: *praepositorum.*" Ben.   5) C. 1, 13.   6) Ps. 148, 2.

sam ipsam coelestem societatem videtur apostolus
esse complexus dicendo [1]): *sive sedes, sive dominatio-*
nes, sive principatus, sive potestates: dicant qui possunt,
si tamen possunt probare quod dicunt; ego me ista
ignorare confiteor. Sed nec illud quidem certum habeo, utrum ad eamdem societatem pertineant sol et
luna et cuncta sidera, quamvis nonnullis lucida corpora esse, non cum sensu vel intelligentia videantur. [2])

C. LIX. Itemque angeli, quis explicet, cum qualibus corporibus adparuerint hominibus, ut non solum cernerentur, verum etiam tangerentur; et rursus non solida corpulentia, sed spiritali potentia
quasdam visiones, non oculis corporeis, sed spiritalibus, vel mentibus ingerant, vel dicant aliquid non
ad aurem forinsecus, sed intus animae [3]) hominis,
etiam ipsi ibidem constituti, sicut scriptum est in
prophetarum libro [4]): *et dixit mihi angelus, qui loque-*
batur in me (non enim ait: qui loquebatur ad me, sed
in me); vel adpareant et in somnis, et colloquantur
more somniorum; habemus quippe in evangelio [5]):
ecce angelus Domini adparuit illi in somnis dicens?
His enim modis velut indicant se angeli contrectabi-
lia corpora non habere; faciuntque difficillimam
quaestionem, quo modo patres eis pedes laverint [6]),
quo modo Iacob cum angelo tam solida contrecta-
tione luctatus sit. [7]) Quum ista quaeruntur, et ea,
sicut potest, quisque coniectat, non inutiliter exercentur ingenia, si adhibeatur disceptatio moderata,
et absit error opinantium se scire quod nesciunt.
Quid enim opus est, ut haec atque huiusmodi adfir-
mentur vel negentur vel definiantur cum discrimine,
quando sine crimine nesciuntur?

---

1) Col. 1, 16.   2) Cf. Aug. ad Orosium contra Priscill.
c. 11.   3) Sic Mss. At edit. omnes: *intus in animo.* 4) Zach.
1, 9. 5) Matth. 1, 20. 6) Cf. Gen. 18, 4. 19, 2. 7) V. Gen.
32, 25. ss.

C. LX. Magis opus est diiudicare atque dignoscere, quum se satanas transfigurat velut angelum lucis[1]), ne fallendo ad aliqua perniciosa seducat. Nam quando sensus corporis fallit, mentem vero non movet a vera rectaque sententia, qua quisque vitam fidelem gerit, nullum est in religione periculum: vel quum se bonum fingens ea facit sive dicit, quae bonis angelis congruunt, etiam si credatur bonus, non est error Christianae fidei periculosus aut morbidus. Quum vero per haec aliena ad sua incipit ducere, tunc eum dignoscere, nec ire post eum, magna et necessaria vigilantia est. Sed quotusquisque hominum idoneus est omnes mortiferos eius dolos evadere, nisi regat atque tueatur Deus? Et ipsa huius rei difficultas ad hoc est utilis, ne sit spes sibi quisque, aut homo alter alteri, sed Deus suis omnibus. Id enim nobis potius expedire prorsus piorum ambigit nemo.

C. LXI. Haec ergo, quae in sanctis angelis et virtutibus Dei est ecclesia, tunc nobis, sicuti est, innotescet, quum ei coniuncti fuerimus in finem ad simul habendam beatitudinem sempiternam. Ista vero, quae ab illa peregrinatur in terris, eo nobis notior est, quod in illa sumus, et quia hominum est, quod et nos sumus. Haec sanguine mediatoris, nullum habentis peccatum, ab omni redempta est peccato, eiusque vox est: *Si Deus pro nobis, quis contra nos? Qui filio proprio suo non pepercit, sed pro nobis omnibus tradidit illum.*[2]) Non enim pro angelis mortuus est Christus. Sed ideo etiam pro angelis fit, quidquid hominum per eius mortem redimitur et liberatur a malo, quoniam cum eis quodam modo redit in gratiam, post inimicitias, quas inter homines et sanctos angelos peccata fecerunt, et ex ipsa

1) Cf. 2 Cor. II, 14. 2) Rom. 8, 31.

hominum redemptione ruinae illius angelicae detrimenta reparantur.

C. LXII. Et utique noverunt sancti angeli docti a Deo, cuius veritatis aeterna contemplatione beati sunt, quanti numeri supplementum de genere humano integritas illius civitatis exspectet. Propter hoc ait apostolus [1]), *instaurari omnia in Christo, quae in coelis sunt et quae in terris.* Instaurantur quippe quae in coelis sunt, quum id quod inde in angelis lapsum est, ex hominibus redditur: instaurantur autem quae in terris sunt, quum ipsi homines, qui praedestinati sunt ad aeternam vitam, a corruptionis vetustate renovantur. Ac sic per illud singulare sacrificium, in quo mediator est immolatus, quod unum multae in lege victimae figurabant, pacificantur coelestia cum terrestribus, et terrestria cum coelestibus. Quoniam sicut idem apostolus dicit [2]): *In ipso complacuit omnem plenitudinem [divinitatis] inhabitare, et per eum reconciliari omnia in ipsum, pacificans per sanguinem crucis eius, sive quae in terris sunt, sive quae in coelis.*

C. LXIII. Pax ista praecellit, sicut scriptum est [3]), omnem intellectum; neque sciri a nobis, nisi quum ad eam venerimus, potest. Quo modo enim pacificantur coelestia nisi nobis, id est, concordando nobiscum? Nam ibi semper est pax et inter se universis intellectualibus creaturis, et cum suo creatore. Quae pax praecellit, ut dictum est, omnem intellectum, sed utique nostrum, non eorum, qui semper vident faciem patris. Nos autem, quantuscumque sit in nobis intellectus humanus, ex parte scimus, et videmus nunc per speculum in aenigmate. [4]) Quum vero aequales angelis Dei fuerimus, tunc, quemadmodum et ipsi, videbimus facie ad fa-

1) Eph. 1, 10. 2) Col. 1, 19. 20. 3) Phil. 4, 7. Ceterum cf. Aug. de civ. dei 22, 29. 4) Cf. 1 Cor. 13, 12. et Luc. 20, 36.

ciem, tantamque pacem habebimus erga eos, quantam et ipsi erga nos, quia tantum eos dilecturi sumus, quantum ab eis diligimur. Itaque pax eorum nota nobis erit, quia et nostra talis ac tanta erit, nec praecellet tunc intellectum nostrum; Dei vero pax, quae illic est erga nos, et nostrum et illorum intellectum sine dubitatione praecellet. De ipso quippe beata est rationalis creatura, quaecumque beata est, non ipse de illa. Unde secundum hoc melius accipitur quod scriptum est: *Pax Dei praecellit omnem intellectum;* ut in eo quod dicit: omnem, nec ipse intellectus sanctorum angelorum esse possit exceptus, sed Dei solius. Neque enim et ipsius intellectum pax eius excellit.

C. LXIV. Concordant autem angeli nobiscum etiam nunc, quum remittuntur nostra peccata. Ideo post commemorationem sanctae ecclesiae in ordine confessionis ponitur remissio peccatorum. Per hanc enim stat ecclesia, quae in terris est; per hanc non perit quod perierat et inventum est. Excepto quippe baptismatis munere, quod contra originale peccatum donatum est, ut quod generatione adtractum est, regeneratione detrahatur (et tamen activa quoque peccata, quaecumque corde, ore, opere commissa invenerit, tollit); hac ergo excepta magna indulgentia, unde incipit hominis renovatio, in qua solvitur omnis reatus et ingeneratus et additus, ipsa etiam vita cetera iam ratione utentis aetatis, quantalibet praepolleat fecunditate iustitiae, sine remissione peccatorum non agitur; quoniam filii Dei, quam diu mortaliter vivunt, cum morte confligunt. Et quamvis de illis sit veraciter dictum [1]): *Quotquot spiritu Dei aguntur, hi filii sunt Dei,* sic tamen spiritu Dei excitantur, et tamquam filii Dei proficiunt ad Deum, ut etiam spiritu suo, maxime adgravante corruptibili

---

1) Rom. 8, 14.

corpore[1]), tamquam filii hominis[2]) in quibusdam
humanis motibus deficiant ad se ipsos, et ideo pec-
cent. Interest tamen quantum. Neque enim quia
peccatum est omne crimen, ideo crimen est etiam
omne peccatum. Itaque sanctorum hominum vitam,
quam diu in hac mortali[3]) vivitur, inveniri posse dicimus sine crimine; *peccatum* autem *si dixerimus*
quia non habemus, ut ait tantus apostolus[4]), *nosmet*
ipsos seducimus, et veritas in nobis non est.

C. LXV. Sed neque de ipsis criminibus, quamlibet magnis remittendis in sancta ecclesia, Dei de-
speranda est misericordia agentibus poenitentiam,
secundum modum sui cuiusque peccati. In actione
autem poenitentiae, ubi tale [crimen] commissum
est, ut is qui commisit a Christi etiam corpore separetur, non tam consideranda est mensura temporis,
quam doloris. *Cor enim contritum et humiliatum*
Deus non spernit.[5]) Verum quia plerumque dolor
alterius cordis occultus est alteri, neque in aliorum
notitiam per verba vel quaecumque alia signa procedit, quum sit coram illo, cui dicitur[6]): *gemitus*
meus a te non est absconditus; recte constituuntur ab
eis, qui ecclesiis praesunt, tempora poenitentiae, ut
fiat etiam satis ecclesiae, in qua remittuntur ipsa
peccata; extra eam quippe non remittuntur. Ipsa
namque proprie spiritum sanctum pignus accepit[7]),
sine quo non remittuntur ulla peccata, ita ut quibus
remittuntur consequantur vitam aeternam.

C. LXVI. Magis enim propter futurum iudicium
fit remissio peccatorum. In hac autem vita usque
adeo valet quod scriptum est[8]): *Grave iugum super*
filios Adam a die exitus de ventre matris eorum usque

---

1) Cf. Sap. 9, 15.   2) Ita legitur in Mss. omnibus; at in edd..
filii hominum quibusdam sqq. 3) Sic in Mss. Ben exhibetur;
sed in edd. antiquioribus: *in hac morte.* 4) I Ioh. 1, 8. 5) Ps.
51, 19. 6) Ps. 38, 10. 7) Cf. 2 Cor. 1, 22. 8) Sirac. 40, 1.

in diem sepulturae in matrem omnium, ut etiam parvulos videamus post lavacrum regenerationis diver-
sorum malorum adflictione cruciari; ut intelligamus, totum, quod salutaribus agitur sacramentis,
magis ad spem futurorum bonorum, quam ad reten-
tionem vel adeptionem praesentium pertinere. Multa
etiam hic videntur ignosci et nullis suppliciis vindi-
cari; sed eorum poenae reservantur in posterum
(neque enim frustra ille proprie dicitur dies iudicii,
quando venturus est iudex vivorum atque mortuorum): sicut e contrario vindicantur hic aliqua; et
tamen si remittuntur, profecto in futuro saeculo non
nocebunt. Propterea de quibusdam temporalibus
poenis, quae in hac vita peccantibus irrogantur, eis,
quorum peccata delentur, ne reserventur in finem,
ait apostolus[1]): *Si enim nosmet ipsos iudicaremus, a*
Domino non iudicaremur; quum iudicamur autem a
Domino, corripimur, ne cum hoc mundo damnemur.

C. LXVII. Creduntur [autem] a quibusdam etiam
ii, qui nomen Christi non relinquunt, et eius lavacro
in ecclesia baptizantur, nec ab ea ullo schismate vel
haeresi praeciduntur, in quantislibet sceleribus vivant, quae nec diluant poenitendo, nec eleemosynis
redimant, sed in eis usque ad huius vitae ultimum
diem pertinacissime perseverent, salvi futuri per
ignem: „licet pro magnitudine facinorum flagitio-
rumque diuturno, non tamen aeterno igne puniri."[2])
Sed qui hoc credunt, et tamen catholici sunt, humana quadam benevolentia mihi falli videntur. Nam
scriptura divina aliud consulta respondet. Librum
autem de hac quaestione conscripsi, cuius titulus
est: „de fide et operibus," ubi secundum scripturas sanctas, quantum Deo adiuvante potui, de-

---

1) 1 Cor. 11, 31. s.   2) Videntur haec verba adversariorum
esse, quorum nomina August. solet omittere. Cf. de civ. dei
21, 17. ss.

monstravi [1]), eam fidem salvos facere, quam satis
evidenter expressit Paulus apostolus dicens [2]): *In
Christo enim Iesu neque circumcisio quidquam valet,
neque praeputium, sed fides, quae per dilectionem operatur.* Si autem male, et non bene operatur, procul
dubio, secundum apostolum Iacobum, *mortua est in
semet ipsa.* [3]) Qui rursus ait [4]): *Si fidem dicat se
quisquam habere, opera autem non habeat, numquid
poterit fides salvare eum?* Porro autem si homo sce-
leratus propter fidem solam per ignem salvabitur, et
sic est accipiendum, quod ait beatus Paulus apostolus [5]): *Ipse autem salvus erit, sic tamen quasi per
ignem;* poterit ergo salvare sine operibus fides, et
falsum erit quod dixit eius coapostolus Iacobus.
Falsum erit et illud, quod idem ipse Paulus dixit.
Nolite, inquit [6]), *errare: neque fornicatores, neque
idolis servientes, neque adulteri, neque molles, neque
masculorum concubitores, neque fures, neque avari,
neque maledici, neque ebriosi, neque rapaces regnum
Dei possidebunt.* Si enim etiam in istis perseverantes criminibus, tamen propter fidem Christi salvi
erunt, quomodo in regno Dei non erunt?

C. LXVIII. Sed quia haec apostolica manifestissima et apertissima testimonia esse falsa non possunt, illud quod obscure dictum est de eis, qui su-
peraedificant supra fundamentum, quod est Christus,
non aurum, non argentum, non lapides pretiosos,
sed ligna, foenum, stipulam [7]) (de his enim dictum
est, quod per ignem salvi erunt, quoniam fundamenti merito non peribunt), sic intelligendum est:
ut his manifestis non inveniatur esse contrarium. [8])
Ligna quippe et foenum et stipula non absurde ac-

1) Cf. Aug. de fide et operib. c. 14. ss. 2) Gal. 5, 6. 3) Iac
2, 17. 4) Ibid. v. 14. 5) 1 Cor. 3, 15. 6) 1 Cor. 6, 9. s. 7) Cf.
1 Cor. 3, 11. ss. 8) Cf. Aug. de fide et oper. c. 15. s. et de civ.
dei 21, 21. et 26.

cipi possunt rerum saecularium, quamvis licite concessarum, tales cupiditates, ut amitti sine animi dolore non possint. Quum autem iste dolor urit, si Christus in corde fundamenti habet locum, id est, ut ei nihil anteponatur, et malit homo, qui tali dolore uritur, rebus quas ita diligit magis carere, quam Christo, per ignem sit salvus. Si autem res huiusmodi temporales ac saeculares tempore tentationis maluerit tenere, quam Christum, eum in fundamento non habuit; quia haec priore loco habuit, quum in aedificio prius non sit aliquid fundamento. Ignis enim, de quo eo loco est locutus apostolus, talis debet intelligi, ut ambo per eum transeant, id est, et qui aedificat super hoc fundamentum aurum, argentum, lapides pretiosos, et qui aedificat ligna, foenum et stipulam. Quum enim hoc dixisset, adiunxit[1]): *Unius cuiusque opus quale sit, ignis probabit. Si cuius opus permanserit, quod superaedificarit, mercedem accipiet: si cuius opus autem exustum fuerit, damnum patietur; ipse autem salvus erit, sic tamen quasi per ignem.* Non ergo unius eorum, sed utriusque opus ignis probabit. Est quidam ignis tentatio tribulationis, de quo aperte alio loco scriptum est: *Vasa figuli probat fornax, et homines iustos tentatio tribulationis.*[2]) Iste ignis in hac interim vita facit quod apostolus dixit, si accidat duobus fidelibus, uni scilicet cogitanti quae Dei sunt, quo modo placeat Deo[3]), hoc est, aedificanti super Christum fundamentum[4]) aurum, argentum, lapides pretiosos; alteri autem cogitanti ea quae sunt mundi, quo modo placeat uxori, id est, aedificanti super idem fundamentum ligna, foenum, stipulam. Illius enim opus non exuritur, quia non ea dilexit, quorum amissione crucietur. Exuritur autem opus huius,

___
1) 1 Cor. 3, 13. ss. 2) Sirac. 27, 5. cl. 2, 5. 3) Cf. 1 Cor. 7, 32. s. 4) „Quidam Mss.: *super Christi fundamentum.*" Ben

quoniam sine dolore non pereunt, quae cum amore possessa sunt. Sed quoniam alterutra conditione proposita eis potius carere malit, quam Christo, nec timore amittendi talia deserit Christum, quamvis doleat, quum amittit, salvus est quidem, sic tamen quasi per ignem; quia urit eum rerum dolor, quas dilexerat, amissarum, sed non subvertit, neque consumit fundamenti stabilitate atque incorruptione munitum.

C. LXIX. Tale aliquid etiam post hanc vitam fieri, incredibile non est; et utrum ita sit, quaeri potest, et aut inveniri, aut latere, nonnullos fideles per ignem quemdam purgatorium, quanto magis minusve bona pereuntia dilexerunt, tanto tardius citiusque salvari; non tamen tales, de quibus dictum est[1]), quod *regnum Dei non possidebunt*, nisi convenienter poenitentibus eadem crimina remittantur. Convenienter autem dixi, ut steriles in eleemosynis non sint, quibus tantum tribuit scriptura divina, ut earum tantummodo fructum se imputaturum praenuntiet Dominus dexteris, et earum tantummodo sterilitatem sinistris, quando his dicturus est[2]): *Venite, benedicti patris mei, percipite regnum;* illis autem: *Ite, maledicti, in ignem aeternum.*

C. LXX. Sane cavendum est, ne quisquam existimet infanda illa crimina, qualia qui agunt, regnum Dei non possidebunt, quotidie perpetranda, et eleemosynis quotidie redimenda. [3]) In melius quippe est vita mutanda, et per eleemosynas de peccatis praeteritis est propitiandus Deus, non ad hoc emendus quodam modo, ut ea semper liceat impune committere. Nemini enim dedit laxamentum peccandi[4]), quamvis miserando deleat iam facta peccata, si non satisfactio congrua negligatur.

---

1) 1 Cor. 6, 10,   2) Mat. 25, 34. ss.   3) Cf. Aug. de civ. dei 21, 22 et 27.   4) Cf. Sirac. 15, 20.

C. LXXI. De cotidianis autem brevibus levibus que peccatis, sine quibus haec vita non ducitur, cotidiana fidelium oratio satis facit. Eorum est enim dicere: *Pater noster, qui es in coelis* [1]), qui iam patri tali regenerati sunt ex aqua et spiritu. [2]) Delet omnino haec oratio minima et cotidiana peccata. Delet et illa, a quibus vita fidelium etiam scelerate gesta, sed poenitendo in melius mutata discedit, si, quemadmodum veraciter dicitur: *Dimitte nobis debita nostra* (quoniam non desunt, quae dimittantur), ita veraciter dicatur: *Sicut et nos dimittimus debitoribus nostris*, id est, fiat [3]) quod dicitur; quia et ipsa eleemosyna est, veniam petenti homini ignoscere.

C. LXXII. Ac per hoc ad omnia, quae utili misericordia fiunt, valet quod Dominus ait [4]): *Date eleemosynam, et ecce omnia munda sunt vobis.* Non solum ergo, qui dat esurienti cibum, sitienti potum, nudo vestimentum, peregrinanti hospitium, fugienti latibulum, aegro vel incluso visitationem, captivo redemptionem, debili subvectionem, caeco deductionem, tristi consolationem, non sano medelam, erranti viam, deliberanti consilium, et quod cuique [5]) necessarium est indigenti; verum etiam qui dat veniam peccanti, eleemosynam dat; et qui emendat verbere, in quem potestas datur, vel coërcet aliqua disciplina, et tamen peccatum eius, quo ab illo laesus aut offensus est, dimittit ex corde, vel orat ut ei dimittatur, non solum in eo, quod dimittit atque orat, verum etiam in eo, quod corripit, et aliqua emendatoria poena plectit, eleemosynam dat, quia misericordiam praestat. Multa enim bona praestantur invitis, quando eorum consulitur utilitati, non voluntati, quia ipsi sibi inveniuntur esse inimici,

---

1) Mat. 6, 9. ss. 2) Cf. Ioh. 3, 5. 3) Sic legitur in omnibus Mss. et edit. antiquioribus; at Ben. perperam correxerunt: *si fiat.* 4) Luc. 11, 41. 5) „Nonnulli Mss.: *quodcunque.*" Ben.

amici vero eorum potius illi, quos inimicos putant, et reddunt errando mala pro bonis, quum reddere mala Christianus non debeat pro malis. [1]) Multa itaque sunt genera eleemosynarum, quae quum facimus, adiuvamur ut dimittantur nostra peccata.

C. LXXIII. Sed ea nihil est maius, qua ex corde dimittimus, quod in nos quisque peccavit. Minus enim magnum est, erga eum esse benevolum, sive etiam beneficum, qui tibi mali nihil fecerit. Illud multo grandius et magnificentissimae bonitatis est, ut tuum quoque inimicum diligas, et ei, qui tibi malum vult, et si potest facit, tu bonum semper velis, faciasque quod possis[2]), audiens dicentem Deum[3]): *Diligite inimicos vestros, bene facite eis, qui vos oderunt, et orate pro eis, qui vos persequuntur.*[4]) Sed quoniam perfectorum sunt ista filiorum Dei, quo quidem se debet omnis fidelis extendere, et humanum animum ad hunc adfectum orando Deum secumque agendo luctandoque perducere; tamen, quia hoc tam magnum bonum tantae multitudinis non est, quantam credimus exaudiri, quum in oratione [dominica] dicitur[5]): *Dimitte nobis debita nostra, sicut et nos dimittimus debitoribus nostris,* procul dubio verba sponsionis huius implentur, si homo, qui nondum ita profecit, ut iam diligat inimicum, tamen quando rogatur ab homine, qui peccavit in eum, ut ei dimittat, dimittit ex corde, quia etiam sibi roganti utique vult dimitti, quum orat, et dicit: *sicut et nos dimittimus debitoribus nostris,* id est: sic dimitte debita nostra rogantibus nobis, sicut et nos dimittimus rogantibus debitoribus nostris.

---

1) Cf. Rom. 12, 17 ss. Matth. 5, 44. ss. 2) Sic in plerisque Mss.; al.: *quum possis.* 3) Ita legitur in Mss., quorum nonnulli loco voc. *Deum* exhibent *Iesum.* Sed in edd. Er., Lov., Arn.: *illius memor exempli, qui in cruce pendens pro suis exorat persecutoribus, suosque admonuit dicens.* 4) Mat. 5, 44. 5) Mat. 6, 12

C. LXXIV. Iam vero qui eum, in quem peccavit, hominem rogat, si peccato suo movetur, ut roget, non est adhuc deputandus inimicus, ut eum diligere sit difficile, sicut difficile erat, quando inimicitias exercebat. Quisquis autem roganti et peccati sui poenitenti non ex corde dimittit, nullo modo existimet a Domino sua peccata dimitti; quoniam mentiri veritas non potest. Quem vero lateat evangelii auditorem sive lectorem, quis dixerit: *Ego sum veritas?*[1]) Qui quum docuisset rationem, hanc in ea positam sententiam vehementer commendavit dicens[2]): *Si enim dimiseritis hominibus peccata eorum, dimittet et vobis pater vester coelestis delicta vestra. Si autem non dimiseritis hominibus, nec pater vester dimittet vobis peccata vestra.* Ad tam magnum tonitruum qui non expergiscitur, non dormit, sed mortuus est; et tamen potens est ille, etiam mortuos suscitare.

C. LXXV. Sane qui sceleratissime vivunt, nec curant talem vitam moresque corrigere, et inter ipsa facinora et flagitia sua eleemosynas frequentare non cessant, frustra ideo sibi blandiuntur, quoniam Dominus ait[3]): *Date eleemosynam, et ecce omnia munda sunt vobis.* Hoc enim quam late pateat, non intelligunt. Sed ut intelligant, adtendant quibus dixerit. Nempe in evangelio sic scriptum est[4]): *Quum loqueretur, rogavit illum quidam Pharisaeus, ut pranderet apud se. Et ingressus recubuit. Pharisaeus autem coepit intra se reputans dicere, quare non baptizatus esset ante prandium. Et ait Dominus ad illum: Nunc vos, Pharisaei, quod deforis est calicis et catini, mundatis; quod autem intus est vestrum, plenum est rapina et iniquitate. Stulti, nonne qui fecit id, quod foris est, etiam id quod intus est fecit? [Videte,*

---

1) Cf. Ioh. 14, 6.   2) Mat. 6, 14. 15.   3) Luc. 11, 41.   4) Luc. 11, 37. ss.

ut etiam id, quod intus est, mundum fiat.][1]) *Verum tamen quod superest, date eleemosynam, et ecce omnia munda sunt vobis.* Itane hoc intellecturi sumus, ut Pharisaeis non habentibus fidem Christi, etiam si non in eum crediderint, nec renati fuerint ex aqua et spiritu [sancto], munda sint omnia, tantum si eleemosynas dederint, sicut isti eas dandas putant; quum sint immundi omnes, quos non mundat fides Christi, de qua scriptum est[2]): *mundans fide corda eorum;* et dicat apostolus[3]): *immundis autem et infidelibus nihil est mundum, sed polluta sunt eorum et mens et conscientia?* Quo modo ergo Pharisaeis omnia munda essent, si eleemosynas darent, et fideles non essent? Aut quo modo fideles essent, si in Christum credere, atque in eius renasci gratia noluissent? Et tamen verum est quod audierunt: *Date eleemosynam, et ecce omnia munda sunt vobis.*

C. LXXVI. Qui enim vult ordinate eleemosynam dare, a se ipso debet incipere, et eam sibi primum dare. Est enim eleemosyna opus misericordiae, verissimeque dictum est: Miserere animae tuae placens Deo.[4]) Propter hoc renascimur, ut Deo placeamus, cui merito displicet, quod nascendo contraximus. Haec est prima eleemosyna, quam nobis dedimus, quoniam nos ipsos miseros per miserantis Dei misericordiam requisivimus, iustum iudicium eius confitentes, quo miseri effecti sumus, de quo dicit apostolus[5]): *Iudicium quidem ex uno in condemnationem;* et magnae caritati eius gratias agentes, de qua idem ipse dicit gratiae praedicator[6]): *Commendat autem suam dilectionem Deus in nobis, quoniam, quum adhuc peccatores essemus, Christus pro nobis mortuus est;* ut et nos vera-

---

1) Haec verba in plerisque ac potioribus Mss. desunt, neque leguntur in evang. Lucae l. l. 2) Act. 15, 9. 3) Tit. 1, 15. 4) Cf. Sirac. 30, 24. 5) Rom. 5, 16. 6) Rom. 5, 8.

citer de nostra miseria iudicantes, et Deum caritate, quam donavit ipse, diligentes pie recteque vivamus. Quod iudicium et caritatem Dei quum Pharisaei praeterirent, decimabant tamen propter eleemosynas, quas faciebant, etiam quaeque minutissima fructuum suorum, et ideo non dabant eleemosynas a se incipientes, secumque prius misericordiam facientes [sicut isti eas dandas putant]. Propter quem dilectionis ordinem dictum est: *Diliges proximum tuum, tamquam te ipsum.*[1]) Quum ergo increpasset eos, quod forinsecus se lavabant, intus autem rapina et iniquitate pleni essent, admonens quadam eleemosyna, quam sibi homo debet primitus dare, interiora mundari: *Verum tamen,* inquit, *quod superest, date eleemosynam, et ecce omnia munda sunt vobis.* Deinde ut ostenderet, quid admonuisset, et quid ipsi facere non curarent, ne illum putarent eorum eleemosynas ignorare: *Sed vae vobis,* inquit[2]), *Pharisaeis,* tamquam diceret: ego quidem commonui vos eleemosynam dandam, per quam vobis munda sint omnia, *sed vae vobis, qui decimatis mentam et rutam et omne olus;* has enim novi eleemosynas vestras, ne de illis me nunc vos admonuisse arbitremini; *et praeteritis iudicium et caritatem Dei,* qua eleemosyna possetis ab omni inquinamento interiori mundari, ut vobis munda essent et corpora quae lavatis; hoc est enim *omnia,* et interiora scilicet et exteriora; sicut alibi legitur[3]): *Mundate quae intus sunt, et quae foris sunt, munda erunt.* Sed ne istas eleemosynas, quae fiunt de fructibus terrae, respuisse videretur: *Haec,* inquit, *oportuit facere,* id est, iudicium et caritatem Dei, *et illa non omittere,* id est, eleemosynas fructuum terrenorum.

C. LXXVII. Non ergo se fallant, qui per eleemosynas quaslibet largissimas fructuum suorum, vel

---

1) Cf. Luc. 10, 27. 2) Luc. 11, 42. 3) Cf. Matth. 23, 26.

cuiuscumque pecuniae, impunitatem se emere existimant in facinorum suorum immanitate ac flagitiorum nequitia permanendi. Non solum enim haec
faciunt, sed ita diligunt, ut in eis semper optent,
tantum si possint impune, versari. Qui autem diligit iniquitatem, odit animam suam[1]); et
qui odit animam suam, non est in eam misericors, sed crudelis. Diligendo eam quippe
secundum saeculum, odit eam secundum
Deum. Si ergo vellet ei dare eleemosynam, per
quam illi essent munda omnia, odisset eam secundum saeculum, et diligeret secundum Deum. Nemo
autem dat eleemosynam quamlibet, nisi unde det ab
illo accipiat, qui non eget. Ideo dictum est[2]): *Misericordia eius praeveniet me.*

C. LXXVIII. Quae sint autem levia, quae gravia
peccata, non humano, sed divino sunt pensanda iudicio. Videmus enim, quaedam ab ipsis quoque apostolis ignoscendo fuisse concessa; quale illud est,
quod venerabilis Paulus coniugibus ait[3]): *Nolite
fraudare invicem, nisi ex consensu ad tempus, ut vace-
tis orationi; et iterum ad id ipsum estote*[4]), *ne vos ten-
tet satanas propter incontinentiam vestram;* quod putari posset non esse peccatum: misceri scilicet con-
iugi non filiorum procreandorum caussa, quod bonum est nuptiale, sed carnalis etiam voluptatis, ut
fornicationis, sive adulterii, sive cuiusquam alterius
immunditiae mortiferum malum, quod turpe est etiam dicere, quo potest tentante satana libido pertra-
here, incontinentium devitet infirmitas. Posset ergo,
ut dixi, hoc putari non esse peccatum, nisi addidis-
set[5]): *Hoc autem dico secundum veniam, non secun-*

---

1) Cf. Ps. 11, 5. 2) Ps. 58, 11. sec. LXX. 3) 1 Cor. 7, 5.
4) Al. *revertimini* ex Vulg. sec. recept.: συνέρχεσθε. Sed sequi
solet Aug. lectionem antiquiorem Alex.: ἦτε. Cf. contra Faust.
5, 9. Epp. 262. Sermon. 351 (5). 5) V. 6.

dum imperium. Quis autem iam esse peccatum neget, quum dari veniam facientibus apostolica auctoritate fateatur? Tale quiddam est, ubi dicit [1]): *Audet*
quisquam vestrum adversus alterum negotium habens
iudicari apud iniquos, et non apud sanctos? Et paulo
post [2]): *Saecularia igitur iudicia si habueritis,* inquit,
eos qui contemptibiles sunt in ecclesia, hos collocate
[ad iudicandum]? Ad reverentiam vobis dico. Sic
non est inter vos quisquam sapiens, qui possit inter
fratrem suum iudicare? Sed frater cum fratre iudica-
tur [3]), *et hoc apud infideles!* Nam et hic posset putari,
iudicium habere adversus alterum, non esse peccatum, sed tantummodo id extra ecclesiam velle iudicari, nisi secutus adiungeret [4]): *Iam quidem omnino*
delictum est [inter vos], quia iudicia habetis vobiscum.
Et ne quisquam hoc ita excusaret, ut diceret, iustum
se habere negotium, sed iniquitatem se pati, quam
vellet a se iudicum sententia removeri, continuo
talibus cogitationibus vel excusationibus occurrit,
atque ait: *Quare non magis iniquitatem patimini?*
Quare non potius fraudamini? Ut ad illud redeatur,
quod Dominus ait [5]): *Si quis voluerit tunicam tuam*
tollere, et iudicio tecum contendere, dimitte illi et pal-
lium; et alio loco [6]): *Qui abstulerit,* inquit, *tua, noli*
repetere. Prohibuit itaque suos de saecularibus
rebus cum aliis hominibus habere iudicium. Ex
qua doctrina dicit apostolus esse delictum. Tamen
quum sinit in ecclesia talia iudicia finiri inter fratres, fratribus iudicantibus, extra ecclesiam vero
terribiliter vetat, manifestum est etiam hic, quid
secundum veniam concedatur infirmis. Propter haec
atque huiusmodi peccata, et alia, licet eis minora,
quae fiunt verborum et cogitationum offensionibus,

---

1) 1 Cor. 6, 1. 2) V. 4. ss. 3) Sic veteres codd., sec. textum
Graec.; at al.: *iudicio contendit.* 4) V. 7. 5) Matth. 5, 40.
6) Luc. 6, 30.

apostolo Iacobo confitente ac dicente[1]): *In multis enim offendimus omnes*, oportet ut quotidie crebroque oremus Dominum atque dicamus: *Dimitte nobis debita nostra, nec in eo quod sequitur mentiamur, sicut et nos dimittimus debitoribus nostris.*

C. LXXIX.   Sunt autem quaedam, quae levissima putarentur, nisi in scripturis demonstrarentur opinione graviora.   Quis enim dicentem fratri suo: fatue, reum gehennae putaret, nisi veritas diceret? Cui tamen vulneri subiecit continuo medicinam, praeceptum fraternae reconciliationis adiungens. [2]) Mox quippe ait: *Si ergo offeres munus tuum ad altare, et ibi recordatus fueris, quia frater tuus habet aliquid adversum te*, etc. Aut quis aestimaret, quam magnum peccatum sit, dies observare, et menses, et annos, et tempora, sicut observant qui certis diebus, sive mensibus, sive annis, volunt vel nolunt aliquid inchoare, eo quod secundum vanas doctrinas hominum fausta vel infausta existiment tempora; nisi huius mali magnitudinem ex timore apostoli pensaremus, qui talibus ait: *Timeo vos, ne forte sine caussa laboraverim in vobis?*[3])

C. LXXX.   Huc accedit, quod peccata quamvis magna et horrenda, quum in consuetudinem venerint, aut parva, aut nulla esse creduntur; usque adeo ut non solum non occultanda, verum etiam praedicanda ac diffamanda videantur, quando, sicut scriptum est[4]), *laudatur peccator in desideriis animae suae, et qui iniqua gerit bene dicitur.* Talis in divinis libris iniquitas clamor vocatur.   Sicut habes apud Isaiam prophetam de vinea mala. *Exspectavi*, inquit[5]), *ut faceret iudicium, fecit autem iniquitatem, et non iustitiam, sed clamorem.* Unde est illud in Genesi[6]): *Clamor Sodomorum et Gomorrhaeorum mul-*

---

1) C. 3, 2.   2) Cf. Matth. 5, 22. et 23.   3) Cf. Gal. 4, 10. s.
4) Ps. 10, 3.   5) C. 5, 7. (sec. LXX.)   6) C. 18, 20.

tiplicatus est; quia non solum iam apud eos non puniebantur illa flagitia, verum etiam publice veluti lege frequentabantur. Sic nostris temporibus ita multa mala, etsi non talia, in apertam consuetudinem iam venerunt, ut pro his non solum excommunicare aliquem laicum non audeamus, sed nec clericum degradare. Unde quum exponerem ante aliquot annos epistolam ad Galatas, in eo ipso loco, ubi ait apostolus[1]): *Timeo vos, ne forte sine caussa laboraverim in vobis,* exclamare compulsus sum: ,,Vae peccatis hominum, quae sola inusitata exhorrescimus; usitata vero, pro quibus abluendis filii Dei sanguis effusus est, quamvis tam magna sint, ut omnino claudi contra se faciant regnum Dei, saepe videndo omnia tolerare, saepe tolerando nonnulla etiam facere cogimur. Atque utinam, o Domine, non omnia, quae non potuerimus prohibere, faciamus!‟ Sed videro, utrum me immoderatus dolor incaute aliquid compulerit dicere.

C. LXXXI. Hoc nunc dicam, quod quidem et in aliis opusculorum meorum locis saepe iam dixi. Duabus ex caussis peccamus, aut nondum videndo quid facere debeamus, aut non faciendo quod debere fieri iam videmus. Quorum duorum illud ignorantiae malum est, hoc infirmitatis. Contra quae quidem pugnare nos convenit; sed profecto vincimur, nisi divinitus adiuvemur, ut non solum videamus, quid faciendum sit, sed etiam accedente sanitate delectatio iustitiae vincat in nobis earum rerum delectationes, quas vel habere cupiendo, vel amittere metuendo, scientes videntesque peccamus; iam non solum peccatores, quod eramus etiam, quum per ignorantiam peccabamus, verum etiam legis praevaricatores, quum id non facimus, quod faciendum [iam esse novimus],

---

1) C. 4, 11. Cf. Aug. expos. epist. ad Gal. l. l.

vel facimus, quod non faciendum esse iam scimus.
Quapropter non solum si peccavimus, ut ignoscat
(propter quod dicimus [1]): *Dimitte nobis debita nostra,*
sicut et nos dimittimus debitoribus nostris), verum etiam ne peccemus, ut regat (propter quod dicimus:
Ne nos inferas in tentationem), ille rogandus est, cui
dicitur in Psalmo [2]): *Dominus illuminatio mea et salus*
mea, ut illuminatio detrahat ignorantiam
salus infirmitatem.

C. LXXXII. Nam et ipsa poenitentia, quando digna caussa est secundum morem ecclesiae ut agatur,
plerumque infirmitate non agitur; quia et pudor timor est displicendi, dum plus delectat hominum
aestimatio, quam iustitia, qua se quisque humiliat
poenitendo. Unde non solum quum agitur poenitentia, verum etiam ut agatur, Dei misericordia necessaria est. Alioquin non diceret apostolus de quibusdam [3]): *Ne forte det illis Deus poenitentiam.* Et
ut Petrus amare fleret, praemisit evangelista et
ait [4]): *Respexit eum Dominus.*

C. LXXXIII. Qui vero in ecclesia remitti peccata
non credens contemnit tantam divini muneris largi-
tatem, et in hac obstinatione mentis diem claudit extremum, reus est illo irremissibili peccato in spiritum sanctum [5]), in quo Christus peccata dimittit. De
qua quaestione difficili in quodam propter hoc solum
conscripto libello [6]) enucleatissime, quantum potui,
disputavi.

C. LXXXIV. Iam vero de resurrectione carnis,
non sicut quidam revixerunt, iterumque sunt mortui,
sed in aeternam vitam, sicut Christi ipsius caro resurrexit, quemadmodum possim breviter disputare,
et omnibus quaestionibus, quae de hac re moveri ad-

---

1) Matth. 6, 12. s.   2) Ps. 27, 1.   3) 2 Tim. 2, 25.   4) Luc.
22, 61.   5) Cf. Matth. 12, 32.   6) „Non alio credimus libello,
nisi sermone nunc 71., qui olim de verbis domini fuit 11.“ Ben.

solent, satisfacere, non invenio.   Resurrecturam tamen carnem omnium quicumque nati sunt hominum atque nascentur, et mortui sunt atque morientur, nullo modo dubitare debet Christianus.

C. LXXXV.   Unde primo occurrit de abortivis foetibus quaestio, qui iam quidem nati sunt in utero matrum, sed nondum ita ut iam possent renasci.   Si enim resurrecturos eos dixerimus, de eis, qui iam formati sunt, tolerari potest utcumque quod dicitur. Informes vero abortus quis non proclivius perire arbitretur, sicut semina quae concepta non fuerint? Sed quis negare audeat, etsi adfirmare non audeat, id acturam resurrectionem, ut quidquid formae defuit impleatur, atque ita non desit perfectio, quae accessura erat tempore, quemadmodum non erunt vitia, quae accesserant tempore; ut neque in eo, quod aptum et congruum dies adlaturi fuerant, natura fraudetur, neque in eo, quod adversum atque contrarium dies adtulerant, natura turpetur, sed integretur quod nondum erat integrum, sicut instaurabitur quod fuerat vitiatum?

C. LXXXVI.   Ac per hoc scrupulosissime quidem inter doctissimos quaeri ac disputari potest, quod utrum ab homine inveniri possit ignoro: quando incipiat homo in utero vivere; utrum sit quaedam vita et occulta, quae nondum motibus viventis adpareat. Nam negare vixisse puerperia, quae propterea membratim exsecantur et eiiciuntur ex uteris praegnantium, ne matres quoque, si mortua ibi relinquantur, occidant, impudentia nimia videtur.   Ex quo autem incipit homo vivere, ex illo utique iam mori potest. Mortuus vero, ubicumque illi mors potuit evenire, quomodo ad resurrectionem non pertineat mortuorum, reperire non possum. [1])

---

1) Cf. Aug. de civ. dei 22, 13.

C. LXXXVII. Neque enim et monstra, quae nascuntur et vivunt, quamlibet cito moriantur, aut resurrectura negabuntur, aut ita [vitiata] resurrectura credenda sunt, ac non potius correcta emendataque natura. Absit enim, ut illum bimembrem, qui nuper natus est in oriente, de quo et fratres fidelissimi, qui eum viderunt, retulerunt, et sanctae memoriae Hieronymus [1]) presbyter scriptum reliquit, absit, inquam, ut unum hominem duplicem, ac non potius duos, quod futurum fuerat, si gemini nascerentur, resurrecturos existimemus. Ita cetera, quae singuli quique partus vel amplius, vel minus aliquid habendo, vel quadam nimia deformitate monstra dicuntur, ad humanae naturae figuram resurrectione revocabuntur, ita ut singulae animae singula sua corpora obtineant, nullis cohaerentibus etiam quaecumque cohaerentia nata fuerant, sed seorsum sibi singulis sua membra gestantibus, quibus humani corporis completur integritas.

C. LXXXVIII. Non autem perit Deo terrena materies, de qua mortalium creatur caro; sed in quemlibet pulverem cineremve solvatur, in quoslibet halitus aurasque diffugiat, in quamcumque aliorum corporum substantiam vel in ipsa elementa vertatur, in quorumcumque animalium etiam hominum cibum cedat carnemque mutetur, illi animae humanae puncto temporis redit, quae illam primitus, ut homo fieret, viveret, cresceret, animavit.

C. LXXXIX. Ipsa itaque terrena materies, quae discedente anima fit cadaver, non ita resurrectione reparabitur, ut ea quae dilabuntur, et in alias atque

---

1) Hieron. in epist ad Vitalem: *Num quia nostra*, inquit, *aetate Lyddae natus est homo duorum capitum, quatuor manuum, uno ventre et duobus pedibus, omnes homines itu nasci necesse est?* Cf. Aug. de civ. dei 16, 8., et quod nostra aetate a. 1831. in Calabria accidit, ubi natus est foetus portentosus, Christina et Ritta, prorsus eiusdem formae, quam descripsit Hieron.

alias aliarum rerum species formasque vertuntur,
quamvis ad corpus redeant, unde dilapsa sunt, ad easdem quoque corporis partes, ubi fuerunt, redire ne
cesse sit. Alioquin si capillis [capitis] redit, quod
tam crebra tonsura detraxit, si unguibus, quod to-
tiens dempsit exsectio, immoderata et indecens co-
gitantibus, et ideo resurrectionem carnis non credentibus occurrit informitas. [1]) Sed quemadmodum
si statua cuiuslibet solubilis metalli aut igne lique-
sceret, aut contereretur in pulverem, aut confunde-
retur in massam, et eam vellet artifex rursus ex illius
materiae quantitate reparare, nihil interesset ad
eius integritatem, quae particula materiae cui mem-
bro statuae redderetur, dum tamen totum, ex quo
constituta fuerat, restituta resumeret: ita Deus mirabiliter atque ineffabiliter artifex, de toto, quo caro
nostra constiterat, eam mirabili et ineffabili celeri-
tate restituet. Nec aliquid adtinebit ad eius redin-
tegrationem, utrum capilli ad capillos redeant, et
ungues ad ungues, an quidquid eorum perierat,
mutetur in carnem, et in partes alias corporis revocetur, curante artificis providentia, ne quid indecens fiat.

C. XC. Nec illud est consequens, ut ideo diversa
sit statura reviviscentium singulorum, quia fuerat
diversa viventium, aut macri cum eadem macie, aut
pingues cum eadem pinguedine reviviscant. Sed
si hoc est in consilio creatoris, ut in effigie sua cuiusque proprietas et discernibilis similitudo servetur,
in ceteris autem corporis bonis aequalia cuncta reddantur, ita modificabitur illa in unoquoque materies,
ut nec aliquid ex ea pereat, et quod alicui defuerit,
ille suppleat, qui etiam de nihilo potuit, quod voluit,
operari. Si autem in corporibus resurgentium ra-
tionabilis inaequalitas erit, sicut est vocum, quibus

---

1) Cf Aug. de civ. dei 22, 19.

cantus impletur, hoc fiet cuique de materie corporis sui, quod et hominem reddat [aequalem] angelicis coetibus, et nihil inconveniens eorum ingerat sensibus. Indecorum quippe aliquid ibi non erit; sed quidquid futurum est, hoc decebit, quia nec futurum est, si non decebit.

C. XCI. Resurgent igitur sanctorum corpora sine ullo vitio, sine ulla deformitate, sicut sine ulla corruptione, onere, difficultate. In quibus tanta facilitas, quanta felicitas erit. Propter quod et spiritalia dicta sunt, quum procul dubio corpora sint futura, non spiritus. Sed sicut nunc corpus animale dicitur, quod tamen corpus, non anima est: ita tunc spiritale corpus erit, corpus tamen, non spiritus erit.[1]) Proinde quantum adtinet ad corruptionem, quae nunc adgravat animam, et ad vitia, quibus caro adversus spiritum concupiscit[2]), tunc non erit caro, sed corpus, quia et coelestia corpora perhibentur. Propter quod dictum est[3]): *Caro et sanguis regnum Dei non possidebunt;* et tamquam exponens quid dixerit: *neque corruptio,* inquit, *incorruptionem possidebit.* Quod prius dixit: *caro et sanguis,* hoc posterius dixit: *corruptio;* et quod prius: *regnum Dei,* hoc posterius: *incorruptionem.* Quantum autem adtinet ad substantiam, etiam tunc caro erit. Propter quod et post resurrectionem corpus Christi caro adpellata est.[4]) Sed ideo ait apostolus[5]): *Seminatur corpus animale, resurget corpus spirituale,* quoniam tanta erit tunc concordia carnis et spiritus, vivificante spiritu sine sustentaculi alicuius indigentia subditam carnem, ut nihil nobis repugnet ex nobis, sed sicut foris neminem, ita nec intus nos ipsos patiamur inimicos.

C. XCII. Quicumque vero ab illa perditionis massa, quae facta est per hominem primum, non libe-

---

1) Cf. I Cor. 15, 44. 2) Cf. Sap. 9, 15. et Gal. 5, 17. 3) 1 Cor 15, 50. 4) Cf. Luc. 24, 39. 5) I Cor. 15, 44.

rantur per unum mediatorem Dei et hominum, resurgent quidem etiam ipsi, unusquisque cum sua carne, sed ut cum diabolo et angelis eius puniantur. Utrum sane ipsi cum vitiis et deformitatibus suorum corporum resurgant, quaecumque in eis vitiosa et deformia membra gestarunt, in requirendo laborare quid opus est? Neque enim fatigare nos debet incerta eorum habitudo vel pulchritudo, quorum erit certa sempiterna damnatio. Nec moveat, quo modo in eis erit corpus incorruptibile, si dolere poterit, aut quo modo corruptibile, si mori non poterit.[1] Non est enim vera vita, nisi ubi feliciter vivitur; nec vera incorruptio, nisi ubi salus nullo dolore corrumpitur. Ubi autem infelix mori non sinitur, ut ita dicam, mors ipsa non moritur; et ubi dolor perpetuus non interimit, sed adfligit, ipsa corruptio non finitur. Haec in sanctis scripturis secunda mors dicitur.[2]

C. XCIII. Nec prima tamen [mors], qua suum corpus anima relinquere cogitur, nec secunda, qua poenale corpus anima[3] relinquere non permittitur, homini accidisset, si nemo peccasset. Mitissima sane omnium poena erit eorum, qui praeter peccatum, quod originale traxerunt, nullum insuper addiderunt; et in ceteris, qui addiderunt, tanto quisque tolerabiliorem ibi habebit damnationem, quanto hic minorem habuit iniquitatem.

C. XCIV. Remanentibus itaque angelis et hominibus reprobis in aeterna poena, tunc sancti scient plenius, quid boni eis contulerit gratia. Tunc rebus ipsis evidentius adparebit, quod in Psalmo scriptum est[4]): *Misericordiam et iudicium cantabo tibi, Domine;* quia nisi per indebitam misericordiam nemo liberatur, et nisi per debitum iudicium nemo damnatur.

---

1) Cf. Aug. de civ. dei 21, 5. 2) Apoc. 2, 11. 20, 6. 14. 3) Ita in Mss. legitur; sed in edd. Er., Lov. et Arn.: *animam.* 4) Ps. 101, 1.

C. XCV. Tunc non latebit, quod nunc latet, quum de duobus parvulis unus esset adsumendus per Dei misericordiam, alius per iudicium relinquendus, in quo is, qui adsumeretur, agnosceret, quid sibi per iudicium deberetur, nisi misericordia subveniret; cur ille potius, quam iste fuerit adsumptus, quum caussa una esset ambobus; cur apud quosdam non factae sint virtutes, quae si factae fuissent, egissent illi homines poenitentiam, et factae sint apud eos, qui non fuerant credituri. Apertissime namque Dominus dicit[1]): *Vae tibi, Corozaim, et vae tibi, Bethsaida, quia si in Tyro et Sidone factae fuissent virtutes, quae factae sunt in vobis, olim in cilicio et cinere poenitentiam egissent!* Nec utique Deus iniuste noluit salvos fieri, quum possent salvi esse, si vellet.[2]) Tunc in clarissima sapientiae luce videbitur, quod nunc piorum fides habet, ante quam manifesta cognitione videatur, quam certa, immutabilis, efficacissima sit voluntas Dei; quam multa possit, et non velit, nihil autem velit, quod non possit; quamque sit verum, quod in Psalmo canitur[3]): *Deus autem noster in coelo sursum, in coelo et in terra omnia quaecumque voluit fecit.* Quod utique non est verum, si aliqua voluit, et non fecit; et quod est indignius, ideo non fecit, quoniam ne fieret, quod volebat omnipotens, voluntas hominis impedivit. Non ergo fit aliquid, nisi omnipotens fieri velit, vel sinendo ut fiat, vel ipse faciendo.

C. XCVI. Nec dubitandum est, Deum facere bene etiam sinendo fieri, quaecumque fiunt male. Non enim hoc nisi iusto iudicio sinit. Et profecto bonum est omne quod iustum est. Quamvis ergo ea quae

---

1) Matth. 11, 21.   2) Sic legendum est secundum veteres codices 25 Ben., Lips. C. et Petr. Lombard. sent. I. 43. c., uti nexus docet; cf. c. 97. et 103. Sed in libris Mss. 11, et editionibus omnibus, exc. Arnald.: *si vellent.*   3) Ps. 115, 3. (113, 11. sec. LXX.) Cf. Aug. in Psalm. enarrat. l. l.

mala sunt, in quantum mala sunt, non sint bona, tamen ut non solum bona, sed etiam sint et mala, bonum est. Nam nisi esset hoc bonum, ut essent et mala, nullo modo esse sinerentur ab omnipotente bono; cui procul dubio quam facile est, quod vult facere, tam facile est, quod non vult esse, non sinere. Hoc nisi credamus, periclitatur ipsum nostrae confessionis[1]) initium, qua nos in Deum patrem omnipotentem credere confitemur. Neque enim ob aliud veraciter vocatur omnipotens, nisi quoniam quidquid vult potest, nec voluntate cuiuspiam creaturae voluntatis omnipotentis impeditur effectus.

C. XCVII. Quam ob rem videndum est, quemadmodum sit de Deo dictum, quia et hoc verissime apostolus dixit[2]): *qui omnes homines vult salvos fieri.* Quum enim non omnes, sed multo plures non fiunt salvi, videtur utique non fieri, quod Deus vult fieri, humana scilicet voluntate impediente voluntatem Dei. Quando enim quaeritur caussa, cur non omnes salvi fiant, responderi solet: quia hoc ipsi nolunt. Quod quidem dici de parvulis non potest, quorum nondum est velle, seu nolle. Nam quod infantili[3]) motu faciunt, si eorum voluntati iudicaretur esse tribuendum, quando baptizantur, quum resistunt quantum possunt, etiam nolentes eos salvos fieri diceremus. Sed apertius Dominus in evangelio compellans impiam civitatem: *Quotiens,* inquit[4]), *volui colligere filios tuos, sicut gallina pullos suos, et noluisti!* tamquam Dei voluntas superata sit hominum voluntate, et, infirmissimis nolendo impedientibus, non potuerit facere potentissimus quod volebat! Et ubi est illa omnipotentia, qua in coelo et in terra omnia, quaecumque voluit, fecit, si colligere filios Hierusa-

---

1) Al. *fidei confessionis.* Sed confessio etiam aliis in locis de symbolo apostol. dicitur. 2) 1 Tim. 2, 4. 3) Al. *infantuli* 4) Matth. 23, 37.

lem voluit, et non fecit? An potius illa quidem filios suos ab ipso colligi noluit? Sed ea quoque nolente filios eius collegit ipse quos voluit; quia *in coelo et in terra* non quaedam voluit et fecit, quaedam vero voluit et non fecit, sed *omnia quaecumque voluit fecit.*

C. XCVIII. Quis porro tam impie desipiat, ut dicat, Deum malas hominum voluntates, quas voluerit, quando voluerit, ubi voluerit, in bonum non posse convertere? Sed quum facit, per misericordiam facit; quum autem non facit, per iudicium non facit: quoniam *cuius vult miseretur, et quem vult obdurat.* Quod ut diceret apostolus [1]), gratiam commendabat; ad cuius commendationem de illis in Rebeccae utero geminis fuerat iam locutus [2]), quibus *nondum natis, nec aliquid agentibus boni seu mali, ut secundum electionem propositum Dei maneret, non ex operibus, sed ex vocante, dictum est ei: quia maior serviet minori.* Propter quod adhibuit alterum propheticum testimonium [3]), ubi scriptum est: *Iacob dilexi, Esau autem odio habui.* Sentiens autem, quemadmodum posset hoc quod dictum est permovere eos, qui penetrare intelligendo non possunt hanc altitudinem gratiae· *Quid ergo dicemus?* ait. [4]) *Numquid iniquitas apud Deum? Absit.* Iniquum enim videtur, ut sine ullis bonorum malorumve operum meritis unum Deus diligat, oderit alterum. Qua in re si futura opera vel bona huius vel mala illius, quae Deus utique praesciebat, vellet intelligi, nequaquam diceret: *non ex operibus,* sed diceret: ex futuris operibus, eoque modo istam solveret quaestionem, immo nullam, quam solvi opus esset, faceret quaestionem. Nunc vero quum respondisset: *absit,* id est, absit ut sit iniquitas apud Deum, mox, ut probaret, nulla hoc iniquitate Dei fieri, inquit [5]): *Moysi enim dicit: misere-*

---

1) Rom. 9, 18. 2) V. 11 ss. cl. Gen. 25, 23. 3) Malach. 1, 2. s. 4) Rom. 9, 14. 5) V. 15. cl. Exod. 33, 19.

bor, cui misertus ero, et misericordiam praestabo, cui misericors fuero. Quis enim nisi insipiens Deum iniquum putet, sive iudicium poenale ingerat digno, sive misericordiam praestet indigno? Denique infert et dicit[1]): *Igitur non volentis, neque currentis, sed miserentis est Dei.* Ambo itaque gemini natura filii irae nascebantur[2]), nullis quidem operibus propriis, sed originaliter ex Adam vinculo damnationis obstricti. Sed qui dixit: *miserebor, cui misertus ero,* Iacob dilexit per misericordiam gratuitam, Esau autem odio habuit per iudicium debitum. Quod quum deberetur ambobus, in altero alter agnovit, non de suis distantibus meritis sibi esse gloriandum, quod in eadem caussa idem supplicium non incurrit, sed de divinae gratiae largitate, quia non volentis, neque currentis, sed miserentis est Dei. Altissimo quippe ac saluberrimo sacramento universa facies, atque, ut ita dixerim, vultus sanctarum scripturarum bene intuentes id admonere invenitur, ut qui gloriatur, in Domino glorietur.[3])

C. XCIX. Quum autem Dei misericordiam commendasset in eo quod ait: *Igitur non volentis, neque currentis, sed miserentis est Dei,* deinde ut etiam iudicium commendaret, quoniam in quo non fit misericordia, non iniquitas fit, sed iudicium (non est quippe iniquitas apud Deum), continuo subiunxit atque ait[4]): *Dicit enim scriptura Pharaoni: quia ad hoc te excitavi, ut ostendam in te potentiam meam, et ut adnuntietur nomen meum in universa terra.* Quibus dictis ad utrumque concludens, id est, ad misericordiam et ad iudicium: *Ergo,* inquit[5]), *cuius vult miseretur Deus, et quem vult obdurat. Miseretur,* scilicet magna bonitate, *obdurat,* nulla iniquitate, ut nec liberatus de suis meritis glorietur, nec damnatus nisi

---

1) V. 16. 2) Cf. Eph. 2, 3. 3) Cf. 1 Cor. 1, 31. 4) Rom. 9, 17. ss. Cf. Exod. 9, 16. 5) V. 18.

de suis meritis conqueratur. Sola enim gratia re-
demptos discernit a perditis, quos in unam perditionis concreaverat massam ab origine ducta caussa
communis. Hoc autem qui eo modo audit, ut dicat:
*Quid adhuc conqueritur? Nam voluntati eius quis resi-
stit?* tamquam propterea malus non videatur esse
culpandus, quia Deus cuius vult miseretur, et quem
vult obdurat; absit ut pudeat nos hoc respondere,
quod respondisse videmus apostolum: *O homo, tu
quis es, qui respondeas Deo? Numquid dicit figmentum
ei qui se finxit: quare me fecisti sic? An non habet po-
testatem figulus luti, ex eadem massa facere aliud quidem vas in honorem, aliud vero in contumeliam?* [1])
Hoc enim loco quidam stulti putant, apostolum in
responsione defecisse, et inopia reddendae rationis
repressisse contradictoris audaciam. Sed magnum
habet pondus quod dictum est: *O homo, tu quis es?*
Et in talibus quaestionibus ad suae capacitatis considerationem revocat hominem verbo quidem brevi,
sed re ipsa magna est redditio rationis. Si enim
haec non capit, quis est, qui respondeat Deo? Si
autem capit, magis non invenit, quid respondeat. Videt enim, si capit, universum genus humanum tam
iusto iudicio divino in apostatica radice damnatum,
ut etiam si nullus inde liberaretur, nemo recte posset Dei vituperare iustitiam; et qui liberantur, sic
oportuisse liberari, ut ex pluribus non liberatis, atque in damnatione iustissima derelictis, ostendere-
tur, quid meruisset universa conspersio; et quo etiam istos debitum iudicium Dei duceret, nisi eis in-
debita misericordia subveniret; ut volentium de suis
meritis gloriari omne os obstruatur, et qui gloriatur,
in Domino glorietur. [2])

---

1) Cf. Aug. de civ. dei 15, 1. 2) Cf. Rom. 3, 19. 1 Cor.
1, 31.

C. C.   Haec sunt *magna opera Domini, exquisita
in omnes voluntates eius* [1]), et tam sapienter exquisita,
ut quum angelica et humana creatura peccasset, id
est, non quod ille, sed quod voluit ipsa fecisset, etiam per eamdem creaturae voluntatem, qua factum
est, quod creator noluit, impleret ipse quod voluit,
bene utens et malis, tamquam summe bonus ad eorum damnationem, quos iuste praedestinavit ad poenam, et ad eorum salutem, quos benigne praedestinavit ad gratiam. [2]) Quantum enim ad ipsos adtinet,
quod Deus noluit, fecerunt; quantum vero ad omni-
potentiam Dei, nullo modo id efficere valuerunt.
Hoc quippe ipso, quod contra voluntatem fecerunt
eius, de ipsis facta est voluntas eius. Propterea
namque *magna opera Domini, exquisita in omnes
voluntates eius*, ut miro et ineffabili modo non fiat
praeter eius voluntatem, quod etiam contra eius fit
voluntatem; quia non fieret, si non sineret (nec utique nolens sinit, sed volens); nec sineret bonus fieri
male, nisi omnipotens et de malo facere posset bene.

C. CI. Aliquando autem bona voluntate homo vult
aliquid, quod Deus non vult, etiam ipse bona multo
amplius multoque certius voluntate (nam illius mala
voluntas esse numquam potest): tamquam si bonus
filius patrem velit vivere, quem Deus bona voluntate
vult mori. Et rursus fieri potest, ut hoc velit homo
voluntate mala, quod Deus vult bona: velut si malus
filius velit mori patrem, velit hoc etiam Deus. Nempe ille vult, quod non vult Deus, iste vero id vult,
quod vult et Deus; et tamen bonae Dei voluntati
pietas illius potius consonat, quamvis aliud volentis,
quam huius idem volentis impietas. Tantum interest, quid velle homini, quid Deo congruat, et ad
quem finem suam quisque referat voluntatem, ut aut
adprobetur aut improbetur. Nam Deus quasdam

---

1) Ps. 110, 2. sec. LXX.   2) Cf. Aug. de civ. dei 14, 27.

voluntates suas, utique bonas, implet per malorum hominum voluntates malas: sicut per Iudaeos malevolos bona voluntate patris pro nobis Christus occisus est; quod tantum bonum factum est, ut apostolus Petrus quando id fieri nolebat, satanas ab ipso, qui occidi venerat, diceretur. [1]) Quam bonae adparebant voluntates piorum fidelium, qui nolebant apostolum Paulum Hierusalem pergere, ne ibi pateretur mala, quae Agabus propheta praedixerat; et tamen Deus haec illum pati volebat pro adnuntianda fide Christi, exercens martyrem Christi. [2]) Neque istam bonam voluntatem suam implevit per Christianorum voluntates bonas, sed per Iudaeorum malas; et ad eum potius pertinebant qui nolebant, quod volebat, quam illi, per quos volentes factum est, quod volebat, quia id ipsum quidem, sed ipse per eos bona, illi autem mala voluntate fecerunt.

C. CII. Sed quantaelibet sint voluntates vel angelorum vel hominum, vel bonorum vel malorum, vel illud quod Deus, vel aliud volentes quam Deus, omnipotentis voluntas Dei semper invicta est; quae mala esse numquam potest, quia etiam quum mala irrogat, iusta est, et profecto quae iusta est, mala non est. Deus igitur omnipotens, sive per misericordiam cuius vult misereatur, sive per iudicium quem vult obduret, nec inique aliquid facit, nec nisi volens quidquam facit, et omnia quaecumque vult facit.

C. CIII. Ac per hoc quum audimus et in sacris literis legimus [3]), quod velit omnes homines salvos fieri, quamvis certum sit nobis, non omnes homines salvos fieri, non tamen ideo debemus omnipotentissimae Dei voluntati aliquid derogare, sed ita intelligere quod scriptum est: *qui omnes homines vult salvos fieri*, tamquam diceretur, nullum hominem fieri

---

1) Cf. Matth. 16, 21. ss. 2) Cf. Act. 21, 10. ss. 3) V. 1 Tim. 2, 4.

salvum, nisi quem salvum fieri ipse voluerit; non
quod nullus sit hominum, nisi quem salvum fieri velit, sed quod nullus fiat, nisi quem velit, et ideo sit
rogandus ut velit, quia necesse est fieri, si voluerit.
De orando quippe Deo agebat apostolus, ut hoc diceret. [1]) Sic enim intelligimus et quod in evangelio
scriptum est [2]): *qui illuminat omnem hominem;* non
quia nullus est hominum, qui non illuminetur, sed
quia nisi ab ipso nullus illuminatur. Aut certe sic
dictum est: *qui omnes homines vult salvos fieri;* non
quod nullus hominum esset, quem salvum fieri nollet, qui virtutes miraculorum facere noluit apud eos,
quos dicit acturos fuisse poenitentiam, si fecisset;
sed ut *omnes homines* omne genus humanum intelligamus per quascumque differentias distributum, re-
ges, privatos, nobiles, ignobiles, sublimes, humiles,
doctos, indoctos, integri corporis, debiles, ingeniosos, tardicordes, fatuos, divites, pauperes, mediocres,
mares, feminas, infantes, pueros, adolescentes, iu-
venes, seniores, senes; in linguis omnibus, in moribus omnibus, in artibus omnibus, in professionibus
omnibus, in voluntatum et conscientiarum varietate
innumerabili constitutos, et si quid aliud differentiarum est in hominibus. Quid est enim eorum, unde
non Deus per unigenitum suum, Dominum nostrum,
per omnes gentes salvos fieri homines velit, et ideo
faciat, quia omnipotens velle inaniter non potest,
quodcumque voluerit? Praeceperat enim apostolus,
ut oraretur pro omnibus hominibus, et specialiter
addiderat: *pro regibus, et eis qui in sublimitate sunt,*
qui putari poterant fastu et superbia saeculari a fidei
Christianae humilitate abhorrere. [3]) Proinde dicens: *Hoc enim bonum est coram salvatore nostro Deo,*
id est, ut etiam pro talibus oretur, statim ut despe-

---

1) Cf. Aug. de corrept. et grat. c. 14. 2) Ioh. 1, 9. 3) Cf.
1 Tim. 2, 1. ss.

rationem tolleret, addidit: *qui omnes homines vult salvos fieri, et in agnitionem veritatis venire.* Hoc quippe Deus bonum iudicavit, ut orationibus humilium dignaretur salutem praestare sublimium: quod utique iam videmus impletum. Isto locutionis modo et Dominus est usus in evangelio[1]), ubi ait Pharisaeis: *Decimatis mentam et rutam et omne olus.* Neque enim Pharisaei et quaecumque aliena, et omnium per omnes terras alienigenarum omnia olera decimabant. Sicut ergo hic *omne olus* omne olerum genus, ita et illic *omnes homines* omne hominum genus intelligere possumus. Et quocumque alio modo intelligi potest, dum tamen credere non cogamur, aliquid omnipotentem Deum voluisse fieri, factumque non esse; qui sine ullis ambiguitatibus, si *in coelo et in terra,* sicut cum veritas cantat[2]), *omnia quaecumque voluit fecit,* profecto facere noluit, quodcumque non fecit.

C. CIV. Quapropter etiam primum hominem Deus in ea salute, in qua conditus erat, custodire voluisset, eumque opportuno tempore post genitos filios sine interpositione mortis ad meliora perducere, ubi iam non solum peccatum non[3]) committere, sed nec voluntatem posset habere peccandi, si ad permanendum sine peccato, sicut factus erat, perpetuam voluntatem habiturum esse praescisset. Quia vero eum male usurum libero arbitrio, hoc est, peccaturum esse praesciebat, ad hoc potius praeparavit voluntatem suam, ut bene ipse faceret etiam de male faciente, ac sic hominis voluntate mala non evacuaretur, sed nihilo minus impleretur omnipotentis bona.

C. CV. Sic enim oportebat prius hominem fieri, ut et bene velle posset, et male, nec gratis, si bene, nec impune, si male. Postea vero sic erit, ut male

---

1) Luc. 11, 42. 2) Ps. 113, 11. sec. LXX. 3) „Abest *non* ab omnibus prope Mss " Ben.

AUGUST. ENCHIRID. Q

velle non possit; nec ideo libero carebit arbitrio. Multo quippe liberius erit arbitrium, quod omnino non poterit servire peccato. Neque enim culpanda est voluntas, aut voluntas non est, aut libera dicenda non est, qua beati esse sic volumus, ut esse miseri non solum nolimus, sed nequaquam prorsus velle possimus. Sicut ergo anima nostra etiam nunc nolle infelicitatem, ita nolle iniquitatem semper habitura est. Sed ordo praetermittendus non fuit, in quo Deus voluit ostendere, quam bonum sit animal rationale, quod etiam non peccare possit, quamvis sit melius quod peccare non possit: sicut minor fuit immortalitas, sed tamen fuit, in qua posset etiam non mori, quamvis maior futura sit, in qua non possit mori.

C. CVI. Illam natura humana perdidit per liberum arbitrium [1]), et hanc est acceptura per gratiam, quam fuerat, si non peccasset, acceptura per meritum; quamvis sine gratia nec tunc ullum meritum esse potuisset: quia etsi peccatum in solo libero arbitrio erat constitutum, non tamen iustitiae retinendae sufficiebat liberum arbitrium, nisi participatione immutabilis boni divinum adiutorium praeberetur. Sicut enim mori est in hominis potestate quum velit (nemo est enim, qui non se ipsum, ut nihil aliud dicam, vel non vescendo possit occidere; ad vitam vero tenendam voluntas non satis est, si adiutoria sive alimentorum, sive quorumcumque tutaminum desint): sic homo in paradiso ad se occidendum relinquendo iustitiam idoneus erat per voluntatem, ut autem ab eo teneretur vita iustitiae, parum erat velle, nisi ille qui eum fecerat adiuvaret. Sed post

---

1) Petrus Lomb. Sent. II. 29, c. 1. sic interpretatur hunc locum: „Illam immortalitatem, in qua poterat non mori natura humana, perdidit per liberum arbitrium; hanc vero, in qua non poterit mori, acceptura est per gratiam.“

illam ruinam maior est misericordia Dei, quando et ipsum [liberum] arbitrium liberandum est a servitute, cui dominatur cum morte peccatum. Nec omnino per se ipsum, sed per solam Dei gratiam, quae in fide Christi posita est, liberatur; ut voluntas ipsa, sicut scriptum est[1]), a Domino praeparetur, qua cetera Dei munera capiantur, per quae veniatur ad munus aeternum.

C. CVII. Unde et ipsam vitam aeternam, quae certe merces est operum bonorum, gratiam Dei adpellat apostolus. *Stipendium enim*, inquit[2]), *peccati mors, gratia autem Dei vita aeterna in Christo Iesu, domino nostro.* Stipendium pro opere militiae debitum redditur, non donatur; ideo dixit: *stipendium peccati mors*, ut mortem peccato non immerito illatam, sed debitam demonstraret. Gratia vero nisi gratis est, gratia non est.[3]) Intelligendum est igitur etiam ipsa hominis bona merita esse Dei munera, quibus quum vita aeterna redditur, quid nisi gratia pro gratia redditur? Sic ergo factus est homo rectus, ut et manere in ea rectitudine posset non sine adiutorio divino, et suo fieri perversus arbitrio. Utrumlibet horum elegisset, Dei voluntas fieret, aut etiam ab illo, aut certe de illo. Proinde quia suam maluit facere, quam Dei, de illo facta est voluntas Dei, qui ex eadem massa perditionis, quae de illius stirpe profluxit, facit aliud vas in honorem, aliud in contumeliam: in honorem per misericordiam, in contumeliam per iudicium[4]); ut nemo glorietur in homine, ac per hoc nec in se.

C. CVIII. Nam neque per ipsum liberaremur unum mediatorem Dei et hominum, hominem Christum Iesum, nisi esset et Deus. Sed quum factus est Adam, homo scilicet rectus, mediatore non opus erat. Quum

---

1) Prov. 8, 35. sec. LXX. 2) Rom. 6, 23. 3) Cf. Rom. 11. 6.
4) Cf. Rom. 9, 21. ss.

vero genus humanum peccata longe separaverunt a
Deo, per mediatorem, qui solus sine peccato natus
est, vixit, occisus est, reconciliari nos oportebat
Deo usque ad carnis resurrectionem in vitam aeternam; ut humana superbia per humilitatem Dei ar-
gueretur ac sanaretur, et demonstraretur homini,
quam longe a Deo recesserat, quum per incarnatum
Deum revocaretur, et exemplum obedientiae per
hominem Deum contumaci homini praeberetur, et
unigenito suscipiente formam servi, quae nihil ante
meruerat, fons gratiae panderetur, et carnis etiam
resurrectio redemptis promissa in ipso redemptore
praemonstraretur, et per eamdem naturam, quam se
decepisse laetabatur, diabolus vinceretur, nec tamen
homo gloriaretur, ne iterum superbia nasceretur;
et si quid aliud de tanto mediatoris sacramento a
proficientibus videri et dici potest, aut tantum videri,
etiam si dici non potest.

C. CIX. Tempus autem, quod inter hominis mortem et ultimam resurrectionem interpositum est, ani-
mas abditis receptaculis continet, sicut unaquaeque
digna est vel requie vel acrumna, pro eo, quod sor-
tita est in carne quum viveret.

C. CX. Neque negandum est, defunctorum ani-
mas pietate suorum viventium relevari, quum pro
illis sacrificium mediatoris offertur, vel eleemosy-
nae in ecclesia fiunt. Sed eis haec prosunt, qui
quum viverent, ut haec sibi postea possent prodesse,
meruerunt. Est enim quidam vivendi modus, nec
tam bonus, ut non requirat ista post mortem, nec
tam malus, ut non ei prosint ista post mortem: est
vero talis in bono, ut ista non requirat, et est rursus talis in malo, ut nec his valeat, quum ex hac
vita transierit, adiuvari. Quo circa hic omne meritum comparatur, quo possit post hanc vitam relevari quispiam vel gravari. Nemo se autem speret,
quod hic neglexerit, quum obierit, apud Deum pro-

mereri. [1]) Non igitur ista, quae pro defunctis commendandis frequentat ecclesia, illi apostolicae sunt adversa sententiae, qua dictum est[2]): *Omnes enim adstabimus ante tribunal Christi, ut referat unusquisque secundum ea, quae per corpus gessit, sive bonum, sive malum;* quia etiam hoc meritum sibi quisque, quum in corpore viveret, comparavit, ut ei possent ista prodesse. Non enim omnibus prosunt. Et quare non omnibus prosunt, nisi propter differentiam vitae, quam quisque gessit in corpore? Quum ergo sacrificia sive altaris, sive quarumcumque eleemosynarum pro baptizatis defunctis omnibus offeruntur, pro valde bonis gratiarum actiones sunt, pro non valde malis propitiationes sunt, pro valde malis, etiamsi nulla sunt adiumenta mortuorum, qualescumque vivorum consolationes sunt. Quibus autem prosunt, aut ad hoc prosunt, ut sit plena remissio, aut certe tolerabilior fiat ipsa damnatio. [3])

C. CXI. Post resurrectionem vero, facto universo completoque iudicio, suos fines habebunt civitates duae, una scilicet Christi, altera diaboli, una bonorum, altera malorum; utraque tamen angelorum et hominum. Istis voluntas, illis facultas non poterit ulla esse peccandi, vel ulla conditio moriendi; istis in aeterna vita vere feliciterque viventibus, illis infeliciter in aeterna morte sine moriendi potestate durantibus, quoniam utrique sine fine. Sed in beatitudine isti alius alio praestabilius, in miseria vero illi alius alio tolerabilius permanebunt.

C. CXII. Frustra itaque nonnulli, immo quam plurimi aeternam damnatorum poenam et cruciatus

---

1) Al.: *nemo se autem praeparet, quod hic neglexerit, quum obierit, Dominum promereri.* 2) 2 Cor. 5, 10. et Rom. 14. 10. 3) Cf. de hoc loco Petrus Lomb. IV., 45. cap.: neque negandum est., et Albert. M. in l. l. sentent.

sine intermissione perpetuos humano miserantur adfectu, atque ita futurum esse non credunt; non quidem scripturis divinis adversando, sed pro suo motu
dura quaeque molliendo, et in leniorem flectendo
sententiam, quae putant in eis terribilius esse dicta,
quam verius. *Non* enim *obliviscetur*, inquiunt, *mise-
reri Deus, aut continebit in ira sua miserationes suas.*
Hoc quidem in psalmo legitur sancto. [1] Sed de his
sine ullo scrupulo intelligitur, qui vasa misericordiae nuncupantur[2]), quia et ipsi non pro meritis
suis, sed Deo miserante de miseria liberantur. Aut si
hoc ad omnes existimant pertinere, non ideo necesse
est ut damnationem opinentur posse finiri eorum, de
quibus dictum est: *Et ibunt isti in supplicium aeternum*, ne isto modo putetur habitura finem, quando-
que felicitas etiam illorum, de quibus e contrario
dictum est: *iusti autem in vitam aeternam.*[3]) Sed
poenas damnatorum certis temporum intervallis existiment, si hoc eis placet, aliquatenus mitigari. Etiam sic quippe intelligi potest manere in illis ira
Dei[4]), hoc est, ipsa damnatio (haec enim vocatur ira
Dei, non divini animi perturbatio), ut in ira sua, hoc
est, manente ira sua, non tamen contineat miserationes suas, non aeterno supplicio finem dando, sed
levamen adhibendo, vel interponendo cruciatibus;
quia nec psalmus ait: ad finiendam iram suam, vel:
post iram suam, sed: *in ira sua.* Quae si sola esset,
quanta ibi minima cogitari potest, perire a regno
Dei, exsulare a civitate Dei, alienari a vita Dei, carere tam magna multitudine dulcedinis Dei, quam
abscondit timentibus se, perfecit autem sperantibus
in se[5]), tam grandis est poena, ut ei nulla possint
tormenta quae novimus comparari, si illa sit aeterna,
ista autem sint quamlibet multis saeculis longa. [6]

---

1) Ps. 77, 10.   2) Rom. 9, 23.   3) Cf. Mat. 25, 46.   4) Cf. Ioh. 3, 36.
5) Cf. Ps. 31, 20.   6) Cf Aug. de civ. D. 21, 18. 23. s. et i's. 30. enarr.

C. CXIII. Manebit ergo sine fine mors illa perpetua damnatorum, id est, alienatio a vita Dei, et omnibus erit ipsa communis, quaelibet homines de varietate poenarum, de dolorum revelatione vel intermissione pro suis humanis motibus suspicentur, sicut manebit communiter omnium vita aeterna sanctorum, qualibet honorum distantia concorditer fulgeant.

C. CXIV. Ex ista fidei confessione, quae breviter symbolo continetur, et carnaliter cogitata lac est parvulorum, spiritaliter autem considerata atque tractata cibus est fortium, nascitur spes bona fidelium, cui caritas sancta comitatur. Sed de eis omnibus, quae fideliter sunt credenda, ea tantum ad spem pertinent, quae in oratione dominica continentur. *Maledictus* enim *omnis*, sicut divina testantur eloquia [1]), *qui spem ponit in homine;* ac per hoc et in se ipso qui spem ponit, huius maledicti vinculo innectitur. Ideo non nisi a Domino Deo petere debemus, quidquid speramus nos vel bene operaturos, vel pro bonis operibus adepturos.

C. CXV. Proinde apud evangelistam Matthaeum [2]) septem petitiones continere dominica videtur oratio, quarum tribus aeterna poscuntur, reliquis quatuor temporalia, quae tamen propter aeterna consequenda sunt necessaria. Nam quod dicimus: *Sanctificetur nomen tuum; adveniat regnum tuum; fiat voluntas tua, sicut in coelo, et in terra* (quod non absurde quidam intellexerunt: in spiritu et corpore), omnino sine fine retinenda sunt; et hic inchoantur [3]), quantumque proficimus, augentur in nobis, perfecta vero, quod in alia vita sperandum est, semper possidebuntur. Quod vero dicimus: *Panem nostrum quotidia-*

---

1) Ierem. 17, 5. 2) C. 6, 9. ss. 3) Ita plerique Mss.; al.: *et hic inchoatu, quantumcumque proficimus.*

num da nobis hodie; et dimitte nobis debita nostra,
sicut et nos dimittimus debitoribus nostris; et ne nos
inferas in tentationem, sed libera nos a malo; quis
non videat ad praesentis vitae indigentiam pertinere? In illa itaque vita aeterna, ubi nos semper speramus futuros, et nominis Dei sanctificatio, et regnum eius, et voluntas eius in nostro spiritu et corpore perfecte atque immortaliter permanebunt. Panis
vero cotidianus ideo dictus est, quia hic est necessarius, quantus animae carnique tribuendus est, sive
spiritaliter, sive carnaliter, sive utroque intelligatur
modo. Hic est etiam quam poscimus remissio, ubi
est commissio peccatorum; hic tentationes, quae nos
ad peccandum vel adliciunt, vel impellunt; hic denique malum, unde cupimus liberari: illic autem nihil
istorum est.

C. CXVI. Evangelista vero Lucas[1]) in oratione
dominica petitiones non septem, sed quinque complexus est; nec ab isto utique discrepavit, sed quo
modo istae septem sint intelligendae, ipsa sua brevi-
tate commonuit. Nomen quippe Dei sanctificatur
in spiritu; Dei autem regnum in carnis resurrectione
venturum est. Ostendens ergo Lucas tertiam petitionem duarum superiorum esse quodam modo repe-
titionem, magis eam praetermittendo fecit intelligi.
Deinde tres alias adiungit: de pane quotidiano, de
remissione peccatorum, de tentatione vitanda. At
vero quod ille[2]) in ultimo posuit: *sed libera nos a*
malo, iste non posuit, ut intelligeremus ad illud superius, quod de tentatione dictum est, pertinere.
Ideo quippe ait: *sed libera;* non ait: et libera, tamquam unam petitionem esse demonstrans: noli hoc,
sed hoc, ut sciat unusquisque in eo se liberari a
malo, quod non infertur in tentationem.

---

1) C. 11, 2. ss. 2) Matth. 6, 13.

C. CXVII. Iam porro caritas, quam duabus istis, id est, fide ac spe maiorem dixit apostolus[1]), quanto in quocumque maior est, tanto melior est, in quo est. Quum enim quaeritur, utrum quisque sit homo bonus, non quaeritur, quid credat, aut speret, sed quid amet. Nam qui recte amat, procul dubio recte credit et sperat; qui vero non amat, inaniter credit, etiamsi sint vera quae credit; inaniter sperat, etiamsi ad veram felicitatem doceantur pertinere quae sperat, nisi et hoc credat ac speret, quod sibi petenti donari possit ut amet. Quamvis enim sperare sine amore non possit, fieri tamen potest, ut id non amet, sine quo ad id, quod sperat, non potest pervenire: tamquam si speret vitam aeternam (quam quis non amat?) et non amet iustitiam, sine qua nemo ad illam pervenit. Ipsa est autem fides Christi, quam commendat apostolus, quae per dilectionem operatur[2]), et quod in dilectione nondum habet, petit ut accipiat, quaerit ut inveniat, pulsat ut aperiatur ei.[3]) Fides namque impetrat, quod lex imperat. Nam sine Dei dono, id est, sine spiritu sancto, per quem diffunditur caritas in cordibus nostris[4]), iubere lex poterit, non iuvare, et praevaricatorem insuper facere, qui de ignorantia se excusare non possit. Regnat enim carnalis cupiditas, ubi non est Dei caritas.

C. CXVIII. Sed quum in altissimis ignorantiae tenebris, nulla resistente ratione, secundum carnem vivitur, haec sunt prima hominis. Deinde quum per legem cognitio fuerit facta peccati, si nondum divinus adiuvat spiritus, secundum legem volens vivere vincitur et sciens peccat, peccatoque subditus servit (a quo enim quis devictus

---

1) 1 Cor. 13, 13. 2) Gal. 5, 6. 3) Matth. 7, 7. 4) Rom. 5, 5.

est, huic et servus addictus est [1]), id agente scientia mandati, ut peccatum operetur in homine omnem concupiscentiam, cumulo praevaricationis adiecto, atque ita quod scriptum est [2]) impleatur: *Lex subintravit, ut abundaret delictum.* Haec sunt secunda hominis. Si autem respexerit Deus, ut ad implenda, quae mandat, ipse adiuvare credatur, et agi homo coeperit Dei spiritu, concupiscitur adversus carnem fortiore robore caritatis, ut quamvis sit adhuc, quod homini repugnet ex homine, nondum tota infirmitate sanata, ex fide tamen iustus vivat, iusteque vivat, in quantum non cedit malae concupiscentiae, vincente delectatione [3]) iustitiae. Haec sunt tertia bonae spei hominis, in quibus si pia perseverantia quisque proficiat, postrema pax restat, quae post hanc vitam in requie spiritus, deinde in resurrectione etiam carnis implebitur. Harum quatuor differentiarum prima est ante legem, secunda sub lege, tertia sub gratia, quarta in pace plena atque perfecta. Sic est et Dei populus ordinatus per temporum intervalla, sicut Deo placuit, qui in mensura, numero et pondere cuncta disponit. [4]) Nam fuit primitus ante legem; secundo sub lege, quae data est per Moysen; deinde sub gratia, quae revelata est per primum mediatoris adventum. Quae quidem gratia nec antea defuit, quibus eam oportuit impertiri, quamvis pro temporis dispensatione velata et occulta. Neque enim antiquorum quicumque iustorum praeter Christi fidem salutem potuit invenire; aut vero, nisi et illis cognitus fuisset, potuisset nobis per eorum ministerium alias apertius, alias occultius prophetari.

C. CXIX. In quacumque autem quatuor istarum, velut aetatum singulum quemque hominem gratia

---

1) 2 Petr. 2, 19.   2) Rom. 5, 20.   3) Al.: *dilectione.*   4) Cf. Sap. 11, 21.

regenerationis invenerit, ibi ei remittuntur praeterita universa peccata, et reatus ille, nascendo con-
tractus, renascendo dissolvitur: tamque multum valet, quod spiritus ubi vult spirat[1]), ut quidam
secundam illam servitutem sub lege non noverint, sed
cum mandato incipiant adiutorium habere divinum.

C. CXX. Ante quam possit autem homo capax
esse mandati, secundum carnem vivat necesse est.
Sed si iam sacramento regenerationis imbutus est,
nihil ei mors oberit, si tunc ex hac vita migraverit:
quia ideo Christus mortuus est et resurrexit, ut et
vivorum et mortuorum dominetur[2]); nec tenebit
regnum mortis eum, pro quo mortuus est ille liber in
mortuis.

C. CXXI. Omnia igitur praecepta divina referuntur ad caritatem, de qua dicit apostolus[3]):
*Finis autem praecepti est caritas de corde puro, et
conscientia bona, et fide non ficta.* Omnis itaque
praecepti finis est caritas, id est, ad caritatem refertur omne praeceptum. Quod vero ita fit vel
timore poenae, vel aliqua intentione carnali, ut non referatur ad illam caritatem,
quam diffundit spiritus sanctus in cordibus
nostris, nondum fit quemadmodum fieri
oportet, quamvis fieri videatur. Caritas quippe
ista Dei est et proximi, et utique in his duobus praeceptis tota lex pendet et prophetae. [4]) Adde evangelium, adde apostolos. Non enim aliunde vox ista
est: Finis praecepti est caritas, et Deus caritas est. [5]) Quaecumque ergo mandat Deus,
ex quibus unum est: *non moechaberis*[6]), et quaecumque non iubentur, sed speciali consilio monen-
tur[7]), ex quibus unum est: *bonum est homini mulie-*

---

1) Cf. Ioh. 3, 8.   2) Rom. 9, 14.   3) I Tim. 1, 5.   4) Cf. Rom.
5, 5. et Matth. 22. 40.   5) Cf. 1 Ioh. 4, 16.   6) Cf. Matth. 5, 27.
Rom. 13, 9.   7) Al.: *voventur.*

rem non tangere [1]), tunc recte fiunt, quum referuntur ad diligendum Deum, et proximum
propter Deum, et in hoc saeculo et in futuro; nunc
Deum per fidem, tunc per speciem, et ipsum proximum nunc per fidem. Non enim scimus mortales
corda mortalium. Tunc autem illuminabit Dominus abscondita tenebrarum, et manifestabit cogitationes cordis; et tunc laus erit unicuique a Deo [2]);
quia id laudabitur et diligetur a proximo in proximo,
quod ne lateat, ab ipso illuminabitur Deo. Minuitur autem cupiditas caritate crescente, donec veniat hic ad tantam magnitudinem, qua
maior esse non possit. *Maiorem* enim *caritatem
nemo habet, quam ut animam suam quis ponat pro
amicis suis.* [3]) Ibi autem quis explicet, quanta caritas erit, ubi cupiditas, quam vel coërcendo superet,
nulla erit; quoniam summa sanitas erit, quando con-
tentio mortis nulla erit!

C. CXXII. Sed sit aliquando huius voluminis finis,
quod ipse videris, utrum enchiridion adpellare de-
beas, vel habere. Ego tamen quum spernenda tua in
Christo studia non putarem, bona de te credens in
adiutorio nostri redemptoris ac sperans, teque in
eius membris plurimum diligeus, librum ad te, sicut
valui, utinam tam commodum, quam prolixum, de
fide, spe et caritate conscripsi.

---

1) 1 Cor. 7, 1.   2) Cf. 1 Cor. 4, 5.   3) Ioh. 15, 13.

DATE DUE

LaVergne, TN USA
15 August 2010
193411LV00003B/161/P